Dietrich Spitta

Menschenbildung und Staat

Dietrich Spitta

Menschenbildung und Staat

Das Bildungsideal Wilhelm von Humboldts angesichts der Kritik des Humanismus

MAYER

Einband: Wilhelm von Humboldt (1767–1835)
Zeichnung, datiert 1826, von Johann Joseph Schmeller (1794–1841)
Stiftung Weimarer Klassik und Kunstsammlungen · Museen

Bibliographische Information Der Deutschen Bibliothek

Die Deutsche Bibliothek verzeichnet diese Publikation in der Deutschen Nationalbibliographie; detaillierte bibliographische Angaben sind im Internet über http://dnb.ddb.de abrufbar
ISBN 3-932386-92-2

Stuttgart · Berlin
Einband: Klaus Dempel, Stuttgart
Satz: de·te·pe, Aalen
Druck/Bindung: Kösel GmbH & Co. KG, Altusried-Krugzell

Inhalt

Vorwort ... 7

Einleitung ... 9

Der Bildungsweg Wilhelm von Humboldts
und sein Bildungsideal ... 20

Die Ideen Wilhelm von Humboldts über Schule, Universität
und Staat und ihre Bedeutung für die Gegenwart ... 33
- Die Freiheit des Bildungswesens vom Staat ... 33
- Menschenbildung im Sinne Wilhelm von Humboldts ... 43
  - Die Idee der differenzierten Einheitsschule. Allgemeine Menschenbildung für alle ... 43
  - Die Universitätsidee. Individuelle Menschenbildung durch Wissenschaft ... 53
  - Die Gestalt der Universität und ihr Verhältnis zum Staat ... 65
- Die Staatsidee. Humanisierung des Staatslebens durch Achtung der freien Individualität ... 76
  - Die Humanisierung des Einzelnen als Voraussetzung einer Humanisierung des Staates ... 76
  - Humanisierung des Staates durch Mitwirkung der Bürger am Staatsleben ... 81
  - Die Humanisierung des zwischenstaatlichen Lebens ... 83
  - Humanisierung des Staates durch Differenzierung der Staatsverfassung ... 85

Die Weiterentwicklung der Ideen Humboldts
durch Rudolf Steiner ... 88

Zur Kritik des Humanismus
und des humanistischen Bildungsideals
- Die Humanismuskritik von Heinrich Weinstock ... 99
- Theodor Litts Kritik am Humanismus ... 103
- Goethes Stellung zum humanistischen Bildungsideal ... 106

Die Kritik von Theodor Litt an Humboldts Bildungsideal .. 109
Der Humanismus und die moderne industrielle Arbeitswelt ... 113
Theodor Litts Bildungskonzept ... 119
Peter Sloterdijks Humanismuskritik ... 129
Sloterdijks Menschenbild und Bildungsverständnis ... 131
Humanismus durch Menschenzüchtung? ... 133
Plato als Menschenzüchter? ... 137

Das Humanismus-Verständnis von Martin Heidegger ... 146

Der Weg zum Menschentum bei Rudolf Steiner ... 160

Anhang
Der Königsberger und der Litauische Schulplan ... 171
Über die innere und äußere Organisation der höheren wissenschaftlichen Anstalten in Berlin ... 194
Anmerkungen ... 204
Literaturverzeichnis ... 220

Vorwort

Die Darstellung von Wilhelm von Humboldts Bildungsweg und seinem Bildungsideal sowie seiner Ideen über Schule, Universität und Staat ist nicht in erster Linie historisch gemeint. Vielmehr ist sie aus der inneren Überzeugung erfolgt, dass diese Ideen auch heute noch richtungweisend sein können, wenn sie aus dem wahren Geiste unserer Zeit weiterentwickelt und aus einer Beobachtung der jeweiligen konkreten Situation in den verschiedenen Ländern verstanden und von diesen ausgehend realisiert werden.

Rudolf Steiner hat in selbstständiger Weise Ideen zur Begrenzung der Macht des Staates und für die Reform des Bildungswesens entwickelt, die dem gleichen Geiste entsprungen sind, aus dem Humboldt schöpfte. Sie können als eine dem wahren Zeitgeist entsprechende Fortführung der Humboldt'schen Ideen erkannt werden.

Die beiden Kapitel über die Humanismus-Kritik von Heinrich Weinstock und Theodor Litt sind entstanden aufgrund von Hinweisen, die ich dem leider inzwischen verstorbenen Prof. em. Dr. Clemens Menze, einem der besten Humboldt-Kenner, verdanke. Er gab mir auch eine Reihe wertvoller Anregungen zu den vorangehenden Kapiteln über Humboldts Bildungsweg und Bildungsideal sowie über die Bedeutung seiner Ideen über Schule, Universität und Staat für die Gegenwart.

Nachdem die beiden Kapitel über Weinstock und Litt abgeschlossen waren, rief der 1999 erschienene Vortrag von Peter Sloterdijk über »Regeln für den Menschenpark. Ein Antwortschreiben zu Heideggers Brief über den Humanismus« eine erregte öffentliche Diskussion hervor, was mich veranlasste, mich in einem weiteren Kapitel kritisch mit der Humanismuskritik von Sloterdijk auseinander zu setzen. Da Sloterdijks Ausführungen keinerlei Verständnis für Heideggers Brief über den Humanismus erkennen lassen, wurde in einem weiteren Kapitel versucht, zu einer objektiven Einsicht in Heideggers Humanismus-Auffassung beizutragen.

Schließlich schien es mir notwendig, angesichts der Zweifel am Humanismus und an der Möglichkeit einer Bildung des Menschen zu einem humanen Verhalten mich nicht auf die Darstellung der Ideen

Humboldts zu beschränken, sondern zu zeigen, wie es nicht nur berechtigt, sondern notwendig ist, am Ideal des Humanismus festzuhalten und Wege aufzuzeigen, wie Bildung zu wahrem Menschentum auch heute noch möglich ist.

Ein besonderer Dank gilt der Mahle-Stiftung in Stuttgart, welche wesentlich dazu beigetragen hat, dass diese Arbeit fertiggestellt werden konnte. Der Evidenz-Stiftung in Arlesheim, der Friedrich Hiebel-Stiftung und der Sozialwissenschaftlichen Forschungsgesellschaft in Stuttgart danke ich dafür, dass sie den Druck ermöglicht haben

Dezember 2005 Dietrich Spitta

Einleitung

Angesichts der beiden Weltkriege, zahlloser anderer Kriege und der schrecklichen Unmenschlichkeiten, die im Laufe des 20. Jahrhunderts von Menschen verübt wurden und weiter bewirkt werden sowie angesichts des moralischen Verfalls in unserer Zeit ist es verständlich, dass von manchen Philosophen die Frage gestellt wird, ob der Mensch überhaupt zu moralischem Handeln fähig ist beziehungsweise sich zu einem menschlich handelnden Wesen bilden kann und ob das humanistische Bildungsideal noch zeitgemäß ist, was von unterschiedlichen Standpunkten aus unter anderem von Humanismus-Kritikern wie Heinrich Weinstock, Theodor Litt und Peter Sloterdijk bezweifelt wird.

Das humanistische Bildungsideal Wilhelm von Humboldts, der von 1767 bis 1835 lebte, wurzelt im deutschen Idealismus. Er geht davon aus, dass der Mensch als leiblich-seelisch-geistiges Wesen entwicklungsfähig ist und sein wahres Wesen durch innere Arbeit erst zur Erscheinung bringen muss. Humboldt war der Auffassung, dass jeder einzelne Mensch immer eine gewisse Einseitigkeit hat und nur eine Facette des Allgemein-Menschlichen, des Menschheitlichen darstellt. So brachte er schon in seiner 1792 entstandenen Jugendschrift über die Grenzen der Wirksamkeit des Staates zum Ausdruck, dass der wahre Zweck des Menschen die höchste und proportionierlichste, das heißt harmonische Bildung aller seiner Kräfte zu einem Ganzen ist.[1] Einen Weg dahin, seine Einseitigkeit zu überwinden, sah Humboldt darin, dass der Mensch sich in das Wesen anderer Menschen und Völker vertieft und, indem er dieses in sich aufnimmt und verinnerlicht, sein Wesen allmählich zum Menschheitlichen erweitert. Diesen Bildungsweg hat er selbst während seines ganzen Lebens immer wieder beschritten, wobei glückliche Umstände es ihm erlaubten, sich nach Abschluss seines Studiums und seiner Ausbildung zunächst viele Jahre ganz seiner Selbstbildung zu widmen.

Die von Humboldt im Schulwesen angestrebte allgemeine Menschenbildung wäre auch für unsere Zeit von größter Bedeutung. Die vorherrschende einseitige Schulung des Intellekts und bloße Wissensvermittlung lassen die Gemütskräfte der Schüler verkümmern. Es kommt zum »Verlust der Mitte« mit der Folge, dass die Willenskräfte entweder erlahmen oder sich aus innerem Frust in Gewaltaktionen entladen. Die vielfach zu beobachtende innere Leere und Langeweile vor allem bei Jugendlichen wird durch Fernsehen, Computerspiele, Besuch von Discos, Rockkonzerten usw. überspielt, aber nicht wahrhaft ausgefüllt und überwunden.

Da der Gesetzgeber und die staatliche Schulverwaltung heutzutage weitgehend von wirtschaftlichen Interessen bestimmt werden, sind diese vorwiegend an einer entsprechenden Wissensvermittlung und Schulung des Intellekts sowie an einer Elitebildung interessiert. Auch besteht die Tendenz zu einer möglichst frühen Einschulung bzw. zur Einführung von Vorschulunterricht. Hinzu kommt, dass mit einem Regierungswechsel oft Schulreformen durchgeführt werden, sodass Lehrer, Eltern und Schüler sich wiederholt auf neue Schulformen, neue Lehrpläne und Unterrichtsmethoden einstellen müssen.

Die staatliche Reglementierung und Verwaltung des Bildungswesens ist noch ein Relikt aus der Zeit des fürstlichen Absolutismus im 18. und 19. Jahrhundert, als es notwendig war, das Schulwesen der Verwaltung durch die Kirchen und private Schulpatrone zu entziehen. Heute muss eingesehen werden, dass im Hinblick auf eine freie, vielseitige und umfassende Menschenbildung ein nächster Schritt notwendig ist und das Bildungswesen nicht länger vom Staat verwaltet werden darf, weil über Fragen der Erziehung und der richtigen Schul- und Unterrichtsgestaltung nicht nach Maßgabe demokratischer Mehrheiten entschieden werden kann. Auch sollte erkannt werden, dass die pädagogischen Fähigkeiten der Lehrer und ihre schöpferische Phantasie sich nur dann richtig entfalten können, wenn diese sich nicht nach vom Staat vorgegebenen Lehrplänen und Unterrichtsmethoden richten müssen. Es ist deshalb an der Zeit und dringend notwendig, dass Parlamentarier und Kultusminister sich zu der Einsicht und freiheitlichen Gesinnung eines Wilhelm von Humboldt durchringen und wie dieser darauf hinarbeiten, das Schulwesen mit der Zeit ganz zu verselbstständigen und der Selbstverwaltung durch Lehrer und Eltern zu übergeben. Bescheidene, aber in keiner Weise ausreichende Ansätze in dieser Richtung sind erfreulicherweise schon zu beobachten.

Das Wesentliche des Universitätsunterrichts sieht Humboldt darin, dass jeder Student sich in freier Weise studierend und forschend in die

Wissenschaftsgebiete einarbeitet, die ihm entsprechend seinen individuellen Neigungen und Bedürfnissen für die Bildung seiner Individualität wichtig erscheinen. Eine bildende Wirkung wird der Universitätsunterricht nach seiner Überzeugung aber nur haben, wenn die einzelnen Fachwissenschaften in ihrem inneren ideellen Zusammenhang gesehen und dargestellt werden. Das bloße Darstellen äußerer Tatsachenkenntnisse trägt für Humboldt leicht dazu bei, »den Geist abzustumpfen und herabzuziehen«. Er ist überzeugt, dass allem Sinnlichen ein Geistiges als belebendes Prinzip zugrunde liegt und dass dieses auch nach und nach erforscht werden kann, wozu es allerdings auch eines »ästhetischen Sinnes« bedarf. Hierbei orientierte er sich an den naturwissenschaftlichen Forschungen Goethes. In diesem Sinne ist Forschung für ihn nicht nur das Erforschen neuer Tatsachen und ihrer Gesetzmäßigkeiten, sondern auch das Streben nach einer Erkenntnis der Einheit der Wissenschaft, die auf der geistigen Einheit der Welterscheinungen beruht.

Die von Humboldt als notwendig angesehene freie Gestaltung des Studiums wäre auch heute zweckmäßig, da viele Studenten nach der Beendigung der Schulzeit noch nicht wissen, welches Fachgebiet sie studieren sollen und welchen Beruf sie später ergreifen wollen. Sie sollten deshalb, wie Humboldt sagt, nicht gleich in die engen Bahnen eines Fachstudiums geleitet werden, sondern die Möglichkeit erhalten, sich durch eine freie, selbst gewählte Begegnung mit verschiedenen Wissenschaftsgebieten darüber klar zu werden, welchem speziellen Fachstudium sie sich zuwenden und welchen Beruf sie ergreifen wollen. Bei einer solchen freien Gestaltung zumindest des anfänglichen Universitätsstudiums könnte der heute oft stattfindende Wechsel des Studienfachs weitgehend vermieden werden. Auch würden die Studenten sich die Hochschullehrer aussuchen können, welche die Fakten ihres Fachgebietes in ihrem geistigen Zusammenhang aufzuzeigen vermögen, und dadurch viel stärker angesprochen und begeistert werden, als wenn sie die zahlreichen Tatsachen, wenn auch systematisch geordnet, bloß aneinandergereiht dargestellt erhalten und ihrem Gedächtnis einverleiben müssen. Dadurch würde auch der heute leider sehr häufige Abbruch des Studiums erheblich verringert werden können.

Humboldt war sich darüber im Klaren, dass nicht alle Studenten an einem solchen freien Studium interessiert sein werden, weil sie möglichst rasch ihre Ausbildung absolvieren und einen Beruf ergreifen wollen; und dass andere dafür auch nicht so geeignet sind. Er war deshalb dafür, dass es neben der Universität möglichst viele der speziellen Berufsvorbereitung dienende Spezialschulen gibt. Heutzutage haben sich die Fachbereiche der Universitäten mehr oder weniger zu einem äußerlichen Zusammenschluss von solchen Fachhochschulen entwickelt, in denen die Berufsausbildung nach einem mehr oder weniger geregelten Studiengang stattfindet. Dies hängt auch mit der ungeheuren Zunahme des Wissensstoffes und mit dem gegenwärtig vorherrschenden empirischen Wissenschaftscharakter zusammen, der es nicht ermöglicht, die Einheit der Wissenschaften zu erfassen. Hinzu kommt, dass die Zahl der Studenten in den heutigen Massenuniversitäten außerordentlich zugenommen hat, sodass ein solches freies Studium, wie es Humboldt als notwendig ansah, schwer durchführbar erscheint. Auch ist die staatliche Kultusverwaltung nicht zuletzt aus finanziellen Gründen daran interessiert, die Studiendauer zu begrenzen. Insofern muss man sagen, dass in den heutigen so genannten »Universitäten« eine Spezialisierung und Verschulung stattgefunden hat, in denen fast nichts mehr von Humboldts Universitätsidee zu bemerken ist, die ihn bei der Gründung der Universität Berlin geleitet hat und die etwa 150 Jahre lang das deutsche Universitätswesen maßgebend beeinflusst hat. Helmut Schelsky hat von dem heutigen Lehrbetrieb an den Universitäten dargelegt, dass dieser in seinem Wesen gegen alle Grundsätze der Humboldtschen Universität gerichtet ist.[2]

Dennoch gibt es heute viele Studenten, die sich nicht nur für ein spezielles Fachwissen interessieren, sondern das Bedürfnis haben, sich durch philosophische, psychologische oder soziologische Studien Grundlagen zu erarbeiten, die es ermöglichen, größere Zusammenhänge zu erkennen. Sie streben mehr oder weniger bewusst nach einem vertieften Wissenschaftsverständnis, das ihnen der reine Fachunterricht oft nicht vermittelt. Um diesem Bedürfnis Rechnung zu tragen, sind verschiedene Lösungsansätze denkbar. Zunächst sollte das für die Bildung des Menschen und für das spätere Berufsleben unfruchtbare Abitur und das damit verbundene Berechtigungswesen abgeschafft werden. Der Hochschulzugang kann auch, wie es heute schon zunehmend geschieht, durch die Hochschulen selbst mit einer Eingangsprüfung erfolgen. Dann könnte zum Beispiel die oberste Klasse der Höheren Schulen mit dem ersten Semester des Hochschulstudiums zu einem zweijährigen Grundstudium entweder an den Hochschulen selbst oder in einem selbstständigen Kolleg zusammengefasst werden. Möglich wäre auch, nach dem Schulabschluss mit einem einjährigen Kolleg oder einem einjährigen Grundstudium an der Universität zu beginnen, das eine philosophische und menschenkundliche Grundlage für das Studium schafft, verbunden mit künstlerischen Übungen. Zugleich müsste eine propädeutische Einführung in die verschiedenen Wissenschaftsgebiete gegeben werden, damit die Studenten sich über ihren künftigen Ausbildungs- und Berufsweg klar werden können.[3] Ein anderer Lösungsansatz wäre der, in das Fachstudium studienbegleitend ein »Studium fundamentale« zu integrieren, wie es an der Universität Witten-Herdecke durchgeführt wird.

Ein solches Grundlagenstudium würde allerdings seine Aufgabe als sinnvolle Vorbereitung des Fachstudiums nicht schon dadurch erfüllen, dass ein »Studium generale« eingerichtet wird, in dem Philosophie- und Psychologie-Vorlesungen sowie einführende Vorlesungen über verschiedene Fachgebiete äußerlich zusammengestellt werden. Auch Ringvorlesungen, die zu bestimmten aktuellen Problemen vom Standpunkt verschiedener Wissenschaftsgebiete aus Stellung nehmen, würden diese Aufgabe allein nicht erfüllen. Notwendig ist vielmehr eine grundlegende *Wissenschaftsreform*, die ein vertieftes philosophisches Denken voraussetzt. Zu einer solchen Wissenschaftsreform hat Wilhelm von Humboldt vor allem durch seine Geschichts- und Sprachforschungen Wesentliches beigetragen. Erst die Entwicklung eines solchen philosophischen Denkens und eine solche Wissenschaftsreform ermöglichen es, den Studenten eine wenigstens anfängliche Einsicht in die Einheit der Wissenschaft und in die reine Wissenschaft zu vermitteln. Dazu sind allerdings Hochschullehrer erforderlich, die ebenso wie Goethe und Humboldt einen »ästhetischen Sinn« dafür ausgebildet haben, dass allen sinnlichen Erscheinungen ein Geistiges zugrunde liegt. Nur in dem Maße, wie in diesem Sinne gebildete Lehrerpersönlichkeiten zur Verfügung stehen, wird es möglich sein, ein solches Grundlagenstudium zweckentsprechend einzurichten und fruchtbar zu gestalten.

Eine solche Vertiefung des Universitätsunterrichts und auch eine freiere Unterrichtsgestaltung wären im Sinne Humboldts aber nicht nur für ein Grundlagenstudium, sondern auch für die Gestaltung des wissenschaftlichen Fachstudiums selbst anzustreben. Zweifellos müssen die heutigen »Universitäten« und Fachhochschulen weiterhin die Aufgabe erfüllen, die große Masse der Studierenden auf die verschiedenen Berufe vorzubereiten. Die Ausbildung für diese Berufe kann durchaus lehrplanmäßig geregelt werden und in Verbindung mit einer praktischen Ausbildung stehen. Dabei steht die Erforschung und Vermittlung von empirischen Tatsachen im Vordergrund. Doch müsste auch hier angestrebt werden, diese Tatsachen aus einem spirituell vertieften Denken in ihrem inneren geistigen Zusammenhang darzustellen.

Die äußere organisatorische Verbindung der Fachbereiche in den heutigen Universitäten wäre an sich bei dem gegenwärtigen Charakter des wissenschaftlichen Fachstudiums nicht notwendig. Sie ist aber doch zweckmäßig, da das Studium bestimmter Fachgebiete für verschiedene Berufe gleichzeitig notwendig oder förderlich ist. Auch ist sie die Voraussetzung dafür, dass Studenten, die ihr Studium freier gestalten wollen, die Möglichkeit haben, bestimmte wissenschaftliche Fragestellungen durch ein Vertiefen in verschiedene relevante Wissenschaftsgebiete forschend zu bearbeiten. Allerdings stehen die starke Verschulung des heutigen Studiums mit Zwischenprüfungen und der Prüfungsdruck einer solchen freien Studiengestaltung weitgehend im Wege. Sie wird daher in der Regel nur im Rahmen eines Grundstudiums oder erst nach Abschluss des Fachstudiums zum Beispiel im Zusammenhang mit der Ausarbeitung einer Dissertation oder mit der Durchführung eines Forschungsvorhabens möglich sein. Allerdings steht zu hoffen, daß künftig freie, nicht staatlich reglementierte wahre Universitäten im Sinne Wilhelm von Humboldts entstehen, in denen eine solche freie Studiengestaltung wieder möglich ist.

Humboldts angestrebtes Ideal war die fast vollständige Selbstständigkeit und Unabhängigkeit der Universität Berlin. Es besteht in der Tat ein wesentlicher Unterschied zwischen einer Staatsverwaltung, die durch die Finanzierung der Universitäten und Hochschulen Macht und Einfluss auf die Gestaltung ihres geistigen Lebens ausüben will, und einer solchen, die dieses Leben um seiner selbst willen fördern will, wohl wissend, dass damit auch den Interessen des Staates am besten gedient ist. Es muss deshalb dafür gesorgt werden, dass weder durch die staatliche Finanzierung noch durch Zuschüsse aus dem Wirtschaftsleben versucht werden kann, die geistige Zielsetzung und die innere Gestaltung der Universitäten und Hochschulen zu beeinflussen. Die geistige Fruchtbarkeit dieser Institutionen wird sich im Wettbewerb der Universitäten untereinander sowie mit freien Hochschulen durch die Zahl der Studenten, die sie besuchen wollen, und durch den Grad der Unterstützung, den sie von Freunden und Förderern erfahren werden, erweisen. Die laufenden Betriebskosten sollten künftig möglichst nicht durch die direkte staatliche Finanzierung, sondern durch kostendeckende Studiengebühren aufgebracht werden, wobei die Gesetzgeber der Bundesländer die Studenten zum Beispiel durch Bildungsgutscheine in die Lage versetzen müssten, die Studiengebühren selbst zu finanzieren. Dies würde keine zusätzlichen Mittel erfordern, sondern nur eine Umschichtung der bisherigen direkten Finanzierung der Hochschulen durch die Länder bedeuten. Dadurch würde erst ein echter und gesunder Wettbewerb zwischen den staatlichen und den freien Hochschulen ermöglicht, von denen es noch viel zu wenige gibt. Hinsichtlich der Lebenshaltungskosten werden die Studenten bereits bis zu einem gewissen Grade durch das Bundesausbildungsförderungsgesetz (Bafög) unterstützt.

So wäre Humboldts Ideal der Autonomie der Universität auch für die Gegenwart von großer Bedeutung. In § 5 Abs. 3 des deutschen Grundgesetzes steht zwar geschrieben, dass Kunst und Wissenschaft sowie Forschung und Lehre frei sind. Auch heißt es in der »Magna Charta Universitatum Europearum« von Bologna von 1988: »Die Freiheit der Forschung, der Lehre und der Ausbildung ist die Grundvoraussetzung aller Tätigkeiten der Universitäten.«[4] Doch haben wir heute noch die Hochschulrahmengesetzgebung des Bundes sowie die Hochschulgesetzgebung der Länder, die weitgehend gestaltend und reglementierend in die Hochschulen eingreifen.

In unserer Zeit wird zwar von verschiedenen Seiten mehr Autonomie für die Universitäten und Hochschulen gefordert und auch eingeräumt. Doch sind die dahin gehenden Forderungen beziehungsweise Zugeständnisse noch ziemlich zurückhaltend und bescheiden. So trat zum Beispiel der frühere Präsident der Hochschulrektorenkonferenz, Professor Dr. Hans-Uwe Erichsen, in einem Vortrag am 24. November 1992 über »Mehr Autonomie für die Hochschulen – warum und wozu?« auf einer Fachtagung der Hochschulrektorenkonferenz für eine größere finanzielle Eigenverantwortung der Hochschulen ein. Diese sollten Globalhaushalte mit Übertragungsrechten für folgende Haushaltsjahre sowie eine jährliche Bilanzierung nach modernen

Buchführungsregeln mit Abschreibungsmöglichkeiten erhalten. Auch ging es ihm um mehr arbeitsrechtliche Spielräume und um Eigenverantwortung für den Hochschulbau und den Bauunterhalt.[5]

Bei der gleichen Fachtagung sprach sich der damalige Staatssekretär im Bundesministerium für Bildung und Wissenschaft Dr. Fritz Schaumann in seinem Vortrag über »Deregulierung aus der Sicht des Bundes« dafür aus, die Eigeninitiative der Hochschulen nicht durch zentrale Detailregelungen zu erschweren oder sogar unmöglich zu machen. »Staatlich verordnete Studienreform degradiert die Hochschulen zu Befehlsempfängern und beschneidet ihren Spielraum für Eigeninitiative und eigenverantwortliche Lösungen.« Er trat dafür ein, dass der Staat sich auf die Aufgabe beschränkt, globale Zielsetzungen für die Arbeit der Hochschulen zu formulieren und mit den Hochschulen verbindlich zu vereinbaren, und zwar in den Bereichen, die aus staatlicher Sicht wichtig sind. Dazu rechnet er die Ausbildungszeiten, die Gewährleistung der bundesweiten Anerkennung der Abschlüsse im Hinblick auf die Qualität der Abschlüsse und – in Abhängigkeit davon – die zur Verfügung gestellten Haushaltsmittel. Er ist davon überzeugt, »dass zur Erreichung konkreter Ziele vor Ort am besten diejenigen geeignet sind, die selbst vor Ort arbeiten. Weder Regelungen der Landesgesetzgeber oder gar des Bundesgesetzgebers, noch Verordnungen oder Erlasse der Regierungen sind dazu besser in der Lage.«[6] Der baden-württembergische Minister für Wissenschaft, Forschung und Kunst, Professor Dr. Peter Frankenberg, hat sich in These 4 seiner 2003 veröffentlichten »17 Thesen zur Hochschulreform. Strategien einer ganzheitlichen Hochschulentwicklung in Deutschland« für das Prinzip ausgesprochen, »dass die Hochschulen, *wo möglich*, in eigener unternehmerischer Freiheit und Verantwortung handeln, während der Staat, *wo nötig*, im Gesamtinteresse für Abstimmung sorgt«. Für ihn sind Staat und Hochschulen in einer strategischen Partnerschaft miteinander verbunden. Er weist darauf hin, dass Baden-Württemberg das Landeshochschulrecht schrittweise dereguliert und den Hochschulen mehr Handlungsfreiheit eingeräumt habe. Diesen Weg werde man weitergehen, »denn Autonomie, Wettbewerbs- und Leistungsfähigkeit sowie unternehmerisches Denken und Handeln der Hochschulen müssen sich gegenseitig verstärken«. Einschränkend heißt es dann jedoch, dass »Autonomie« der Hochschulen nach dem Verständnis der Landesregierung nicht heißen könne, jede Hochschule völlig sich selbst zu überlassen. Stattdessen bedeute »Autonomie« im Sinne einer landesweiten Strategie, ein eigenverantwortliches Planen und Handeln der Hochschule zu ermöglichen, das mit den strategischen Planungen und Zielsetzungen des Landes in Übereinstimmung steht.[7] Das bedeutet, dass das Planen und Handeln der Hochschulen sich nach den Zielsetzungen des Landes zu richten hat, was auch daraus hervorgeht, dass nach § 66 des Landeshochschulgesetzes die Zustimmung des Wissenschaftsministeriums zu dem Erlass, der Änderung oder der Aufhebung von Satzungen oder sonstigen Entscheidungen der Hochschule, die seiner Zustimmung bedürfen, unter anderem dann versagt werden kann, wenn diese mit den Zielen und Vorgaben des Landes in struktureller, finanzieller und ausstattungsbezogener Hinsicht nicht übereinstimmen. Wie wenig man bereit ist, *wirkliche* Autonomie zu gewähren bzw. aufrechtzuerhalten, ergibt sich auch daraus, dass die ursprünglich sehr liberalen Voraussetzungen für die Anerkennung von Hochschulen in freier Trägerschaft in § 128 des seinerzeitigen baden-württembergischen Universitätsgesetzes inzwischen in den §§ 70 ff. des Hochschulgesetzes durch detaillierte Regelungen stark eingeschränkt worden sind.

Inzwischen haben die europäischen »Bildungsminister«, von der Öffentlichkeit kaum bemerkt, eine »Gemeinsame Erklärung der Europäischen Bildungsminister vom 19. Juni 1999 in Bologna« (Bologna-Erklärung) verabschiedet, durch welche ein gemeinsamer europäischer Hochschulraum geschaffen werden soll. Darin haben sie sich auf folgende Eckpunkte für Reformen im Hochschulwesen verständigt: Durch europaweit verständliche Abschlusszeugnisse soll die Transparenz und Vergleichbarkeit von Studien- und Prüfungsleistungen gefördert werden. Durch ein einheitliches Leistungspunktsystem soll die Bewertung von Studienleistungen nachvollziehbar gemacht werden. Ferner soll die äußere Struktur von Studiengängen in Europa vergleichbarer gestaltet werden, um den Transfer von Studien- und Prüfungsleistungen zu erleichtern. Dies soll durch die Einführung von aufeinander aufbauenden Studiengängen mit dem Bachelor- bzw. Master-Abschluss erfolgen. Dieser sogenannte »Bologna-Prozess« ist bereits in vollem Gange und führt zu einer ganz erheblichen Umgestaltung der deutschen und europäischen Universitäten und hat statt zu einer nachhaltigen Deregulierung eine weitere staatliche Reglementierung und Verschulung des Hochschulwesens zur Folge. Man sollte sich fragen, ob die angestrebte und in früheren Zeiten vorhandene

Studienfreiheit innerhalb Europas bisher nicht gerade durch die staatliche Reglementierung und Verwaltung des Bildungswesens verhindert worden ist und ob diese künftig nicht wesentlich besser und flexibler gehandhabt werden könnte, wenn die staatlichen Bildungsminister den Universitäten und Hochschulen mehr Selbstverwaltung einräumen würden und diese die Möglichkeit erhielten, eine europaweite Zusammenarbeit in freier Weise durch ihre selbstgewählten Vertreter zu vereinbaren.

Unter den heute gegebenen Umständen ist ein eigenverantwortliches Planen und Handeln der Hochschulen nur sehr eingeschränkt möglich. Völlig verkannt wird hierbei, dass unternehmerisches Denken innerhalb der Hochschulen und damit deren Leistungs- und Wettbewerbsfähigkeit sich nur dann wahrhaft entwickeln können, wenn ihnen völlige Freiheit und Eigenverantwortlichkeit zugestanden wird, wozu auch die freie Verfügung über die vom Staat eingeräumten Mittel gehört. Es fehlt die Einsicht in die Notwendigkeit und in die positiven Auswirkungen einer Befreiung der Hochschulen von der Bevormundung und Gängelung durch die Ministerialbürokratie, die man wie schon zu Humboldts Zeiten nicht aus der Hand geben will. Hier möchte man hoffen und wünschen, dass sich die Gesetzgeber des Bundes und der Länder sowie die zuständigen Minister und Ministerialbeamten künftig am Vorbild Wilhelm von Humboldts orientieren und den Mut entwickeln, das Hochschulrecht des Bundes und der Länder weitestgehend zu deregulieren und damit den Hochschulen zunehmend *wirkliche* Autonomie einzuräumen. Auch ein europäischer Hochschulraum, der im Mittelalter schon vorhanden war, kann sich viel besser bilden, wenn die Universitäten nicht vom Staat verwaltet werden, sondern wenn man ihnen die Freiheit gibt, sich europaweit über ihre Zusammenarbeit zu verständigen.

Humboldts Universitätsidee gehört ebenso wie seine Schulidee zu den großartigsten Gedankenkeimen der Goethezeit, die noch auf ihre Wiederbelebung und volle Entfaltung warten. Für unsere Zeit wäre es von unschätzbarer Bedeutung, wenn die grundlegenden Ideen Wilhelm von Humboldts aufgegriffen und an ihrer Konkretisierung und Verwirklichung gearbeitet würde. So käme es heute insbesondere darauf an, das gegenwärtig noch bestehende, staatlich verwaltete Schulwesen, das nach Artikel 7 des Grundgesetzes nur der *Aufsicht* des Staates unterliegt, sowie die Universitäten, deren Forschung und Lehre frei sein soll, zunehmend zu entstaatlichen und ihnen volle Selbstverwaltung einzuräumen; ferner die Begründung und den Betrieb freier Schulen und Hochschulen nicht durch einschränkende gesetzliche Regelungen zu behindern, sondern zu fördern und diese finanziell mit den staatlichen Schulen und Hochschulen gleichzustellen, damit die gegenwärtig bestehende Wettbewerbsverzerrung beseitigt wird. Dabei kommt es entscheidend darauf an, dass durch frei ausgebildete Lehrer und Hochschullehrer innerhalb dieser befreiten Bildungseinrichtungen sich allmählich ein Wissenschaftsleben entwickelt, durch das der ideelle Zusammenhang der Welterscheinungen und damit die Geistnatur der Welt mehr und mehr erkannt werden kann. Aus einer solchen Erkenntnis heraus können dann auch die Ideen und Impulse gewonnen werden, die eine positive Weiterentwicklung der bestehenden kulturellen, staatlich-politischen und wirtschaftlichen Verhältnisse ermöglichen.

Der Bildungsweg Wilhelm von Humboldts und sein Bildungsideal[8]

In Wilhelm von Humboldt lebten und wirkten wesentliche Zukunftsimpulse, die insbesondere in dem zum Ausdruck kommen, was er als Bildungsideal im Laufe seines Lebens entwickelt und zu verwirklichen erstrebt hat.

Friedrich Schaffstein, der eine ausgezeichnete Biographie über Wilhelm von Humboldt geschrieben hat, sagte von ihm und seinem jüngeren Bruder Alexander, dem großen Naturforscher: »Diese beiden und einzigen Söhne des gleichen Elternpaares gehören zu den bedeutendsten und merkwürdigsten Gestalten ihrer Zeit, ja den hervorragendsten Repräsentanten deutscher und europäischer Geistigkeit schlechthin.«[9]

Wilhelm Humboldt war Zeitgenosse und Freund von Schiller und Goethe. Er wurde am 22. Juni 1767 in Potsdam geboren. Seine Kindheit und Jugend verbrachte er abwechselnd in Berlin und im elterlichen Schloss in Tegel. Er besuchte keine Schule, sondern hatte Hauslehrer, die ihn im Geiste der Aufklärung erzogen. Zur Vorbereitung auf sein Universitätsstudium erhielt er 1785 von bekannten Berliner Aufklärern private Vorlesungen: so von Geheimrat Dohm über Nationalökonomie, von Kammergerichtsrat Klein über Naturrecht und von Johann Jakob Engel über Philosophie und deren Geschichte. Dadurch wurde er zunächst stark von dem rational-logischen Element der Aufklärungsphilosophie geprägt. Ab Herbst 1787 studierte er dann Rechtswissenschaft, zunächst ein Semester in Frankfurt an der Oder, dann drei in Göttingen. Dort wandte er sich gleichzeitig dem Studium des klassischen Altertums bei dem bekannten Altphilologen Heyne zu. Auch las er in dieser Zeit die »Kritik der reinen Vernunft« von Kant, die ihm dazu verhalf, die Philosophie der Aufklärung zu überwinden.[10]

Während der Göttinger Studienzeit entwickelte sich bei Humboldt ein starkes *Interesse für besondere Persönlichkeiten*, woraus er ein regelrechtes Studium machte. So lernte er unter anderem Georg und Therese Forster und durch diese Friedrich Heinrich Jacobi kennen, mit dem er intensive Gespräche und einen längeren Briefwechsel über dessen Philosophie und ihr Verhältnis zur Philosophie Kants führte. Durch ihn gewann er einen selbstständigen Standpunkt gegenüber der Erkenntnis-kritischen Philosophie Kants, der es ihm ermöglichte, sich in seinem weiteren Erkenntnisbemühen von dessen eingeschränktem Standpunkt zu befreien.[11]

Der Ausbruch der Französischen Revolution veranlasste Humboldt, im Sommer 1789 mit seinem einstigen Hauslehrer Campe nach Paris zu reisen, um sich an Ort und Stelle ein Bild von der Wirkung der Revolution auf die Menschen zu machen. Auf der Rückreise weilte er zweieinhalb Wochen bei Forsters in Mainz. Bei der Weiterreise in die Schweiz suchte er in Zürich Lavater auf, dessen physiognomische Studien ihn sehr interessierten, von dem er jedoch ziemlich enttäuscht war. In Bern traf er den Philosophie-Professor Ith, der sich vor allem mit Anthropologie befasste. An ihm bemängelte er, dass er das Physiologische und das Psychologische zu sehr zu trennen scheine. Demgegenüber betonte Humboldt in seinem Tagebuch die Notwendigkeit, den Menschen als Einheit aufzufassen, indem er sagt, dass man noch vorzüglich darin in der Anthropologie zurück sei, »den Menschen in der Tat als ein Ganzes anzusehen, alle seine verschiedenen Seiten – des Geistes, des Herzens, des Körpers – in ihrem Zusammenhange zu kennen, indem sie nichts als ein nur modifiziertes Ganzes sind«.[12]

Auf der Rückreise aus der Schweiz verlobte sich Humboldt in Erfurt mit Caroline von Dacheröden, der er im Sommer 1788 erstmals begegnet war und deren tiefsinniges und gemütvolles Wesen sich in ihrem bedeutsamen Briefwechsel widerspiegelt.[13] Gleichzeitig lernte er die Schwestern Lengefeldt und Friedrich Schiller kennen und traf erstmals mit Goethe und Herder zusammen.

Alle diese Begegnungen waren von entscheidender Bedeutung für Humboldts Persönlichkeitsbildung und für die Entwicklung seines Bildungsideals. Hatte er zuvor an Campe bemängelt: »Für das Schöne, selbst für das Wahre, Tiefe, Feine, Scharfsinnige und Intellektuelle, für das Große, in sich Edle und moralische Dinge, scheint er äußerst wenig Gefühl zu haben […]«[14], so vergönnte ihm das Schicksal jetzt, Menschen zu begegnen, die in hohem Maße einen Sinn für das Schöne, Wahre und Edle besaßen. An der Begegnung mit solchen Persönlichkeiten wurden ihm der *Wert der menschlichen Individualität* und die Notwendigkeit ihrer freien Bildung und Entwicklung bewusst.[15]

Nach Berlin zurückgekehrt, begann Humboldt am 1. April 1790 seine praktische Ausbildung im preußischen Justizdienst, indem er als Auskultator (Beisitzer) am Berliner Stadtgericht tätig wurde, wo er vor allem Strafsachen bearbeitete. Gleichzeitig übte er eine Nebentätigkeit im Auswärtigen Department aus und wurde dort bereits im Juni 1790 Legationsrat. Nach seinem zweiten juristischen Staatsexamen, das er mit glänzendem Erfolg ablegte, wurde er im September 1790 zum Referendar ernannt.

Obwohl somit alle Voraussetzungen für eine erfolgreiche Laufbahn im preußischen Staatsdienst gegeben waren, reifte in Humboldt der Entschluss, diesen Dienst aufzugeben und sich zunächst ganz der inneren Bildung und Entwicklung seiner Persönlichkeit zu widmen. Die Fähigkeiten, die seine juristische Tätigkeit erforderte und durch sie ausgebildet wurden, hatten damals in seinen Augen keinen inneren Wert. Schon während seiner Studienzeit in Göttingen war er »sehr misstrauisch gegen das beschränkte Gute im Geschäftsleben« geworden und sagte sich, »dass doch eigentlich nur das Wert habe,was der Mensch in sich ist «.[16] Dabei setzte er sich auch mit der Empfindung auseinander, dass dies sehr eigennützig sei. Doch kam er zu der Überzeugung, »dass der Mensch immer insoviel Gutes schafft, als er in sich gut wird«.[17]

So ließ er sich Mitte Juni 1791 aus dem Staatsdienst beurlauben, heiratete und zog sich auf das in Thüringen gelegene Gut Burgörner seines Schwiegervaters zurück, um sein Ideal der individuellen Vervollkommnung zu verwirklichen. Lebensmaxime waren ihm jetzt die Sätze, die er in einem Brief an Forster vom 16. April 1791 ausgesprochen hatte, »dass nichts auf Erden so wichtig ist, als die höchste Kraft und die vielseitigste Bildung der Individuen, und dass daher der wahren Moral erstes Gesetz ist: bilde Dich selbst und nur ihr zweites: wirke auf andere durch das, was Du bist …«[18] Ihm war bewusst geworden, dass die weitere Entwicklung der Menschheit von der Entwicklung des Einzelnen abhängt und dass diese nur von jedem selbst vollzogen werden kann. So schreibt er 1792 in seiner genialen Jugendschrift »Ideen zu einem Versuch, die Grenzen der Wirksamkeit des Staates zu bestimmen«: »Endlich steht, dünkt mich, das Menschengeschlecht jetzt auf einer Stufe der Kultur, von welcher es sich nur durch Ausbildung der Individuen höher emporschwingen kann.«[19] Zugleich war er durchdrungen von einer hohen *Achtung vor der Individualität anderer Menschen* und vor ihrer inneren Freiheit. So schrieb er schon am 8.

Februar 1790 an Forster: »Mir heißt ins Große und Ganze wirken auf den Charakter der Menschheit wirken, und darauf wirkt jeder, sobald er auf sich und bloß auf sich wirkt. Wäre es allen Menschen völlig eigen, nur ihre Individualität ausbilden zu wollen, nichts so heilig zu ehren, als die Individualität des anderen; wollte jeder nie mehr in andere übertragen, nie mehr aus anderen nehmen, als von selbst aus ihm in andere und aus anderen in ihn übergeht; so wäre die höchste Moral, die konsequenteste Theorie des Naturrechts, der Erziehung und Gesetzgebung den Herzen der Menschen einverleibt.«[20]

In seinen »Ideen zu einem Versuch, die Grenzen der Wirksamkeit des Staates zu bestimmen« hat Humboldt sein Bildungsideal, das für ihn zugleich den Sinn des menschlichen Daseins ausmachte, folgendermaßen formuliert: »Der wahre Zweck des Menschen, nicht der, welchen die wechselnde Neigung, sondern welchen die ewig unveränderliche Vernunft ihm vorschreibt, ist die höchste und proportionierlichste Bildung seiner Kräfte zu einem Ganzen.«[21] Humboldt ging es also nicht um eine einseitige pragmatische Ausbildung zum Beispiel der intellektuellen oder der praktischen Fähigkeiten. Vielmehr erstrebte er eine möglichst umfassende und harmonische *Entwicklung aller im Menschen veranlagten Kräfte*, und zwar sowohl seiner intellektuellen als auch seiner moralischen und ästhetischen. Auf diesem Wege sollte das Ziel einer Höherentwicklung der Menschheit durch Ausbildung der Individuen erreicht werden. In einem Brief vom 1. Dezember 1792 an den Altertumswissenschaftler Friedrich August Wolf von der Universität Halle wird dies so ausgesprochen: »Es gibt außer allen einzelnen Studien und Ausbildungen des Menschen noch eine ganz eigene, welche gleichsam den ganzen Menschen zusammenknüpft, ihn nicht nur fähiger, stärker, besser von dieser und jener Seite, sondern überhaupt zum größeren und edleren Menschen macht, wozu zugleich Stärke der intellektuellen, Güte der moralischen und Reizbarkeit und Empfänglichkeit der ästhetischen Fähigkeiten gehört. Diese Ausbildung nimmt nach und nach mehr ab, und war in sehr hohem Grade unter den Griechen. Sie nun kann dünkt mich nicht besser befördert werden, als durch das Studium großer und gerade in dieser Rücksicht bewundernswürdiger Menschen, oder, um es mit einem Worte zu sagen, durch das Studium der Griechen.«[22]

Den Weg zu dieser *höheren Bildung der Individualität* sah Humboldt also darin, sich in das Wesen großer Persönlichkeiten zu vertiefen und sich so ihren inneren Reichtum zu Eigen zu machen. Da ihm das Ideal dieser höheren Bildung vor allem bei den alten Griechen verwirklicht zu sein schien, widmete er sich seit Sommer 1792 intensiv dem Studium des griechischen Altertums.

Ihm war bewusst, dass der Mensch im Laufe seines Lebens immer nur einzelne Kräfte seines Wesens entwickelt und dass er auch nur bestimmte Kräfte in sich zu einer gewissen Vollkommenheit bringen kann. Da es aber seine Bestimmung ist, sich zum Vollmenschlichen, zur Menschheit zu entwickeln, sieht Humboldt es als notwendig an, dass die Menschen sich gegenseitig bilden, indem sie sich wechselseitig ihren inneren Reichtum aneignen. So sagt er in der Schrift über die Grenzen des Staates: »Denn auch durch alle Perioden des Lebens erreicht jeder Mensch dennoch nur eine der Vollkommenheiten, welche gleichsam den Charakter des ganzen Menschengeschlechts bilden. Durch Verbindungen also, die aus dem Innren der Wesen entspringen, muss einer den Reichtum des andren sich eigen machen.«[23]

Voraussetzung für eine solche Bildung im Verkehr mit anderen Menschen ist einerseits ein liebevolles Interesse für das Wesen des anderen, andererseits eine innere Selbstständigkeit, um sich nicht in dem anderen zu verlieren, sondern dessen Wesen in sein eigenes Wesen verwandeln zu können. Ziel der Entwicklung ist nicht der gleichförmig gebildete Schablonenmensch, sondern die *eigentümlich gebildete Individualität.* Dies bringt Humboldt in seiner Schrift über die Grenzen des Staates mit folgenden Worten zum Ausdruck: »Der bildende Nutzen solcher Verbindungen beruht immer auf dem Grade, in welchem sich die Selbstständigkeit der Verbundenen zugleich mit der Innigkeit der Verbindung erhält. Denn wenn ohne diese Innigkeit der eine den andren nicht genug aufzufassen vermag, so ist die Selbstständigkeit notwendig, um das Aufgefasste gleichsam in das eigene Wesen zu verwandeln. Beides aber erfordert Kraft der Individuen, und eine Verschiedenheit, die, nicht zu groß, damit einer den andren aufzufassen vermöge, auch nicht zu klein ist, um einige Bewundrung dessen, was der andre besitzt, und den Wunsch rege zu machen, es auch in sich zu übertragen. Diese Kraft nun und diese mannigfaltige Verschiedenheit vereinen sich in der Originalität, und das also, worauf die ganze Größe des Menschen zuletzt beruht, wonach der einzelne Mensch ewig ringen muss, und was der, welcher auf Menschen wirken will, nie aus den Augen verlieren darf, ist Eigentümlichkeit der Kraft und der Bildung.«[24]

Aus dem Gesagten wird deutlich, dass dem Menschen eine solche innere Bildung nicht allein von außen vermittelt werden kann, sondern dass es sich um *Selbstbildung* handelt, die jeder Einzelne nur in sich und durch sich selbst vollziehen kann. Sie setzt kein akademisches Studium voraus, auch ist sie keineswegs durch ein solches bereits erlangt. Vielmehr erfordert eine solche Selbstbildung ein lebenslanges Lernen und Arbeiten. Für Humboldt war ein fortwährendes Streben nach Selbstbildung eine Selbstverständlichkeit. Bald zeigte sich ihm, dass das literarische Studium des griechischen Altertums allein dieses Streben nicht befriedigen konnte. So zog er im Mai 1794 mit seiner Familie nach Jena, um dem Freunde Schiller nahe zu sein und durch den ständigen Austausch mit ihm seine Individualität weiter zu bilden. In dieser Zeit begann auch die Freundschaft zwischen Goethe und Schiller, die dazu beitrug, dass sich bald auch ein vertrautes Verhältnis zwischen Goethe und Humboldt entwickelte. Der Umgang mit diesen beiden großen Persönlichkeiten trug erheblich zur weiteren Bildung seiner Individualität bei. Was ihn an Schiller besonders anzog, war sein klares, philosophisches Denken, das sich gerade in der Ausarbeitung seiner »Briefe über die ästhetische Erziehung des Menschen« in seiner ganzen Größe entfaltete. Schillers idealistischem Geist fühlte er sich innerlich tief verwandt. Aber auch der realistische Geist Goethes zog ihn stark an. Er empfand durch ihn die Notwendigkeit, nicht nur allgemeine Gesetze auf philosophischem Wege zu erkennen, sondern zur Erfahrung solcher Gesetze durch empirische Studien und durch ein gedankliches Betrachten sinnlicher Phänomene im Sinne von Goethes »anschauender Urteilskraft« zu gelangen.

Den Hauptgegenstand seines Interesses bildete nach wie vor der *Mensch in seinen verschiedenen individuellen Erscheinungsformen.* So geht er unter anderem an die Ausarbeitung eines Plans einer vergleichenden Anthropologie, als deren Bestreben er angibt, »die mögliche Verschiedenheit der menschlichen Natur in ihrer Idealität auszumessen, oder, was dasselbe ist, zu untersuchen, wie das menschliche Ideal, dem niemals *ein* Individuum adäquat ist, durch viele dargestellt werden kann. Was sie sucht, ist also kein Gegenstand der Natur, sondern etwas Unbedingtes, – Ideale, die aber auf Individuen, auf empirische Objekte so bezogen werden, dass man sie als das Ziel ansieht, dem diese sich nähern sollen.«[25] Und als Methode gibt er an: »Die vergleichende Anthropologie ist [...] ein Zweig der philosophisch-praktischen Menschenkenntnis. Wie diese wird sie daher die Empirie, so wie die bloße Spekulation vermeiden, und sich allein und durchaus auf *Erfahrung* stützen. [...] Sie wird demnach die Data zu ihren Charaktergemälden aus den Äußerungen des ganzen Menschen, zugleich aus seiner physischen, intellektuellen und moralischen Natur hernehmen, um sich des vollständigsten Stoffs zu versichern.«[26] Er will also den Menschen als leiblich-seelisch-geistige Einheit erfassen, wie er es bereits nach dem Gespräch mit Professor Ith in Bern als Aufgabe ausgesprochen hatte. Und so interessiert er sich in dieser Zeit auch für Goethes anatomisch-osteologische Studien und besucht mit ihm gemeinsam ein anatomisches Kolleg bei Hofrat Loder.

Vor allem aber erweitert sich jetzt sein Interesse auf die Verschiedenheiten der Nationalcharaktere und auf die besondere Eigentümlichkeit der verschiedenen Zeitalter. Durch deren Studium wollte er objektive Gesetzmäßigkeiten auffinden, die dem Einzelnen für seine Selbstbildung und für sein Tätigwerden richtungweisend sein können. Dem lag die großartige Idee zugrunde, dass die Menschheit als Ganzheit aufzufassen ist, wobei es die Aufgabe ihrer verschiedenen Glieder ist, sich auf ein gemeinsames Ziel hin zu entwickeln. Dies spricht er in einer längeren, allerdings Fragment gebliebenen Arbeit über »Das achtzehnte Jahrhundert« mit folgenden Worten aus: »Das Menschengeschlecht kann als ein großes Ganzes betrachtet werden, dessen einzelne Glieder sich durch eine planmäßige Ausbildung ihrer verschiedenen Kräfte *einem* gemeinschaftlichen Ziel nähern. Dieser Idee gemäß zu handeln, ist dem Menschen durch seine Vernunft aufgegeben, um die höchste Übereinstimmung in seine Handlungen zu bringen, und überall den Zufall zu verbannen.«[27] Diese Idee hat Humboldt 1821 in seinem bedeutsamen Aufsatz »Über die Aufgabe des Geschichtsschreibers« wieder aufgegriffen und darin das gemeinschaftliche Ziel so charakterisiert: »Das Ziel der Geschichte kann nur die durch die Menschheit darzustellende Idee sein, nach allen Seiten hin und in allen Gestalten, in welchen sich die endliche Form mit der Idee zu verbinden vermag, und der Lauf der Gegebenheiten kann nur da abbrechen, wo beide einander nicht mehr zu durchdringen imstande sind.«[28]

Um der neu gestellten Aufgabe willen, die Verschiedenheiten der Nationalcharaktere und den Unterschied zwischen der antiken und modernen Welt konkreter zu studieren, verließ Humboldt 1797 mit seiner Familie Jena mit dem Ziel, nach Italien zu reisen, woran ihn jedoch der französisch-österreichische Krieg hinderte. So entschloss er sich zu einem längeren Aufenthalt in Frankreich und machte von dort 1799 mit Frau und Kindern eine achtmonatige Reise nach Spanien. Schon 1796 hatte er sich mit englischer Geschichte und Literatur befasst. Auch unternahm er 1801 eine Reise in die baskischen Provinzen Spaniens, um deren Sprache und Lebensweise zu studieren. In diesen Jahren sammelte er viele Beobachtungen und bildete sich grundlegende Gedanken über die Wesensunterschiede zwischen dem deutschen, französischen und spanischen Nationalcharakter. Durch all diese Studien wurde Humboldt immer klarer bewusst, dass in den eine Nation bildenden Individuen sich neben ihrer Individualität ein ihnen allen gemeinsamer Geist ausspricht und darlebt.

Durch die Begegnung mit den Basken, deren Sprache als einzige der lebenden westeuropäischen Sprachen nicht indogermanischen Ursprungs ist, wurde Humboldt auf die Bedeutung der Sprachen für die Erkenntnis der unterschiedlichen Nationalcharaktere aufmerksam. Er ahnte, dass sich in ihnen der Geist der verschiedenen Nationen ausspricht. Dies führte ihn später zu umfassenden sprachvergleichenden Forschungen.

Durch das Studium der verschiedenen europäischen Volkscharaktere wurde ihm bewusst, dass gerade die Deutschen durch ihren Nationalcharakter besonders dazu veranlagt sind, das Wesen fremder Individualitäten und anderer Völker innerlich aufzufassen und sich dadurch dem erwähnten gemeinsamen Ziel aller Menschen zu nähern, nämlich die Idee der Menschheit darzustellen. Dies hat er in einem Brief an F. A. Wolf vom 26. August 1799 im Hinblick auf das Studium der alten Griechen ausgesprochen, indem er sagte, kein Volk habe die Griechen so treu aufgefasst und tief gefühlt wie das deutsche. Es bilde »gleichsam eine Brücke zwischen der antiken und modernen Welt, die sonst durch eine unendliche Kluft getrennt geblieben wäre. Denn diese, die Verbindung der Eigentümlichkeiten der Älteren und Neueren in einer einzigen Form hervorzubringen, könnte man gleichsam die Endabsicht des deutschen Charakters nennen, oder vielmehr das, worin jeder an seinem Teil mitzuwirken streben muss, dem es um eine wahrhaft idealische Veredlung unseres Nationalcharakters zu tun ist. Zwar lässt sich mit Grunde sagen, dass das Ziel jeder Nation vorgesteckt ist, aber nur eine, die eine solche Geschmeidigkeit besitzt, sich fremden

Eigentümlichkeiten anzupassen, hat eine sichere Hoffnung, demselben näher zu kommen.«[29] Das hier in Bezug auf den griechischen Nationalcharakter Gesagte gilt für Humboldt aber in einem viel umfassenderen Sinne für das Erfassen *aller* verschiedenen individuellen und nationalen Ausprägungen des menschlichen Geistes.

Im Jahre 1802 bahnte sich dann eine entscheidende Wende in seinem Leben an. Er nahm die Stelle eines preußischen Residenten am Päpstlichen Hof in Rom an und trat damit 35-jährig wieder in den Staatsdienst ein, aus dem er sich elf Jahre vorher hatte beurlauben lassen, um sich ganz der Selbstbildung zu widmen. Hier entfaltete Humboldt über seine laufenden Berichte hinaus eine sehr umfangreiche Tätigkeit, die sich nicht nur auf allgemeine kirchliche Fragen zwischen Preußen und dem Vatikan oder Angelegenheiten einzelner preußischer katholischer Bürger bezog. Vielmehr setzte er sich für »jeden unbekannten Preußen mit Eifer und Nachdruck« ein, wenn dieser in Italien in Schwierigkeiten geraten war. Er hat geschickt verhandelt und seine Ziele mit geduldiger Beharrlichkeit verfolgt. Clemens Menze sagt von Humboldts Arbeitsweise in Rom unter anderem, dass manches Zeugnis zeige, »wie sich eine genaue Kenntnis der kirchenrechtlichen Sachlage im Grundsätzlichen mit einer auf tief empfundener Humanität beruhenden Einschätzung des konkreten Falles verknüpft [...].«[30] Obwohl er durch dienstliche Geschäfte stark belastet war, konnte er auch dort seine Studien fortsetzen, vor allem des griechischen Altertums, des italienischen Nationalcharakters und das vergleichende Sprachstudium.[31] Damals schrieb er auch zwei, allerdings Fragment gebliebene Abhandlungen, nämlich »Latium und Hellas oder Betrachtungen über das klassische Altertum« und »Geschichte des Verfalls und Unterganges der griechischen Freistaaten«. Mit seiner Frau las er Homer, er selbst studierte und übersetzte Pindar und Aeschylos. Bei all diesen Studien und Arbeiten kam es ihm nicht auf die Werke als solche an. Vielmehr arbeitete und schrieb er um seiner eigenen Geistesbildung willen.[32]

Dieser auch noch weitgehend der Selbstbildung gewidmete Abschnitt in Humboldts Leben endete 1809. Durch den französisch-preußischen Krieg von 1806/07 war Preußen besiegt worden. Im Februar 1808 wurde der Kirchenstaat durch französische Truppen besetzt. In dieser bewegten Zeit warteten wichtigere Aufgaben auf ihn, und Humboldt empfand dies selbst, wenn er schon im Frühjahr

1807 an Hardenberg schrieb: »Jetzt ist es mir peinlich, hier müßig zu sein und nichts für das bedrängte Vaterland tun zu können.«[33] Eine dieser großen Aufgaben bestand darin, an der geistigen Erneuerung Preußens nach seinem äußeren militärischen und politischen Zusammenbruch mitzuarbeiten.

Im Oktober 1808 hatte Humboldt zur Regelung familärer Angelegenheiten nach Deutschland reisen müssen, wo er erfuhr, dass er auf Vorschlag des Freiherrn vom Stein zum Leiter der Sektion für Kultus und öffentlichen Unterricht im preußischen Ministerium des Innern bestimmt war. Clemens Menze bemerkt zu dieser Berufung, dass Humboldt nicht einmal ein oberflächliches Wissen von der neueren pädagogischen Literatur besaß. »Unterrichtsmethoden, auch Lehrpläne sind ihm weitgehend fremd, und für die Organisation der Bildung und die Probleme der Lehrer bringt der Chef des preußischen Bildungswesens, der nie eine öffentliche Schule besucht hatte, zunächst wenig Verständnis auf. [...] Trotz dieser mangelnden Vertrautheit mit der Pädagogik und der fehlenden Einsicht in die Bildungsorganisation hätte Stein keinen Qualifizierteren für das neu geschaffene Amt finden können.«[34]

Nach seiner Ernennung vom 20. Februar 1809 und längerem Zögern entschloß sich Humboldt, das neue Amt anzunehmen, das er am 30. April antrat. Nach einer kurzen intensiven Einarbeitungszeit in Berlin ging er nach Königsberg, wo sich seit dem Tilsiter Frieden der königliche Hof sowie die leitenden Persönlichkeiten des preußischen Staates aufhielten. Dort befasste er sich unter anderem mit der Reform des Königsberger Schulwesens sowie mit der Einrichtung des Litauischen Stadtschulwesens, woraus zwei wichtige Denkschriften entstanden sind, die am 27. September 1809 abgeschlossen wurden.[35] Darin hat Humboldt grundlegende Ideen nicht nur über die Schulbildung, sondern auch über die Universitätsbildung niedergelegt.

Ab Ende Januar 1810 arbeitete er wieder in Berlin, nachdem der König und die Regierung nach dort zurückgekehrt waren. Hier war eine seiner wesentlichsten Aufgaben, die schon länger geplante Gründung einer Universität vorzubereiten und durchzuführen.[36] Im Hinblick auf diese große Aufgabe machte er sich grundlegende Gedanken darüber, wie die neu zu gründende Universität in sich organisiert und mit den bereits vorhandenen höheren wissenschaftlichen Anstalten verbunden werden sollte.[37] Diese Ideen sind in der leider Fragment geblieben undatierten Denkschrift »Über die innere und äußere Organisation der höheren wissenschaftlichen Anstalten in Berlin« niedergelegt.[38]

Am 23. Juni 1810 nach etwas über einjähriger Amtszeit schied Humboldt schon wieder aus der Leitung der Sektion für Kultus- und Unterrichtsangelegenheiten aus, weil er unter dem Ministerium Altenstein/Dohna keine Möglichkeit sah, sich in freier Weise für die Verwirklichung seiner Ideen einzusetzen. Angesichts des großen Einflusses, den sein Wirken in dieser kurzen Zeit gehabt hat, kann man sich vorstellen, welche bedeutsamen geschichtlichen Auswirkungen es gehabt hätte, wenn der Freiherr vom Stein nicht am 24. November 1808 auf Druck Napoleons entlassen worden wäre und Humboldt mehrere Jahre mit Stein in dem von diesem vorgesehenen Staatsrat hätte zusammenarbeiten und in allen wichtigen Staatsangelegenheiten hätte mitberaten können. Nicht nur das deutsche Bildungswesen, sondern auch das deutsche Staatsleben hätte sich dann sehr wahrscheinlich in einer wesentlich anderen und günstigeren Weise entwickelt. Doch hat Humboldt auch ohne diese Möglichkeit bis Ende 1819 in verschiedenen Aufgabenbereichen eine umfangreiche und produktive Tätigkeit zum Neuaufbau und zur Neugestaltung des geistigen und staatlichen Lebens von Preußen und insbesondere während des Wiener Kongresses auch zur Neuordnung Deutschlands und Europas entfaltet.[39]

Vor allem durch sein staatsmännisch-politisches Wirken war Humboldt der Wert des *praktischen Handelns* für die Persönlichkeitsbildung bewusst geworden. Hatte er vorher die Bildung seiner Individualität durch *erkennendes* Bemühen angestrebt, so wurde ihm – was sich schon in der Jenaer Zeit vorbereitete – immer deutlicher, dass der Mensch im Leben auch etwas schaffen und leisten muss und dass es dazu eines Willenseinsatzes bedarf. So schrieb er in seinem autobiographischen Fragment von 1816: »Den positiven Teil der Willensherrschaft habe ich erst spät erworben. Ich möchte ihn wieder in zwei Arten teilen. Die eine ist das Vermögen, jede einzelne bestimmte intellektuelle oder praktische Aufgabe, die nur nicht zu sehr außer dem Gebiete des Talents oder der Übung liegt, zu einem bedeutend befriedigenden Grade zu lösen. Von früh an fehlte mir diese ganz. Ich konnte fast nie etwas zustande bringen, weil ich's wollte, und bedurfte zu allem der von selbst eintretenden Stimmung. Selbst ein Brief wurde mir auf diese

Weise schwer, einen Vers, einen Reim hätte ich nie zustande gebracht. Erst als ich in Rom war, bei der Vollendung der Übersetzung des Agamemnon, hernach bei Geschäften habe ich diese Fähigkeit, und zwar in sehr hohem Grade, meiner Natur abgewonnen. Ich kann jetzt ziemlich in dieser Art, was ich will oder die Umstände erheischen. Die andere Gattung positiver Willensherrschaft geht auf das Handeln und das Durchsetzen Zeit erfordernder Pläne. Darauf hat mich zuerst, einige Jahre nach meiner Verheiratung, die Lesung, ich weiß nicht welcher Lebensbeschreibung gebracht. Ich habe damals, mehrere Jahre vor meiner Anstellung, den festen Vorsatz gefasst, in Dienst zu gehen und eben zu dem Höchsten zu gelangen, was mir erreichbar wäre, und ich habe es erlangt.«[40]

In seinem letzten Lebensabschnitt von 1820 bis zu seinem Tod am 4. April 1835 beschäftigte er sich vor allem wieder mit seinen sprachwissenschaftlichen Studien, mit denen er schon 1801 begonnen hatte. In Rom hatte er sich hauptsächlich mit den antiken Sprachen befasst, wobei er in dem 1806 entstandenen Fragment »Latium oder Hellas« die Sprache als »den Odem, die Seele der Nation selbst« bezeichnete und sagte, dass sich in dieser der ganze Nationalcharakter ausprägt.[41] In Königsberg machte er sich mit der litauischen Sprache bekannt. Während seiner Tätigkeit als preußischer Gesandter in Wien studierte er die ungarische und tschechische Sprache. Durch seinen Bruder Alexander erhielt er Kenntnis von Sprachen der amerikanischen Ureinwohner. Nach seiner Entlassung aus dem Staatsdienst beschäftigte er sich dann mit dem Sanskrit, mit den Arbeiten Champollions, der 1822 die altägyptischen Hieroglyphen entziffert hatte; ferner mit der ägyptischen und koptischen, der chinesichen, der japanischen und der malaysischen Sprache sowie mit dem Kawi, der Dichter- und Priestersprache Javas.[42]

All den Sprachstudien lag die Absicht zugrunde, durch diese Aufschluss über das Wesen und die Entwicklung des Menschen, der Nationen und der Menschheit zu gewinnen. Herbert Scurla bemerkt dazu: »Für die Erkenntnis des Menschen, einer Nation, der Menschheit nahm die Sprache in Humboldts Untersuchungen eine zentrale Stellung ein.«[43] So war er bis an das Ende seines Lebens mit der Erweiterung seiner Bildung und der Bildung seiner Persönlichkeit beschäftigt.

Als einer der »hervorragendsten Repräsentanten deutscher und europäischer Geistigkeit schlechthin« hat Wilhelm von Humboldt durch die zielstrebige und umfassende Bildung seiner Individualität ein weithin leuchtendes Beispiel gegeben, wie der deutsche Geist seine Aufgabe inmitten Europas zum Heil der Menschen erfüllen kann. Erst diese Bildung ermöglichte es ihm, die großen Aufgaben, die ihm das Schicksal stellte, zu ergreifen und, von geistigen Gesichtspunkten geleitet, an ihrer Lösung zu arbeiten. Es kam ihm immer darauf an, »die tiefste und reinste Ansicht der Wissenschaft an sich hervorzubringen, indem man die ganze Nation möglichst, mit Beibehaltung aller individuellen Verschiedenheiten, auf den Weg bringt, der, weiter verfolgt, zu ihr führt, und zu dem Punkte, wo sie und ihre Resultate nach Verschiedenheit der Talente und Lagen, verschieden geahndet, begriffen, angeschaut und geübt werden können, und also den Einzelnen durch die Begeisterung, die durch reine Gesamtstimmung geweckt wird, zu Hilfe kommt«.[44] Aus diesen Worten lässt sich ersehen, wie er sich bei seinem Wirken für die geistige Erneuerung des preußischen Bildungswesens von der Idee einer idealischen Bildung der ganzen Nation leiten ließ. Das deutsche Volk hat im Laufe des 19. und 20. Jahrhunderts zu seinem und der Menschheit Unheil diese Aufgabe einer »wahrhaft idealischen Veredelung des Nationalcharakters« durch die innere Bildung und Entwicklung seiner Individualitäten weithin aus dem Auge verloren. Die Besinnung auf das Leben und Wirken Wilhelm von Humboldts und das durch ihn sich geltend machende Zukunftsideal auf ein gemeinsames Menschheitsziel hin kann dazu beitragen, dass wir uns unserer mitteleuropäischen Aufgabe einer fortwährenden Bildung unserer Persönlichkeit und der Entwicklung und Entfaltung unserer Individualität immer mehr bewusst werden.

Die Ideen Wilhelm von Humboldts über Schule, Universität und Staat und ihre Bedeutung für die Gegenwart

Die Freiheit des Bildungswesens vom Staat[45]

Heutzutage hält es bei uns jeder für selbstverständlich, dass sich das gesamte religiöse und kirchliche Leben frei von staatlichen Einflüssen entfalten kann und dass der Staat auf die Berufung der Pfarrer und auf die Gestaltung des Gottesdienstes keinen Einfluss nimmt. Es gibt zwar auch heute noch gewisse Einrichtungen, die auf die frühere enge Verquickung zwischen Staat und Kirche zurückgehen, wie insbesondere das Einziehen der Kirchensteuer und die Befreiung der Priester der evangelischen und katholischen Kirche vom Wehrdienst. Man würde es jedoch als absurd und nicht mehr zeitgemäß ansehen, wenn geltend gemacht würde, dass die Kirchen Anstalten des Staates sein sollten, was bezüglich der protestantischen Kirche in mehreren deutschen Ländern noch bis 1918 der Fall war.

Es ist merkwürdig, dass man es heute nicht in gleicher Weise als selbstverständlich ansieht, dass die Schulen keine Anstalten des Staates mehr sein können und dass es nicht Aufgabe des Staates ist, Lehrer auszubilden und anzustellen sowie den Inhalt und die Methode des Unterrichts in den Schulen zu bestimmen. Gewiss war es notwendig, dass der Staat im Laufe der neuzeitlichen Entwicklung die Verwaltung des Schulwesens in die Hand nahm, um es aus der mittelalterlichen Verquickung mit der Kirche zu befreien. Die Beibehaltung der staatlichen Schulverwaltung über die Gegenwart hinaus führt jedoch zunehmend zu einer vorwiegend von ökonomischen Gesichtspunkten geleiteten, einseitig intellektuellen Abrichtung und zu ständig wechselnden, von den jeweiligen parteipolitischen Herrschaftsverhältnissen abhängigen »Reformen« des Schulwesens. Die in diese Richtung gehenden Tendenzen sind heute überall deutlich sichtbar. Will man ihnen wirksam entgegenwirken, so wird man auch auf dem Gebiete des Schulwesens den Mut finden müssen, radikal umzudenken und die vollständige Freiheit des Schulwesens vom Staate zu fordern.

Der Erste, der diese Notwendigkeit klar erkannt und ausgesprochen hat, war Wilhelm von Humboldt. So hat er in seiner Jugendschrift über die Grenzen der Wirksamkeit des Staates ausgeführt, dass der Staat um der freien Entwicklung und Entfaltung der menschlichen Persönlichkeit willen sich aller Sorgfalt für das physische und moralische Wohl seiner Bürger enthalten müsse, und dass seine Aufgabe lediglich darin bestehe, für Sicherheit zu sorgen. Ausgehend von dieser Grundidee wendet er sich auch gegen öffentliche, das heißt »vom Staat angeordnete oder geleitete Erziehung«. Für ihn besteht der Sinn und die Aufgabe des menschlichen Lebens darin, alle Kräfte im Menschen, nicht nur seine intellektuellen, sondern auch seine künstlerischen und moralischen sowie seine praktischen Fähigkeiten, so weit und so harmonisch wie möglich zu entwickeln. Diese Entwicklung kann sich nur in Freiheit und nur dann vollziehen, wenn die Möglichkeit besteht, mannigfaltige Erfahrungen zu sammeln. In Unfreiheit und in einförmigen Lebenslagen kann sich der Mensch nur unvollkommen entwickeln.[46]

Am stärksten wird die innere Entwicklung des Menschen beeinflusst und auch beeinträchtigt durch die Einwirkung des Staates auf das Erziehungs- und Bildungswesen. Diese Einwirkung erfolgt sowohl unmittelbar, indem der Staat die Gestaltung des Unterrichts weitgehend bestimmt, als auch mittelbar, indem er die Lehrer ausbildet, auswählt und besoldet. Es ist klar, dass durch die umfangreichen staatlichen Vorgaben für das Schulwesen die Freiheit der Erziehung und des Unterrichts stark eingeschränkt wird und dass die Lehrer durch die staatlich reglementierte Ausbildung eine gewisse einheitliche Ausrichtung erhalten. Auch ist der Staat seiner Natur nach immer bestrebt, dem Schulwesen eine bestimmte, möglichst einheitliche Form zu geben. Sein Ziel ist nicht in erster Linie die Bildung des Menschen als *Menschen*. Ihm kommt es vielmehr vor allem darauf an, möglichst brauchbare, gesetzestreue *Bürger* heranzubilden, die mit den bestehenden Verhältnissen zufrieden sind und sich in die gegebene Verfassung einfügen.[47]

Für Humboldt hingegen besteht die Aufgabe der Erziehung darin, die in jedem Menschen liegenden individuellen Anlagen und Fähigkeiten so weit wie möglich zu entwickeln. Er soll nicht so gebildet werden, dass er in die bestehende Staatsverfassung hineinpasst, sondern umgekehrt sollen die frei gebildeten Menschen die Verfassung in ihrem

Sinne gestalten. Dies spricht Humboldt mit den Worten aus: »Schon diesen wenigen Bemerkungen zufolge erscheint, um zuerst von demjenigen moralischen Mittel zu reden, was am weitesten gleichsam ausgreift, öffentliche, d.i. vom Staat angeordnete oder geleitete Erziehung wenigstens von vielen Seiten bedenklich. Nach dem ganzen vorigen Räsonnement kommt schlechterdings alles auf die Ausbildung des Menschen in der möglichsten Mannigfaltigkeit an; öffentliche Erziehung muss, selbst wenn sie diesen Fehler vermeiden, wenn sie sich bloß darauf einschränken wollte, Erzieher anzustellen und zu unterhalten, immer eine bestimmte Form begünstigen.«[48] Deshalb ist Humboldt der Meinung, dass »die freieste, so wenig als möglich schon auf die bürgerlichen Verhältnisse gerichtete Bildung des Menschen überall vorangehen« muss. »Der so gebildete Mensch müsste dann in den Staat treten und die Verfassung des Staats sich gleichsam an ihm prüfen. Nur bei einem solchen Kampfe würde ich wahre Verbesserung der Verfassung durch die Nation mit Gewissheit hoffen und nur bei einem solchen schädlichen Einfluss der bürgerlichen Einrichtung auf den Menschen nicht besorgen.«[49]

Gegen diese Forderung nach einem freien, vom Staate unabhängigen Erziehungs- und Bildungswesen kann man einwenden, dass bei einer solchen Freiheit infolge der Verschiedenartigkeit des Unterrichts ein Wechsel von einer Schule zur anderen sehr erschwert, wenn nicht unmöglich gemacht würde. Dieser Einwand hat jedoch nur für den Gewicht, der Bildung mit Wissensvermittlung verwechselt. Auch Humboldt sah die Gefahr dieser Verwechslung, wenn er schreibt: »Vielleicht scheint es sogar, als diente vielmehr die Erweiterung vieler Wissenschaften, welche wir diesen und ähnlichen Einrichtungen des Staats, welcher allein Versuche im Großen anzustellen vermag, vorzüglich danken, zur Erhöhung der intellektuellen Kräfte und dadurch der Kultur und des Charakters überhaupt. Allein nicht jede Bereicherung durch Kenntnisse ist unmittelbar auch eine Veredelung selbst nur der intellektuellen Kraft [...]«[50] Wenn der Staat nicht mehr einen bestimmten Wissensstoff vorschreibt, der während und am Ende der Schulzeit im Gedächtnis der Schüler gegenwärtig sein soll, sondern wenn vielmehr eine freie Menschenbildung den Stoff der einzelnen Wissensgebiete als Mittel benutzt, den Menschen in all seinen Kräften harmonisch zu entwickeln, dann ist ein Schulwechsel auch innerhalb eines freien und unabhängigen Erziehungs- und Bildungswesens ohne besondere Schwierigkeiten möglich. Da die Erziehung und der Unterricht in einem freien Schulwesen sich am Wesen des heranwachsenden Kindes und nicht an staatlichen Lehrplänen orientieren werden, wird sich mit der Zeit auch eine gewisse Übereinstimmung in den Lehrplänen entwickeln, zumal die Schulen, wie dies heute schon bei denen in freier Trägerschaft der Fall ist, in Verbänden zusammenarbeiten werden. Durch diese Schulverbände werden auch die erforderlichen Regelungen, zum Beispiel über den Schuljahresbeginn oder die Ferien durch freie Übereinkünfte getroffen werden, ohne dass es einer Mitwirkung des Staates bedarf.

Humboldt ist auch davon überzeugt, dass in einem freien Erziehungs- und Bildungswesen bessere Erzieher tätig sein werden. So schreibt er in den Ideen über die Grenzen der Wirksamkeit des Staates: »Bei freien Menschen entsteht Nacheiferung, und es bilden sich bessere Erzieher, wo ihr Schicksal von dem Erfolg ihrer Arbeiten, als wo es von der Beförderung abhängt, die sie vom Staate zu erwarten haben.«[51] Auch wird in einem freien Schulwesen bei der Berufswahl nicht, wie es innerhalb des staatlichen Schulwesens vielfach der Fall ist, die Aussicht auf eine pensionsberechtigte Beamtenstelle bzw. lebenslange Anstellung, sondern allein die Liebe zum Lehrberuf bestimmend sein. Und schließlich wird mit der Freiheit auch die Freude am Menschenbilden und Erziehen wiederkehren, die bei einer staatlichen Verwaltung des Schulwesens nur zu oft unter einem Wust von Vorschriften erstickt wird.

Mit dem Einwand, dass nur der Staat in der Lage sei, das Schulwesen einzurichten und zu unterhalten, setzt sich Humboldt ebenfalls auseinander. Nach seiner Überzeugung wird durch die von ihm ebenfalls geforderte Freiheit des wirtschaftlichen Lebens ein größerer Wohlstand entstehen. Die Eltern werden deshalb besser in der Lage und willens sein, das Schulwesen wirtschaftlich zu tragen, wenn es in seinem Bestand von ihnen abhängt. So sagt Humboldt: »Überhaupt soll die Erziehung nur, ohne Rücksicht auf bestimmte, den Menschen zu erteilende bürgerliche Formen, Menschen bilden, bedarf es des Staates nicht. Unter freien Menschen gewinnen alle Gewerbe besseren Fortgang, blühen alle Künste schöner auf, erweitern sich alle Wissenschaften. Unter ihnen sind auch alle Familienbande enger, die Eltern eifriger bestrebt, für ihre Kinder zu sorgen, und, bei höherem Wohlstand, auch vermögender, ihrem Wunsche hierin zu folgen. [...] Es wird daher weder an sorgfältiger Familienerziehung, noch an Anstalten so nützlicher und notwendiger gemeinschaftlicher Erziehung fehlen.«[52]

Wie sich Humboldt die Finanzierung einer vom Staate unabhängigen gemeinschaftlichen Erziehung im Einzelnen vorstellt, hat er in seiner Schrift über die Grenzen der Wirksamkeit des Staates nicht näher ausgeführt. Da er jedoch davon spricht, dass die Eltern bei höherem Wohlstand vermögender sind, für ihre Kinder zu sorgen, ist anzunehmen, dass er an eine Finanzierung durch das Schulgeld der Eltern denkt. Dies braucht nicht zu einer Benachteiligung von wirtschaftlich schlechter gestellten Familien zu führen, wenn diesen durch entsprechende gesetzliche Regelungen die notwendigen Mittel zur Zahlung eines kostendeckenden Schulgeldes zur Verfügung gestellt werden.

Wir sehen somit, dass die öffentliche Erziehung nach der Überzeugung Humboldts nicht Aufgabe des Staates, sondern vielmehr Aufgabe der Nation ist. Die von den Bürgern selbst ohne staatliche Mitwirkung eingerichteten und unterhaltenen Anstalten nennt Humboldt deshalb Nationalanstalten, die er den Staatsanstalten gegenüberstellt.[53]

Nun gibt es eine weit verbreitete Meinung, Humboldt habe sich später als preußischer Staatsmann von seinen Ideen über die Grenzen der Wirksamkeit des Staates abgewandt, was insbesondere daraus hervorgehe, dass er ihnen als Leiter der Sektion für Kultus und öffentlichen Unterricht im Ministerium des Innern in den Jahren 1809/10 entgegengehandelt habe. Es ist zwar richtig, dass er in dieser Stellung seinen Ideen einfach durch die Tatsache entgegengehandelt hat, dass er als Beamter des Staates eine Tätigkeit entfaltete, die in das Erziehungswesen eingriff. So, wenn er an eine Reform des gesamten Schulwesens ging, die Universität Berlin begründete oder die Akademien in Berlin reorganisierte.[54]

Man muss sich jedoch klarmachen, dass eine solche Tätigkeit, die weitgehend in das Erziehungs- und Bildungswesen gestaltend hineinwirkte, notwendig mit Humboldts Stellung als Sektionsleiter verbunden war. Wenn er gegenüber den widerstrebenden bisherigen Verwaltern des Bildungswesens, den kirchlichen Behörden, den Provinzen, den gemeindlichen und privaten Schulpatronen, den Universitäten und Akademien den Führungsanspruch der Sektion geltend machte und durchsetzte, so tat er nichts anderes, als die Aufgaben auszuführen, die ihm nach der durch den Freiherrn vom Stein in die Wege geleiteten Neuordnung der gesamten preußischen Verwaltung oblagen.

Schon das »Allgemeine Landrecht für die preußischen Staaten« vom 5. Februar 1794 hatte im zwölften Titel des zweiten Teils »Von niederen und höheren Schulen« zahlreiche Bestimmungen für die Schulen und Universitäten aufgestellt und den Grundsatz festgelegt: »Schulen und Universitäten sind Veranstaltungen des Staates, welche den Unterricht der Jugend in nützlichen Kenntnissen und Wissenschaften zur Absicht haben.« Auch wurden darin ausdrücklich alle privaten und öffentlichen Schul- und Erziehungsanstalten der Aufsicht des Staates unterworfen. Nach dem »Publikandum« vom 16. Dezember 1808, dem die vom Freiherrn vom Stein entworfene »Verordnung die veränderte Verfassung der obersten Verwaltungsbehörden in der preußischen Monarchie betreffend« vom 24. November 1808 zugrunde lag, gehörten zum Geschäftskreis der Abteilung des öffentlichen Unterrichts unter anderem: alle höheren wissenschaftlichen und Kunstvereine, wie die Akademien der Wissenschaften und Künste sowie die Bauakademie, alle Lehranstalten, Universitäten, Gymnasien, gelehrte, Elementar-, Bürger-, Industrie- und Kunstschulen, ohne Unterschied der Religion. Indem Humboldt in das Erziehungs- und Bildungswesen gestaltend eingriff und dieses der staatlichen Verwaltung unterstellte, führte er somit nur das aus, was durch das Publikandum vom 16. Dezember 1808 vorgeschrieben war.

Außerdem muss man berücksichtigen, dass er keineswegs danach gestrebt hatte, Leiter der Sektion für Kultus und öffentlichen Unterricht zu werden. Er hat sich im Gegenteil lange gesträubt, dieses Amt zu übernehmen. Als er sich jedoch entschloss, sich dieser Aufgabe zu stellen, hat dabei sicher die Aussicht eine wesentliche Rolle mitgespielt, seine in jahrelangen Studien gereiften Ideen über die Bildung des Menschen institutionell realisieren und das noch weitgehend in kirchlichen Bindungen steckende Schulwesen und das Bildungswesen überhaupt einer freiheitlichen Entwicklung zuführen zu können.

Sein Ziel war es nicht, die Staatsmacht auf dem Gebiet des Bildungswesens zu verstärken, sondern diese dazu zu verwenden, das Bildungswesen auf den Weg einer fruchtbaren Entwicklung zu bringen und es allmählich von der staatlichen Verwaltung zu befreien. Dass die Entwicklung nach seinem viel zu frühen Ausscheiden in die Richtung einer immer stärkeren Abhängigkeit des Bildungswesens vom Staate ging, ist eine tragische Tatsache, die jedoch nichts über seine eigentlichen Beweggründe besagt.

Bei genauerem Zusehen zeigt sich vielmehr, dass Humboldt sich auch in dieser Zeit zu seinen Ideen von den Grenzen der Wirksamkeit des Staates bekannt hat. Dies geht aus verschiedenen Äußerungen hervor. So spricht er in seiner Denkschrift vom 17. Juli 1809 »Über den Entwurf zu einer neuen Konstitution für die Juden« von einer »längst verworfenen Theorie der Gesetzgebung«, nämlich von derjenigen, »welche die Gesetzgebung zu einer Art Erziehung des Staatsbürgers macht, wo sie nur immer die Mittel in Händen hat, positiv wirken will und, von einem bestimmten Begriff des Charakters und der Kultur der Nation ausgehend, imstande zu sein wähnt, den Fortschritt und sogar die Richtung zu einer anderen Stufe leiten zu können«. Dieser Theorie setzt er seine eigene Auffassung entgegen, dass »der Staat nur durch Erteilung und Beschränkung der Freiheit und dadurch hervorgebrachtes Gleichgewicht der Rechte die Bürger instand setzen muss, sich selbst zu erziehen, nur dahin zu streben hat, bloß negativ zu wirken und das positive Wirken der freien Tätigkeit der Nation zu überlassen und die Menschheit genug achten muss, um zu wissen, dass der moralische Standpunkt einer Nation sich nie genau berechnen, noch weniger aber die Entwicklung derselben sich mechanisch voraussehen lässt, indem sie vielmehr, und ganz aus innerer Kraft, wie die ganze Geschichte lehrt, oft plötzliche Impulse erhält, die, weit entfernt, sich durch die Gesetzgebung leiten zu lassen, dieselbe ihnen zu folgen zwingen, kurz, da der Staat kein Erziehungs-, sondern ein Rechtsinstitut ist«.[55] Und in einem amtlichen Bericht vom 19. Mai 1809 schreibt er an den vorgesetzten Minister: »Der (in England freilich, aber aus anderen Gründen, zum Verderben aller Schulen ausschlagende) Grundsatz, dass der Staat sich um das Schulwesen gar nicht einzeln bekümmern muss, ist an sich, einer konsequenten Theorie der Staatswissenschaft nach, gewiss der einzig wahre und richtige.«[56] Die gleiche Einstellung kommt in einem Schreiben an seinen Mitarbeiter Uhden vom 9. Mai 1809 zum Ausdruck: »Man muss so viel Freiheit lassen, als möglich. In Schulsachen muss das Regieren mit der Zeit so viel als möglich ganz eingehen.«[57] Und an Goethe schreibt er am 7. September 1812 im Hinblick auf die von ihm begründete Universität Berlin, »dass man nur etwas stiften darf, um es dann mit Sicherheit seiner eigenen lebendigen Kraft zu überlassen«.[58] Das Streben Humboldts, das Bildungswesen mehr und mehr vom Staate zu befreien, äußert sich zudem in seinem Eintreten für akademische Freizügigkeit.[59]

Aber Humboldt bekannte sich nicht nur zu seinen Ideen von den Grenzen der Wirksamkeit des Staates; er versuchte auch, sie so weit wie möglich zu verwirklichen. Über seine Absicht, das Schulwesen wirtschaftlich vom Staate unabhängig zu machen schreibt er am 4. März 1809 an seine Frau: »Ich habe einen großen Plan, die Schulen bloß von der Nation besolden zu lassen. Die ist doch zu kleinen Abgaben noch so arm nicht, und man bekommt so einen Fonds, den selbst ein Feind einmal respektiert. Allein alle bisherigen kleinen Ansichten werden sich dagegen setzen, und ich werde viel Widerspruch finden.«[60] Ähnlich spricht er sich in einem Brief an seinen Mitarbeiter Nicolovius vom 25. März 1809 aus: »Erziehung ist Sache der Nation, und bereiten wir (was aber nur mit großer Behutsamkeit geschehen muss) vor, dass wir der Kräfte des Staats mehr entraten können und die Nation mehr in unser Interesse ziehen, so können wir, was uns anvertraut ist, auch unter manchen Stürmen erhalten, und brauchen es, selbst im Falle des äußersten Unglücks, nur anderen Händen zu übergeben.«[61] Humboldt bemühte sich auch darum, dass die neu gegründete Universität in Berlin, die Akademien der Wissenschaften und der Künste sowie die damit verbundenen wissenschaftlichen Institute und Sammlungen vom Staat ausreichenden Grundbesitz zu Eigentum übertragen bekommen, um sie auf diese Weise von ihm wirtschaftlich unabhängig zu machen.[62] Gleichzeitig sprach er als Hauptgrundsatz seiner Verwaltung aus, es nach und nach dahin zu bringen, dass das gesamte Schul- und Erziehungswesen nicht mehr der Staatskasse zur Last falle, sondern sich durch eigenes Vermögen und durch die Beiträge der Nation erhalte.[63] Einen ersten Schritt in diese Richtung versuchte er bei der Organisation des Königsberger Schulwesens zu tun.[64] So sollte die wirtschaftliche Unabhängigkeit des Bildungswesens vom Staate die Grundlage seiner geistigen Freiheit und Selbstständigkeit sein.

Bei seiner Absicht, das Schulwesen allmählich der Nation zu übertragen und es von ihr finanzieren zu lassen, hatte Humboldt in den Jahren 1809/10 in erster Linie die Gebietskörperschaften der Nation, die Stadt- und Landgemeinden im Auge. So schreibt er in einem Bericht vom 1. Dezember 1809, dass seine Sektion die Unterhaltung und Verbesserung des städtischen Schulwesens vorzüglich den städtischen Kommunen zu übertragen wünscht.[65] Und in einem Bericht vom 12. Mai 1810 sagt er, dass die notwendige Verbesserung der Landschulen größtenteils durch die Gemeinden geschehen könnte und sollte.[66] Wie aus seinen Berichten vom 16. August und 12. Mai 1810 hervorgeht, stellte er sich eine allgemeine Bürgerabgabe vor, die nicht in die Regierungskassen, sondern in besondere kommunale Kassen fließen sollte.[67] Hierzu bemerkt er in dem letztgenannten Bericht: »Die Vorteile einer solchen Einrichtung, die größere Selbstständigkeit dieser Kasse, das höhere Interesse der Nation an Institutionen, die nun sichtlicher ihr Werk wären, liegen am Tage. Ja, es entstände vielleicht dann, wenn es solche, nicht mit den Regierungskassen vermischte, sondern von den Administratoren der Kommunen selbst verwaltete Kassen gäbe, wieder der alte fromme Gemeingeist, der sich in zu oft und ungerecht geschwächten Schenkungen und Vermächtnissen tätig erwiese.«[68]

Bei seinen Überlegungen über die Art der Verwaltung dieser allgemeinen Bürgerabgabe macht er unter anderem den Vorschlag, dass »jeder Teil der Nation [...] unmittelbar die für ihn besonders bestimmten Anstalten und Personen« erhält. Hierbei denkt er nicht nur an die Gebietskörperschaften der Nation, sondern auch an zu bildende besondere Schulvereinigungen, wenn er sagt: »Inwiefern aber die Unterhaltung der Land- und niederen Stadtschulen durch Einrichtung von Schulsozietäten im ganzen Lande, durch Zuschüsse aus den Stadt-Kassen und durch Bildung von Provinzial-Kassen zu bewirken sein möchte, würde näher ausgemittelt werden müssen.«[69] Man wird sich diese Schulsozietäten so vorstellen können, dass sich in ihnen jeweils die zu einer bestimmten Schule gehörenden Lehrer, Eltern und Freunde zu einer diese Schule tragenden Vereinigung verbinden. Leider konnte Humboldt diesen Gedanken, besondere Schulsozietäten im ganzen Lande einzurichten, wegen seines bald darauf erfolgenden Ausscheidens aus der Leitung der Kultus- und Unterrichtsangelegenheiten in Preußen nicht weiter verfolgen. Die Idee solcher Schulsozietäten zeigt, dass in Humboldt der Gedanke von auf Verträgen beruhenden Nationalanstalten aus seiner Jugendschrift über die Grenzen der Wirksamkeit des Staates weiterwirkt.

Die Forderung Humboldts nach einem freien, vom Staate unabhängigen Bildungswesen ist heute aktueller denn je. Nur in einem freien Schulwesen wird die Entfaltung einer sich am Wesen des heranwachsenden Menschen und nicht an den Zielen des Staates und den Interessen der Wirtschaft orientierenden Pädagogik möglich sein. Auch werden nur freie Universitäten und Hochschulen in der Lage sein, sich nicht als reine Wissensvermittlungs- und Berufsausbildungsinstitute, sondern vor allem als wirkliche Menschenbildungsstätten zu verstehen. Und nur in einem solchen freien Bildungswesen werden die Schüler und Studenten so gebildet werden, dass in ihnen außer den selbstverständlich notwendigen Kenntnissen auch noch solche Fähigkeiten, wie zum Beispiel Initiative, Verantwortungsfreude, schöpferische Phantasie, Beweglichkeit, soziales Verständnis und die Fähigkeit zur Zusammenarbeit entwickelt werden, die sie brauchen, wenn sie den Anforderungen des modernen Lebens gewachsen sein sollen.

Menschenbildung im Sinne Wilhelm von Humboldts

Die Idee der differenzierten Einheitsschule. Allgemeine Menschenbildung für alle[70]

Während der kurzen Zeit, in der Humboldt Leiter des preußischen Kultus- und Unterrichtswesens war, hat er einen großen Plan zur Gestaltung des Bildungswesens in Preußen entwickelt, den er infolge seines Ausscheidens nur teilweise und unvollkommen verwirklichen konnte. In einem Schreiben vom 28. Juli 1819 an seine Frau Caroline kommt er wie schon wenige Monate zuvor wieder darauf zu sprechen: »Ich hatte einen allgemeinen Plan gemacht, der von der kleinsten Schule an bis zur Universität alles umfasste, und in dem alles ineinander griff, ich war in jedem der Teile desselben zu Hause, ich nahm mich des kleinsten wie des größten, ohne Vorliebe, mit gleicher Tätigkeit an, ich ließ mich durch keine Schwierigkeit abschrecken.«[71] Ob Humboldt diesen Plan nur in Gedanken vor sich hatte oder ob er ihn im Zusammenhang aufgeschrieben hat, ist uns nicht bekannt. Es wäre denkbar, dass er ihn schriftlich niedergelegt hat; gefunden hat er sich jedoch bis jetzt nicht. Wir sind aber in der Lage, dass uns zwei bedeutsame Denkschriften Humboldts erhalten geblieben sind, die Eduard Spranger wieder entdeckt hat und aus denen sich dieser Schulplan erkennen lässt. Diese beiden, leider viel zu wenig bekannten Denkschriften tragen die unscheinbaren Überschriften »Über die mit dem Königsbergischen Schulwesen vorzunehmenden Reformen« und »Unmaßgebliche Gedanken über den Plan zur Einrichtung des Litauischen Stadtschulwesens«.[72]

Humboldts Schulidee beruht, wie schon erwähnt, auf seiner Auffassung von der Bildung des Menschen. So kommt es ihm bei allem Schulunterricht darauf an, dass dieser eine allgemeine Menschenbildung vermittelt. Alle spezielle Berufsausbildung soll erst daran anschließend erfolgen. Eine Vermischung der allgemeinen Menschenbildung mit der speziellen Berufsausbildung hält er für verderblich. Dies spricht er mit folgenden Worten aus: »Alle Schulen aber, deren sich nicht ein einzelner Stand, sondern die ganze Nation oder der Staat für diese annimmt, müssen nur allgemeine Menschenbildung bezwecken.[73] Was das Bedürfnis des Lebens oder eines einzelnen seiner

Gewerbe erheischt, muss abgesondert und nach vollendetem Unterricht erworben werden. Wird beides vermischt, so wird die Bildung unrein, und man erhält weder vollständige Menschen noch vollständige Bürger einzelner Klassen. Denn beide Bildungen – die allgemeine und die spezielle – werden durch verschiedene Grundsätze geleitet. Durch die allgemeine sollen die Kräfte, d. h. der Mensch selbst gestärkt, geläutert und geregelt werden; durch die spezielle soll er nur Fertigkeiten zur Anwendung erhalten. Für jene ist also jede Kenntnis, jede Fertigkeit, die nicht durch vollständige Einsicht der streng aufgezählten Gründe oder durch Erhebung zu einer allgemein gültigen Anschauung (wie die mathematische und ästhetische) die Denk- und Einbildungskraft und durch beide das Gemüt erhöht, tot und unfruchtbar. Für diese muss man sich sehr oft auf in ihren Gründen unverstandene Resultate beschränken, weil die Fertigkeit da sein muss und Zeit oder Talent zur Einsicht fehlt.«[74] Dass nach Humboldts Überzeugung die allgemeine Menschenbildung gerade auch auf die spezielle Berufsausbildung am besten vorbereitet, fasst er mit den Worten zusammen: »Ein Hauptzweck der allgemeinen Bildung ist, so vorzubereiten, dass nur für wenige Gewerbe noch unverstandene und also nie auf den Menschen zurückwirkende Fertigkeit übrig bleibe.«[75]

Wenn demgegenüber gesagt wird, dass Menschenbildung und Berufsbildung für ihn unversöhnliche Gegensätze waren, und von einem »kontemplativen, ich-bezogenen und zweckimmanenten Bildungsbegriff« Humboldts gesprochen wird[76], so zeugt dies nur von Unkenntnis oder einem Unverständnis dieses Bildungsideal. Wie aus dem vorangehenden Zitat hervorgeht, hält er es auch für notwendig, die allgemeine Schulbildung inhaltlich und methodisch so zu gestalten, dass sie in den Schülern die Fähigkeiten und Fertigkeiten entwickelt, die sie für ihre spätere Berufsausbildung bzw. Berufsausübung benötigen. Er wendet sich nur dagegen, die Berufsausbildung in das allgemeinbildende Schulwesen zu integrieren, was heute auch nicht der Fall ist. Selbstverständlich aber sollen in der Schule Unterrichtsinhalte behandelt werden, die für jede spätere Berufsausübung von Nutzen sind. Nur soll dies so geschehen, dass sie menschenbildend wirken, das heißt, dass sie nicht nur mechanisch, gedächtnismäßig beigebracht, sondern so dargestellt werden, dass sie in ihren Gründen, in ihrem inneren, geistigen Zusammenhang verstanden werden können. Auch soll jeder Gegenstand so behandelt werden, »wie er am meisten und besten auf das Gemüt zurückwirkt«[77], was nur durch eine künstlerische Gestaltung des Unterrichts möglich ist. Damit ist auch die Behauptung widerlegt, dass Humboldt eine »Säuberung der allgemeinbildenden Lehrpläne von berufsnahen Stoffen« bezweckte.[78]

Man könnte geneigt sein, die von Humboldt angestrebte Trennung zwischen Allgemeinbildung und spezieller Berufsausbildung für lebensfremd und unpraktisch zu halten. In Wahrheit ist sie es jedoch nicht. Gerade heute werden in viel stärkerem Maße, als dies zu seiner Zeit der Fall war, bewegliche, schöpferische Menschen gebraucht, die in der Lage sind, sich produktiv in die laufend sich wandelnden Lebens- und Berufsverhältnisse hineinzustellen. Solche Menschen werden aber nicht durch einen vorwiegend auf eine spezielle Berufsvorbereitung hin orientierten Unterricht herangebildet. Dies hat Humboldt bereits in dem Sektionsbericht vom 1. Dezember 1809 klar ausgesprochen: »Es gibt schlechterdings gewisse Kenntnisse, die allgemein sein müssen, und noch mehr eine gewisse Bildung der Gesinnungen und des Charakters, die keinem fehlen darf. Jeder ist offenbar nur dann ein guter Handwerker, Kaufmann, Soldat und Geschäftsmann, wenn er an sich und ohne Hinsicht auf seinen besonderen Beruf ein guter, anständiger, seinem Stande nach aufgeklärter Mensch und Bürger ist. Gibt ihm der Schulunterricht, was hierzu erforderlich ist, so erwirbt er die besondere Fähigkeit seines Berufs hernach sehr leicht und behält immer die Freiheit, wie im Leben so oft geschieht, von einem zum andern überzugehen. Fängt man aber von dem besonderen Berufe an, so macht man ihn einseitig, und er erlangt nie die Geschicklichkeit und Freiheit, die notwendig ist, um auch in seinem Berufe nicht bloß mechanisch, was andere vor ihm getan, nachzuahmen, sondern selbst Erweiterungen und Verbesserungen vorzunehmen. Der Mensch verliert dadurch an Kraft und Selbstständigkeit [...].«[79] Als weiteren Grund dafür, die spezielle Berufsausbildung nicht mit der allgemeinen Bildung zu verquicken, sondern jene auf diese folgen zu lassen, führt er in dem genannten Bericht noch an, dass sich der künftige Beruf oft nur sehr spät bei einem Kinde oder jungen Menschen richtig bestimmen lässt und dass sein natürliches Talent, das ihn vielleicht einem anderen widmen würde, bald nicht erkannt, bald erstickt wird.[80]

Der allgemeinbildende Schulunterricht soll nach Humboldts Vorstellung den ganzen Menschen in seinen leiblichen, seelischen und geistigen Kräften ergreifen und bilden. Die Bildung der leiblichen Kräfte soll durch gymnastischen, die Bildung der seelischen Kräfte durch künstlerischen Unterricht und die Bildung der geistigen Kräfte nicht einseitig durch Sprachunterricht, sondern harmonisch durch mathematischen, philosophisch-sprachlichen und historischen Unterricht erfolgen, wobei zu seiner Zeit unter historischem Unterricht der auf das Tatsächliche im Gegensatz zum Rationalen gerichtete Unterricht verstanden wurde.[81] Diese Idee einer umfassenden Bildung des Menschen in seiner leiblich-seelisch-geistigen Totalität hat Humboldt wie folgt festgehalten:

»Der allgemeine Schulunterricht geht auf den Menschen überhaupt, und zwar
als gymnastischer
ästhetischer
didaktischer und in dieser letzteren Hinsicht wieder

als mathematischer
philosophischer, der in dem Schulunterricht
nur durch die Form der Sprache rein,
sonst immer historisch-philosophisch ist und
historischer

auf die Hauptfunktionen seines Wesens.«[82]

Die Idee einer solchen harmonischen Bildung aller Kräfte des Menschen soll auch die Grundlage für den Unterricht *aller* Menschen abgeben. Der Handwerker oder Bauer und der mehr geistig Tätige sollen vor ihrer speziellen Berufsausbildung *einheitlich* gebildet werden. »Dieser gesamte Unterricht kennt daher auch nur *ein* und dasselbe Fundament. Denn der gemeinste Tagelöhner und der am feinsten Ausgebildete muss in seinem Gemüt ursprünglich gleich gestimmt werden, wenn jener nicht unter der Menschenwürde roh und dieser nicht unter der Menschenkraft sentimental, chimärisch und verschroben werden soll.« Gegenstand des allgemeinen Unterrichts soll auch das Handwerkliche sein: »Auch Griechisch gelernt zu haben könnte auf diese Weise dem Tischler ebenso wenig unnütz sein, als Tische zu machen dem Gelehrten.«[83]

Ein weiterer, äußerst wesentlicher Gesichtspunkt ist, die Unterrichtsgegenstände und ihre Gestaltung ganz nach dem Wesen des Kindes und den Stufen seiner Entwicklung zu richten. Humboldt fordert deshalb, »Zahl und Beschaffenheit der Unterrichtsgegenstände nach der Möglichkeit der allgemeinen Bildung des Gemüts in jeder Epoche zu bestimmen und jeden Gegenstand immer so zu behandeln, wie er am meisten und besten auf das Gemüt zurückwirkt«. Geht man so vor, »so muss eine ziemliche Gleichheit herauskommen«; nämlich in Bezug auf den Unterricht der später beruflich mehr mit den Händen und der mehr geistig Tätigen.[84]

Selbstverständlich übersieht Humboldt nicht die Unterschiede in den Begabungen. Diesen will er durch eine Differenzierung des Unterrichts gerecht werden. Den Schülern soll gestattet werden, sich bestimmten Unterrichtsgegenständen mehr oder weniger stark zuzuwenden. Nur soll kein »Hauptzweig der Erkenntnis« ganz wegfallen. Denn jeder bildet eine ganz bestimmte Seite des menschlichen Wesens aus, so »dass die Klassenabteilung nicht durchweg, sondern nach den Hauptzweigen der Erkenntnis gehe, und die Lehrer erlauben und begünstigen, dass der Schüler, wie ihn seine Individualität treibt, sich des einen hauptsächlich, des anderen minder befleißige, wofern er nur keinen ganz vernachlässigt. Eine Verschiedenheit der intellektuellen Richtung auf Sprachstudium, Mathematik und Erfahrungskenntnisse ist einmal unleugbar vorhanden, und es wäre ebenso wunderbar, nur *eine* begünstigen, als, sie in verschiedenen Anstalten verweisend, sie noch mehr spalten zu wollen. Bloß die letztere (gemeint ist die intellektuelle Richtung auf Erfahrungskenntnisse) muss man nie dulden, ohne sie fest an eine der anderen zu knüpfen, da sie sonst nach und nach auch die Möglichkeit wahrer Wissenschaft in einem Kopfe zerstört.«[85] Auch wandte er sich für das allgemeinbildende Schulwesen gegen ein mechanisches Beibrigen z.B. chemischer oder mathematischer Formeln ohne das Aufzeigen der Gründe. Die Richtung auf das Praktisch-Handwerkliche wird in diesem Zusammenhang nicht ausdrücklich erwähnt.

Aus seiner oben zitierten Äußerung, dass Griechisch gelernt zu haben dem Tischler ebenso wenig unnütz sei als Tische zu machen dem Gelehrten, geht jedoch hervor, dass zu der von ihm vorgeschlagenen Differenzierung nach den Hauptzweigen der Erkenntnis die nach der mehr intellektuellen und nach der mehr praktisch-handwerklichen Richtung hinzutreten könnte, wobei selbstverständlich weder das Intellektuelle noch das Praktisch-Handwerkliche einseitig gepflegt werden dürfte.

Humboldt unterscheidet nun drei Stadien des Unterrichts, nämlich den Elementarunterricht, den Schulunterricht und den Universitätsunterricht: »Der Elementarunterricht umfasst bloß die Bezeichnung der Ideen nach allen Arten und ihre erste und ursprüngliche Klassifikation, kann aber, ohne Nachteil, in dem Stoff zu dieser Form in Natur- und Erdkenntnis mehr oder minder Gegenstände mit aufnehmen. Er macht es erst möglich, eigentlich Dinge zu lernen und einem Lehrer zu folgen. Der Schulunterricht führt den Schüler nun in Mathematik, Sprach- und Geschichtskenntnis bis zu dem Punkte, wo es unnütz sein würde, ihn noch ferner an einen Lehrer und eigentlichen Unterricht zu binden, er macht ihn nach und nach vom Lehrer frei, bringt ihm aber alles bei, was ein Lehrer beibringen kann. Der Universität ist vorbehalten, was nur der Mensch durch und in sich selbst finden kann, die Einsicht in die reine Wissenschaft.«[86] Universitätsreif ist »der Schüler [...], wenn er so viel bei andern gelernt hat, dass er nun für sich selbst zu lernen imstande ist.«[87]

Aus der Idee eines umfassenden, in natürliche Stadien sich gliedernden allgemeinbildenden Unterrichts ergibt sich nun die Forderung nach einem einheitlichen, allerdings nach den drei Stadien des Unterrichts gestuften Aufbau des Unterrichtswesens: »So wie es nun bloß diese drei Stadien des Unterrichts gibt, jedes derselben aber unzertrennt ein Ganzes macht, so kann es auch nur drei Gattungen *aufeinander folgender* Anstalten geben, und ihre Grenzen müssen mit den Grenzen dieser Stadien zusammenfallen, nicht dieselben in der Mitte zerschneiden.«[88] Humboldt strebt deshalb an, dass es als allgemeinbildende Anstalten nur Elementarschulen, gelehrte Schulen und Universitäten gibt. Wenigstens in jeder größeren Stadt soll es eine oder einige so vorzügliche Elementarschulen geben, »dass es für keinen Nachteil angesehen werden kann, wenn auch viele Bürger allein sie und nie eine andere Schule besuchen«.[89] »Und wenn man bedenkt, dass der Elementarunterricht, wie er jetzt hier genommen wird, alles in sich fasst, wovon die Klarheit und Bestimmtheit der Begriffe abhängt, worauf, wie auf einem Fundament, die höchste Mathematik ruht, und was die Einbildungskraft zu den beiden Hauptgattungen der Kunst, der bildenden und musikalischen anregt, und dass dies alles auf eine die Empfindung stark bewegende Weise behandelt wird, so dürfte man gewiss in Versuchung geraten, diese Erziehung der auf manchen unserer jetzt berühmten Gymnasien vorzuziehen.«[90]

Bei den gelehrten Schulen soll für die Güte der unteren oder Bürgerklassen ebenso sehr wie für die der höheren gesorgt werden; der eigentliche Elementarunterricht aber soll von ihnen abgesondert werden: »Nehmen sie diesen auch nur einigermaßen mit auf, so werden die eigentliche Elementarschulen bald als Volksschulen im verächtlichen Sinne des Wortes angesehen, was ihrer Verbesserung sehr nachteilig ist. Folgen diese gut organisierten unteren Klassen auf gute Elementarschulen, so lässt sich für sehr viele Zwecke des Lebens der Unterricht sehr gut bei ihnen beschließen.«[91] Ferner soll bei den gelehrten Schulen dafür gesorgt werden, dass sie »nicht bloß lateinische seien, sondern der historische und mathematische Unterricht gleich gut und sorgfältig mit dem philologischen behandelt werde. Gegenwärtig, wo es sehr oft hieran mangelt, entsteht der Nachteil, dass derjenige, welcher für Sprachunterricht weniger Sinn hat, entweder die Schule zu früh verlassen oder unnütz auf derselben verweilen muss.« Der Sprachunterricht soll »wirklich Sprachunterricht und nicht, wie jetzt so oft, eine mit Altertums- und historischen Kenntnissen verbrämte und hauptsächlich auf Übung gestützte Anleitung zum Verständnis der klassischen Schriftsteller« sein. »Denn die Kenntnis der Sprache ist immer, als den Kopf aufhellend und Gedächtnis und Phantasie übend, auch unvollendet nützlich, die Kenntnis der Literatur hingegen bedarf, um es zu werden, einer gewissen Vollständigkeit und anderer günstiger Umstände.«[92]

Beim Sprachunterricht kommt es Humboldt vor allem darauf an, dass die Schüler einen Begriff von der Sprachform überhaupt bekommen.[93] Sie sollen »in der bestimmten Sprache die Sprache überhaupt anschauen«.[94] Der Sprachunterricht ist dann abgeschlossen, wenn der Schüler dahin gekommen ist, »nun mit eigener Anstrengung und mit dem Gebrauche der vorhandenen Hilfsmittel jeden Schriftsteller, insoweit er wirklich verständlich ist, mit Sicherheit zu verstehen und sich in jede gegebene Sprache, nach seiner allgemeinen Kenntnis vom Sprachbau überhaupt, leicht und schnell hineinzustudieren«.[95]

Man ersieht aus diesen Äußerungen Humboldts, dass sein Begriff von der gelehrten Schule wenig zu tun hat mit dem, was man seither unter einem humanistischen oder altsprachlichen Gymnasium verstand. Auch der Gegensatz von Gymnasium und Realschule, wie er bis in unsere Zeit herein eine Rolle spielt, ist in Humboldts Begriff von der gelehrten Schule überwunden, weil diese den mathematischen und »historischen« Unterricht gleichberechtigt umfasst und den Schülern durch die vorgesehene Differenzierung eine stärkere Hinwendung zu dem einen oder anderen Hauptzweig der Erkenntnis gestattet. Humboldt wendet sich deshalb auch gegen besondere, neben den gelehrten Schulen bestehende Mittel- oder Realschulen. Darunter verstand man zu seiner Zeit Schulen, die entweder »den Übergang von den Elementar- zu den gelehrten Schulen ausmachen, so dass die letzteren gar keine so genannten Bürgerklassen mehr haben«, oder die als eine eigene Art der Schulen für diejenigen bestimmt sind, »welche auf eigentlich wissenschaftliche Bildung und besonders auf Universitätsstudium Verzicht tun«, und schließlich solche, die »beide Zwecke zugleich erfüllen sollen«.[96]

Eine Trennung der Bürgerklassen von den gelehrten in zwei verschiedene Anstalten hält Humboldt deshalb nicht für gut, weil sie »die so notwendige Einheit des Unterrichts« stört, der »in der Wahl der Lehrgegenstände, in der Methode und der Behandlung der Schüler von dem Augenblick an, wo das Kind die ersten Elemente erfasst hat, bis zu der Zeit, wo der Schulunterricht aufhört, in einem so ununterbrochenen Zusammenhange stehen muss, dass Klasse auf Klasse und halbes Jahr auf halbes Jahr berechnet sei«.[97] Aber auch als Schulen, die für diejenigen bestimmt sein sollen, »die auf höheren Unterricht Verzicht leisten«, lässt Humboldt die Mittel- oder Bürgerschulen nicht gelten: »Da [...] die Bestimmung eines Kindes oft sehr lange unentschieden bleibt, so bringen sie den Nachteil hervor, dass leicht Verwechslungen vorgehen, der künftige Gelehrte zu lange in Mittelschulen, der künftige Handwerker zu lange in gelehrten verweilt, und daraus Verbildungen entstehen.«[98] Deshalb wird eine einheitliche und umfassende Bildung für beide angestrebt. In den Mittelschulen aber vermischt man durch die Wahl der Lehrgegenstände »immer auf eine klägliche Weise die vom Schulunterricht allemal zu fordernde allgemeine Übung der Hauptkräfte des Geistes und die Einsammlung der künftig notwendigen Kenntnisse, welche zum wirklichen Leben vorbereitet, da es hingegen allgemeiner Grundsatz sein sollte: Die Übung der Kräfte auf jeder Gattung von Schulen allemal vollständig und ohne irgendeinen Mangel vorzunehmen, alle Kenntnisse aber, die sie überhaupt wenig oder zu einseitig befördern, wie notwendig sie auch sein mögen, vom Schulunterricht auszuschließen, und dem Leben die speziellen Schulen vorzubehalten.«[99]

Ist also in der Wahl der Unterrichtsgegenstände eine wesentlich verschiedene Einrichtung nicht zweckmäßig, so ist auch ein wesentlicher Unterschied in der Methode nicht denkbar: »Die Betrachtung der Länge oder Kürze der Jahre, welche in der Mittel- und in der gelehrten Schule dem Unterricht gewidmet wird, rechtfertigte einen solchen noch am meisten. Allein auch da lässt sich bei den Fundamenten nichts tun; nicht abkürzen, denn man bestimmt ja in jeder Disziplin die Menge des aufzunehmenden Stoffes im Verhältnis zu der Kraft, die er üben und die ihn verarbeiten soll; nicht übereilen, denn die Entwicklung erfordert ihre natürliche Weile. Das Einzige, was hier geschehen könnte, wäre wieder dem Leben vorgreifen; man könnte nämlich, was in der gelehrten Schule nach Gründen gezeigt wird, in der Mittelschule mechanisch beibringen, z. B. chemische Mischungen, Rechnungsformeln u.s.f. Allein dies hieße durchaus die Grenzen des Schulunterrichts verlassen, die zur Bildung bestimmte Zeit zur Abrichtung missbrauchen und die Köpfe verderben. Alle den gelehrten, als solchen, entgegengesetzten Mittelschulen sind also im besten Sinne Verbindungen allgemeiner Schulen mit speziellen, woraus, meiner Ansicht nach, immer Missgeburten entstehen.«[100]

Selbstverständlich soll »die Einheit des Prinzips nicht die wohltätige Mannigfaltigkeit der Wirklichkeit« verschlingen. Deshalb sollen an Orten, wo es keine gelehrten Schulen geben kann, Bürgerschulen zugelassen werden, »welche indes dann nur die unteren Klassen der von ihnen abgesonderten gelehrten sind«. Auch will er an Orten, wo es gelehrte Schulen gibt, aber keine abgesonderten Bürgerschulen geben soll, gestatten, dass die Elementarschulen eine solche Ausdehnung erhalten, dass sie den Zögling weiter bringen als einklassige Bürgerschulen.[101]

Durch den geschilderten einheitlichen Aufbau des Schulwesens hofft Humboldt zu verhüten, dass »der Schüler einen Weg mache, der ihm unnütz sein werde, wenn er ihn nun nicht auch weiterverfolgte«. Er schreibt über diese Gefahr: »Leider aber ist dies fast immer jetzt bei unseren Schulen der Fall, wenn einer in Tertia oder Sekunda stecken bleibt. Es wird aber nie statthaben, wenn man (wie auf den sehr guten Schulen schon jetzt geschieht) beim Unterricht nicht auf das Bedürfnis des Lebens, sondern rein auf ihn selbst, auf die Kenntnis als Kenntnis, auf die Bildung des Gemüts und im Hintergrunde auf die Wissenschaft sieht. Denn im Gemüt und in der Wissenschaft (die nur sein von allen Seiten vollständig gedachtes Objekt ist) steht jeder einzelne Punkt mit allen vorigen und künftigen in Kontakt, ist kein Anfang und kein Ende, ist alles Mittel und Zweck zugleich und also jeder Schritt weiter Gewinn, auch wenn unmittelbar dahinter eherne Mauern gezogen würden.«[102]

So strebte Humboldt eine umfassende, wenn auch für den Einzelnen unterschiedlich lange und im späteren Verlauf differenzierte gemeinsame Bildung *aller* in einem *einheitlich* gestalteten Schulwesen an: »Der ganz Arme schulte seine Kinder in die wohlfeilsten oder unentgeltlichen Elementarschulen; der weniger Arme in die besseren oder wenigstens teureren. Wer noch mehr anwenden könnte, besuchte die gelehrten Schulen, bliebe bis zu den höheren Klassen oder schiede früher aus, triebe mehr Sprachunterricht oder mehr gemeinhin realen genannten. Auf diesen Schulunterricht folgten die Universität, eine Spezialschule oder der Eintritt in das bürgerliche Leben selbst. Jeder, auch der Ärmste, erhielte eine vollständige Menschenbildung, jeder überhaupt eine vollständige, nur da, wo sie noch zu weiterer Entwicklung fortschreiten könnte, verschieden begrenzte Bildung, jede intellektuelle Individualität fände ihr Recht und ihren Platz, keiner brauchte seine Bestimmung früher als in seiner allmählichen Entwicklung selbst zu suchen, die meisten endlich hätten, auch indem sie die Schule verließen, noch einen Übergang vom bloßen Unterricht zu der Ausführung in den Spezialanstalten.«[103]

Aus diesen Ausführungen geht klar hervor, wie unzutreffend die Meinung ist, die höhere Schule habe für ihn vorwiegend propädeutischen Charakter. Sie vermittle das Grundlagenwissen für ein Universitätsstudium und Humboldt habe bei allen Schulen letztlich an die Ausbildung des wissenschaftlichen Gelehrten gedacht.[104] Selbstverständlich soll die höhere Schule auch das Grundlagenwissen für ein späteres Universitätsstudium vermitteln. Aber ihm geht es vor allem um eine allgemeine, wenn auch unterschiedlich lange Menschenbildung für *alle*, auch für die, die eine praktische Berufsausbildung anschließen.

Wenn Humboldt die Elementarschulen als besondere Schulen neben den gelehrten bestehen lassen wollte und den Besuch der Elementarschulen allein oder dieser und der unteren Klassen der gelehrten Schulen für »viele Zwecke des Lebens« als ausreichend ansah, so hatte dies seinen Grund in der besonderen Situation seiner Zeit. Das Streben nach höherer Schulbildung war damals noch nicht so verbreitet wie heute. Auch hatte die damalige vorwiegend handwerkliche Ausbildung noch eine menschenbildende Wirkung im Gegensatz zur heutigen Berufsausbildung, die sich vorwiegend in der industriellen Arbeitswelt abspielt.

Für die heutige Zeit genügt deshalb nicht eine bloße Elementarschulbildung. Wie die Erfahrungen mit der sogenannten Hauptschule zeigen, ist diese heute auch immer weniger gefragt. Unsere Zeit erfordert deshalb eine längere und gemeinsame Bildung für alle bis zum achtzehnten Lebensjahr, zumal »die Bestimmung eines Kindes oft sehr lange unentschieden bleibt«. Eine solche gemeinsame Schulbildung ist aber nur möglich bei einer Differenzierung des Unterrichts, bei welcher die individuelle Richtung der einzelnen Schüler berücksichtigt wird, ohne Einseitigkeiten zu begünstigen.

So weist Humboldts Idee einer differenzierten Einheitsschule den Weg zu einer Gestaltung des Schulwesens, in welcher *alle* Schüler unabhängig von ihrer sozialen Herkunft und von ihrem späteren Beruf eine einheitliche, gemeinsame und umfassende Schulbildung durchlaufen können und in welcher zugleich ihren unterschiedlichen Begabungen und Interessen Rechnung getragen werden kann. Eine Verwirklichung dieser Idee würde entscheidend zu einer Überwindung der sozialen Gegensätze beitragen, die ganz wesentlich mit der Aufteilung des Schulwesens in Hauptschulen, Realschulen und Gymnasien und der damit verbundenen unterschiedlichen Schulbildung und sozialen Schichtung zusammenhängen.

Die Universitätsidee
Individuelle Menschenbildung durch Wissenschaft[105]

Durch sein eigenes Studium und seine innere Veranlagung wurde bereits dem jungen Humboldt bewusst, dass Bildung nicht lediglich in einem intellektuellen oder ästhetischen Aufnehmen von fertigen Bildungsinhalten besteht, sondern dass wahre Bildung nur durch eigenes Tun, durch innere produktive Tätigkeit entsteht. Bildung ist deshalb für ihn sowohl ein rezeptiver als auch ein produktiver Vorgang. Sie entsteht einerseits durch ein intensives Aufnehmen der vielfältigen Erscheinungen der Welt, andererseits durch das tätige gedankliche Verarbeiten dieser vielfältigen Erscheinungen. »Was der Mensch beabsichtet und beabsichten muss [...] ist Mannigfaltigkeit und Tätigkeit. Nur dies gibt vielseitige und kraftvolle Charaktere [...].« Und weiter: »[...] nicht jede Bereicherung durch Kenntnisse ist unmittelbar auch eine Veredelung selbst nur der intellektuellen Kraft.[...] Überhaupt wird der Verstand des Menschen doch, wie jede andere seiner Kräfte, nur durch eigne Tätigkeit, eigne Erfindsamkeit oder eigne Benutzung fremder Erfindungen gebildet.«[106] Bildung der intellektuellen Kraft ist für Humboldt also nicht ein gedächtnismäßiges Aneignen von Kenntnissen, sondern das innerlich tätige Erfassen der ideellen Zusammenhänge der mannigfaltigen Welterscheinungen.

Eine solche Bildung kann selbstverständlich nur von jedem einzelnen Menschen selbst in Freiheit vollzogen werden; sie kann nicht durch äußere Bildungseinrichtungen unmittelbar hervorgebracht werden. Dies spricht Humboldt in seiner Schrift über die Grenzen der Wirksamkeit des Staates aus, indem er sagt: »Endlich steht, dünkt mich, das Menschengeschlecht jetzt auf einer Stufe der Kultur, von welcher es sich nur durch Ausbildung der Individuen höher emporschwingen kann.«[107] Die Menschheit kann sich also nur durch das individuelle Bemühen jedes einzelnen Menschen fortentwickeln.

Da aber der einzelne Mensch immer nur bestimmte Seiten dessen ausbildet, was als Ideal des Vollmenschlichen, des Menschheitlichen angesehen werden kann, so kann er sich als einsames, isoliertes Wesen nicht richtig entwickeln. Es bedarf der Mensch vielmehr der Gemeinschaft mit anderen Menschen, um sich von anderen das aneignen zu können, was er selbst nicht entwickelt hat und aus sich heraus wegen seiner persönlichen Eigenart auch nicht entwickeln könnte. In einem Brief an Forster schreibt Humboldt am 1. Juni 1792: »[...] so schien mir die vorteilhafteste Lage für den Bürger im Staat die, in welcher er zwar durch so viele Bande als möglich mit seinen Mitbürgern verschlungen, aber durch so wenige als möglich von der Regierung gefesselt wäre. Denn der isolierte Mensch vermag sich ebenso wenig zu bilden, als der in seiner Freiheit gewaltsam gehemmte.«[108] Und in seinen Ideen über die Grenzen der Wirksamkeit des Staates lesen wir: »[...] auch durch alle Perioden des Lebens erreicht jeder Mensch dennoch nur *eine* der Vollkommenheiten, welche gleichsam den Charakter des ganzen Menschengeschlechts bilden. Durch Verbindungen also, die aus dem Innren der Wesen entspringen, muss einer den Reichtum des andren sich eigen machen.«[109]

Diese Auffassung von der Bildung des Menschen, die Humboldt in den folgenden Jahren in vieler Hinsicht erweitert und vertieft hat, die jedoch in ihren Grundzügen die gleiche geblieben ist, liegt auch seiner in den Jahren 1809/10 entwickelten Universitätsidee zugrunde. Demgemäß ist für ihn das wichtigste Prinzip für die Gestaltung des Universitätsunterrichts, dass dieser sich an der Bildung des Menschen als Menschen orientiert. Während aber die Aufgabe des Schulunterrichts für ihn in der harmonischen Bildung und Entwicklung aller im Menschen veranlagten Kräfte liegt, sieht Humboldt die Aufgabe des Universitätsstudiums darin, dass jeder Studierende sich in freier Weise seinen persönlichen Bedürfnissen entsprechend diejenigen Kenntnisse erarbeitet, die er für seine individuelle Bildung für erforderlich und wünschenswert hält. Dies hat seinen Grund auch darin, dass viele junge Menschen, die ein Universitätsstudium anstreben, nach vollendetem Schulunterricht oft vielfältige Interessen haben und noch nicht genau wissen, welches Fachgebiet sie studieren und welchen Beruf sie später ergreifen wollen. Im Vordergrund des Universitätsunterrichts sollte deshalb nicht eine systematische, vorprogrammierte Berufsausbildung stehen. Vielmehr sollte die *Art* der Behandlung des Wissensstoffes vom Gesichtspunkt der Menschenbildung aus erfolgen und nicht vom Gesichtspunkt eines schulmäßigen Überblicks über ein bestimmtes Fachgebiet her bestimmt werden. Selbstverständlich sollen auch die Inhalte der verschiedenen Wissenschaftsgebiete Gegenstand des Universitätsunterrichts sein und die einzelnen Fachwissenschaften nicht isoliert behandelt, sondern ihr Zusammenhang mit anderen Wissenschaftsgebieten aufgezeigt werden. Auch soll der theoretisch-wissenschaftliche Unterricht durchaus bereits mit einer Einführung in die praktische Anwendung des Erlernten verbunden werden. Dies ergibt sich aus einem Schreiben Humboldts vom 18. Juni 1809 »Über die Organisation des Medizinalwesens«, in welchem er dreierlei Arten medizinischer Bildungsanstalten unterscheidet:

1. Die Universitäten, also theoretisch-wissenschaftlichen Unterricht in Verbindung mit dem ganzen Gebiet der Wissenschaft, und mit so viel praktischer Einleitung, als zum Übergange aus der Theorie in die Praxis und zur Verbindung beider nötig ist;
2. medizinisch-praktische Anstalten, nach vollendetem Universitätsunterricht;

3. medizinische Spezialschulen und zwar entweder:
   a) wissenschaftliche, wie es in Paris und leider seit langer Zeit auch in Berlin gibt;
   b) empirische für diejenigen, die nicht studieren können.

Die medizinisch-wissenschaftlichen Spezialschulen lehnt Humboldt als »verderblich« ab, während er die empirischen für unentbehrlich hält, »da man einer zu großen Menge von Ärzten bedarf, als dass alle ordentlich studieren könnten, und bloß empirische Bildung besser als halbstudierte ist [...].«[110] Er bejaht also die der speziellen Berufsvorbereitung dienenden Fachhochschulen für diejenigen, die für ein wissenschaftliches Studium nicht so geeignet oder daran nicht interessiert sind. Er hält es sogar für notwendig, dass es viele solcher Spezialschulen gebe und dass kein bedeutendes Gewerbe des bürgerlichen Lebens eine entbehre.[111] Denjenigen, welche diese Spezialschulen besuchen, wird die allgemeine Bildung in der vorangehenden Schulzeit vermittelt.

Diejenigen aber, die eine wissenschaftliche Bildung anstreben und dazu fähig sind, sollen nicht gleich in die engen Bahnen eines wissenschaftlichen Fachstudiums geleitet werden. Vielmehr sollen sie zunächst mit dem »ganzen Gebiet der Wissenschaft« in Berührung kommen und sich in freier Weise auch in andere Wissenschaftsgebiete einarbeiten können. Deshalb wendet sich Humboldt in dem zitierten Schreiben vom 18. Juni 1809 auch dagegen, dass »die einzige und wissenschaftliche Universität« in lauter Spezialschulen zerrissen wird.[112]

Da die wissenschaftliche Bildung eine aus Freiheit zu vollziehende individuelle und schöpferische Angelegenheit ist, soll der Universitätsunterricht dazu anleiten, je nach der individuellen Neigung in dieses oder jenes Teilgebiet tiefer einzudringen. So sagt Humboldt in seinem Königsberger Schulplan: »... die Schule soll eng verbinden, damit die Universität zu besserer Verfolgung des Einzelnen ohne Schaden eilen könne.« Aber die Betrachtung des Einzelnen sollte immer im Hinblick auf den Zusammenhang der Wissenschaften als Ganzheit erfolgen. So heißt es von dem Universitätsunterricht in dem genannten Schulplan weiter, dass er in Stand setzt, »die Einheit der Wissenschaft zu begreifen und hervorzubringen«.[113]

Äußere Voraussetzung hierfür ist, dass das Gesamtgebiet der Wissenschaft in der Universität seine Pflegestätte hat, sodass jeder Student die

Wissensgebiete studieren kann, die ihm für seine Bildung wichtig erscheinen. Dementsprechend bezeichnet Humboldt in seiner wahrscheinlich 1810 entstandenen Denkschrift »Über die innere und äußere Organisation der höheren wissenschaftlichen Anstalten in Berlin« als Begriff der höheren wissenschaftlichen Anstalten, dass dieselben bestimmt sind, »die Wissenschaft im tiefsten und weitesten Sinne des Wortes zu bearbeiten, und als einen nicht absichtlich, aber von selbst zweckmäßig vorbereiteten Stoff der geistigen und sittlichen Bildung zu seiner Benutzung hinzugeben«.[114]

Die äußere Zusammenfassung der einzelnen Wissensgebiete in der Universität macht jedoch für sich allein noch nicht das Wesen der Universität im Sinne Humboldts aus. Hinzukommen muss vielmehr, dass die einzelnen Wissensgebiete immer »in Verbindung mit dem ganzen Gebiet der Wissenschaft«, das heißt vom Gesichtspunkt der Einheit der Wissenschaft aus behandelt werden. Die Wissenschaftsmethode muss also so sein, dass jede einzelne Tatsache, die Gegenstand der Wissenschaft ist, als ein Glied innerhalb der Einheit der Wissenschaft erkannt werden kann.

Eine solche Methode ist nicht denkbar, wenn die im menschlichen Bewusstsein auftretenden Wahrnehmungen als Abbilder einer als wirklich vorgestellten Welt angesehen und die Begriffe und Ideen als bloße Bezeichnungen der Dinge ohne Wirklichkeitswert aufgefasst werden. Eine solche nominalistische Auffassung des Erkenntnisvorgangs kann lediglich zu einer mehr oder weniger willkürlich geordneten Vielheit, nicht jedoch zur Einheit der Wissenschaft führen. Die Einheit der Wissenschaft kann nur hervorgebracht werden, wenn die Wahrnehmungen nicht als volle Wirklichkeit, sondern als die äußere Offenbarung der als das wirkende Wesen der Dinge erkannten Begriffe und Ideen aufgefasst werden, denn diese Begriffe und Ideen bilden im Gegensatz zu der Mannigfaltigkeit der Wahrnehmungen eine innerlich begründete Einheit.[115]

In diesem Sinne fasste auch Humboldt die Wirklichkeit auf. So spricht er bereits in seiner Schrift über die Grenzen der Wirksamkeit des Staates seine Überzeugung aus, dass »die Sinnlichkeit Hülle des Geistigen, und das Geistige belebendes Prinzip der Sinnenwelt ist«.[116] Diese Überzeugung war tief in seinem Wesen begründet.[117] Sie wurde trotz theoretischer Bedenken aufgrund seines intensiven Kant-Studiums die Grundlage seiner eigenen wissenschaftlichen Arbeiten, vor allem auf dem Felde der Sprachwissenschaften, wo er dem Geheimnis des menschlichen Sprachbaues als Ausdruck der Wesensart der verschiedenen Völker nachging. In dieser Überzeugung konnte er sich bestätigt fühlen durch die wissenschaftlichen Arbeiten Goethes, dessen »Metamorphose der Pflanzen« er bereits 1792 kannte, wie aus seiner Schrift über die Grenzen der Wirksamkeit des Staates hervorgeht, und für dessen anatomische Studien er sich 1794/95 interessierte, als er – in Jena wohnend – mit Schiller und Goethe in engem Austausch stand. Humboldt trieb sogar zu jener Zeit selbst anatomische Studien, wobei er sich durch das Studium Goethe'scher Abhandlungen mit dem Geist seiner Untersuchungen vertraut machte.[118] Er teilte die Anschauung Goethes, dass die in den Erscheinungen der Welt wirksamen Ideen durch eine intensive Beobachtung dieser Erscheinungen gefunden werden können. Dies geht aus seinem bereits 1789 verfassten Aufsatz »Über Religion« hervor, in dem er schreibt: »Ich verstehe […] unter der Vernunft das ganze intellektuelle Vermögen des Menschen, seine ganze Fähigkeit, Ideen aufzufassen, sei's durch Beobachtung der Sinne oder durch das Anstrengen der Seele auf der Dinge innere Beschaffenheiten; und die aufgefassten Ideen zu verarbeiten durch Vergleichung, Verknüpfung und Trennung.«[119] Und im gleichen Jahre spricht er in einer Tagebucheintragung nach einem Gespräch mit Lavater von der Ausbildung des *ästhetischen Sinns* als dem »wahren Mittler zwischen dem sterblichen Blick und der unsterblichen Uridee«.[120]

Von dieser Wirklichkeitsauffassung her muss auch Humboldts Wissenschaftsbegriff verstanden werden, wonach »die Wissenschaft als etwas noch nicht ganz Gefundenes und nie ganz Aufzufindendes zu betrachten« ist.[121] Die Unvollständigkeit der Wissenschaft und die Unmöglichkeit, diese Unvollständigkeit vollkommen zu überwinden, ist nicht in erster Linie ein Problem der Unvollständigkeit unserer Tatsachenkenntnis, als vielmehr ein Problem der Erkenntnis der diesen Tatsachen zugrunde liegenden Ideen und ihres inneren Zusammenhangs. Deshalb sagt er auch in seiner Denkschrift »Über die innere und äußere Organisation der höheren wissenschaftlichen Anstalten in Berlin«: »Sobald man aufhört, eigentlich Wissenschaft zu suchen, oder sich einbildet, sie brauche nicht aus der Tiefe des Geistes heraus geschaffen werden, sondern könne durch Sammeln extensiv aneinandergereiht werden, so ist alles unwiederbringlich und auf ewig verloren; verloren für die Wissenschaft, die, wenn dies lange fortgesetzt wird, dergestalt entflieht, dass sie selbst die Sprache wie eine leere Hülse zurücklässt, und verloren für den Staat.«[122] Wahre Wissenschaft kann somit nur in dem Maße geschaffen werden, wie der ästhetische Sinn ausgebildet und die Vernunft als das Vermögen, Ideen zu erkennen und in ihrem Zusammenhang zu erfassen, entwickelt werden.

Nur ein solches tieferes Wissenschaftsstreben ist auch in der Lage, charakterbildend zu wirken. Dies bringt Humboldt zum Ausdruck, indem er in der genannten Denkschrift fortfährt: »Denn nur die Wissenschaft, die aus dem Innern stammt und ins Innere gepflanzt werden kann, bildet auch den Charakter um, und dem Staat ist es ebenso wenig als der Menschheit um Wissen und Reden, sondern um Charakter und Handeln zu tun.«[123] Ein bloßes Vermitteln äußerer Tatsachenkenntnisse ohne tiefere ideelle Durchdringung trägt nichts zur Charakterbildung bei.

Um einen solchen Abweg zu verhüten hielt Humboldt es für notwendig, ein *dreifaches Streben des Geistes* rege und lebendig zu erhalten:[124] Erstens sollte man danach streben, »alles aus einem ursprünglichen Prinzip abzuleiten«. Es sollte also angestrebt werden, von dem Umfassenden, von der ideellen Einheit der Wissenschaft, von dem, was Schelling in seinen »Vorlesungen über die Methode des akademischen Studiums« das organische Ganze der Wissenschaft nennt, auszugehen.[125] Dadurch wird es möglich, dass »die Naturerklärungen z.B. von mechanischen zu dynamischen, organischen und endlich psychischen im weitesten Verstande gesteigert werden«. Hier handelt es sich also um ein ideelles Verständnis des Gewordenen, der Wirklichkeit.

Zweitens sollte angestrebt werden, »alles einem Ideal zuzubilden«. Hier geht es darum, die Wirklichkeit als eine sich entwickelnde zu erkennen und diese einer Höherentwicklung, einer idealischen Entwicklung zuzuführen. Die Wissenschaft darf sich nicht darauf beschränken, das Gewordene zu erkennen. Sie muss auch anstreben, dessen innere Entwicklungsgesetze und -tendenzen zu erfassen und das Gewordene im Einklang mit ihnen weiterzuentwickeln.

Und drittens sieht Humboldt als notwendig an, »jenes Prinzip und dies Ideal in eine Idee zu verknüpfen«. Hier geht es darum, den inneren Zusammenhang zwischen dem der Wirklichkeit zugrunde liegenden »ursprünglichen Prinzip« und dem Ideal, zu dem die Wirklichkeit weitergebildet werden soll, zu erkennen und herzustellen. Diesen Zusammenhang deutet er in seinem Aufsatz »Über Schiller und den Gang seiner Geistesentwicklung« an, indem er von der erhabenen und so tief wahren Ansicht spricht, dass es eine innere geheime Übereinstimmung geben muss zwischen der dem Menschen unsichtbar inwohnenden Kraft und der das ganze Weltall ordnenden und regierenden, da alle Wahrheit nur Abglanz der ewigen und ursprünglichen sein kann.[126] Diese das ganze Weltall ordnende und regierende Kraft äußert sich im Menschen als Kraft der Ideenerkenntnis und als Kraft des Ideale-Bildens. Indem der Mensch die Wirklichkeit einem Ideal zubildet, wendet er die ihm unsichtbar inwohnende Kraft auf die das Weltall ordnende und regierende an und bildet diese weiter. Er wird zum Schöpfer einer neuen, vollkommneren Welt.

Seinen reinsten Ausdruck findet das geschilderte dreifache geistige Streben in wahrer Philosophie und Kunst. Es ist Aufgabe der Philosophie, »alles aus einem ursprünglichen Prinzip abzuleiten«. Dazu bedarf es aber auch eines künstlerischen, eines ästhetischen Sinns, der im Sinnlichen das Geistige zu erschauen vermag. Es ist ferner sowohl Aufgabe der Philosophie wie der Kunst, »alles einem Ideal zuzubilden«. Die Philosophie tut dies in der Form des Gedankens, die Kunst in ihren verschiedenen Ausdrucksmitteln wie der Farbe, der Form, der Musik oder der Sprache. Da sich hier beide Geistestätigkeiten stark durchdringen und gegenseitig fördern, könnte man von einer »künstlerischen Philosophie« und einer »philosophischen Kunst« sprechen. Dabei darf Letztere allerdings nicht im Sinne einer philosophisch-allegorischen Kunst missverstanden werden, der es darauf ankommt, philosophisch-abstrakte Ideale mit Mitteln der Kunst zu versinnbildlichen. Gemeint ist hier vielmehr eine Kunst, die das Sinnliche im Sinne einer philosophischen Durchdringung und Läuterung einem Ideal zubildet.[127]

Und schließlich führen eine solche künstlerische Philosophie und philosophische Kunst auch dazu, »jenes Prinzip und dies Ideal in eine Idee zu verknüpfen«. Dieses Verknüpfen in »eine Idee«, die mit dem Höchsten und Umfassendsten zusammenhängt, ist eigentlich Aufgabe einer wahren Religion, von der Humboldt hier nicht ausdrücklich spricht, von der wir jedoch sagen können, dass sie mit wahrer Philosophie und Kunst wesenhaft verbunden ist und aus ihnen unmittelbar hervorgeht im Sinne des Goethe-Wortes: »Wer Wissenschaft und Kunst besitzt, hat auch Religion.«[128]

Die Pflege von Philosophie und Kunst in diesem vertieften Sinne ist die Grundlage für ein ideelles Erfassen und Durchdringen der Wissenschaft auf den verschiedenen Erkenntnisgebieten. »Philosophie und Kunst sind es«, so Humboldt, »in welchen sich ein solches Streben (das dreifache Streben des Geistes) am meisten und abgesondertsten ausspricht. Allein nicht bloß, dass sie selbst leicht entarten, so ist auch von ihnen nur wenig zu hoffen, wenn ihr Geist nicht gehörig oder nur auf logisch und mathematisch formale Art in die anderen Zweige der Erkenntnis und Gattungen der Forschung übergeht.«[129] Geht der Geist wahrer Philosophie und Kunst aber gehörig in die anderen Zweige der Erkenntnis über, so ist von ihnen für diese viel zu hoffen. In seinem 1821 verfassten Aufsatz »Über die Aufgabe des Geschichtsschreibers« hat Humboldt die Bedeutung dieser Methode dann selbst für das Gebiet der Geschichtswissenschaft aufgezeigt.[130]

Er vertritt zwar die Ansicht, dass sich das geschilderte dreifache Streben des Geistes geradezu nicht fördern lässt. Dies mag durchaus zutreffend sein. Mittelbar lässt es sich nach dem Gesagten jedoch sicher befördern durch die Pflege von wahrer Philosophie und Kunst, da sich in ihnen dieses Streben am meisten und abgesondertsten ausspricht. Seinen Optimismus, dass nicht mehr für irgendetwas anderes einzeln gesorgt zu werden brauche, wenn in den höheren wissenschaftlichen Anstalten das Prinzip herrschend werde, die Wissenschaft als solche zu suchen, vermögen wir heute allerdings nicht mehr zu teilen.[131] Die Fähigkeit, die Wissenschaft »aus der Tiefe des Geistes heraus« zu schaffen, ist fast völlig verloren gegangen. Auch bei den Deutschen, von deren intellektuellem Nationalcharakter Humboldt sagt, dass er von selbst eine Tendenz in diese Richtung habe[132], ist diese Fähigkeit weitgehend verschüttet. Sie muss deshalb heute bewusst entwickelt werden durch eine entsprechende Pflege von Philosophie und Kunst.

Natürlich wird ein solches geistiges Streben immer nur bei wenigen in Vollkommenheit zu finden und zu entwickeln sein. Aber da das Wirken dieser wenigen der unbewussten geistigen Sehnsucht vieler entspricht, kann es eine weite und nachhaltige Ausstrahlungskraft haben. So sagt Humboldt: »Da jede Einseitigkeit aus den höheren wissenschaftlichen Anstalten verbannt sein muss, so werden natürlich auch viele in denselben tätig sein können, denen dieses Streben fremd, einige, denen es zuwider ist; in voller und reiner Kraft kann es überhaupt nur in wenigen sein, und es braucht nur selten und nur hier und da wahrhaft hervorzutreten, um weit umher und lange nachher zu wirken.«[133]

Die Entwicklung dieses geistigen Strebens muss schon auf den Schulen vorbereitet werden. Es ist nicht deren Aufgabe, den Universitätsunterricht vorwegzunehmen, so wenig wie der Universitätsunterricht eine bloße Fortsetzung des Schulunterrichts darstellen darf. Beide Arten von Unterricht müssen vielmehr qualitativ verschieden sein. Im Schulunterricht kommt es darauf an, *alle* Fähigkeiten und Kräfte an einer möglichst geringen Anzahl von Gegenständen so vielseitig wie möglich zu üben und zu entwickeln. Dabei sollen alle Kenntnisse dem Gemüt nur so eingepflanzt werden, »dass das Verstehen, Wissen und geistige Schaffen nicht durch äußere Umstände, sondern durch seine innere Präzision, Harmonie und Schönheit Reiz gewinnt. Dazu und zur Vorübung des Kopfes zur reinen Wissenschaft muss vorzüglich die Mathematik, und zwar von den ersten Übungen des Denkvermögens an, gebraucht werden.«[134] Im Schulunterricht steht also nicht der Stoff der einzelnen Unterrichtsgebiete im Vordergrund. Dieser soll vielmehr ein Mittel zur harmonischen Ausbildung aller Fähigkeiten der Schüler sein.

Auch im Universitätsunterricht ist nicht die Vermittlung des Stoffes der verschiedenen Wissenschaftsgebiete das allein Wesentliche. Zwar kommt es hier im Gegensatz zum Schulunterricht darauf an, dass möglichst alle Wissensgebiete behandelt werden. Der entscheidende Unterschied zur Schule besteht jedoch darin, dass die Universität nicht eine harmonische Ausbildung aller Kräfte des Menschen, sondern die Einsicht in die reine Wissenschaft zum Ziel hat. Diese Einsicht kann der Mensch nur durch sich selbst und in sich selbst finden. Humboldt nennt sie deshalb in seinem litauischen Schulplan einen »Selbst-Aktus im eigentlichsten Verstand«.[135] Hier handelt es sich darum, dass das Ich als Wesenskern des Menschen im Begreifen und Ordnen des Wissensstoffes sowie im schöpferischen geistigen Erfassen seines Ideengehalts sich selbst bildet, stärkt und entwickelt. In seinem Königsberger Schulplan ist dementsprechend zu lesen, dass der Universitätsunterricht in Stand setzt, die Einheit der Wissenschaft zu begreifen und hervorzubringen und daher die schaffenden Kräfte in Anspruch nimmt.[136] Die eigentlich schaffende und schöpferische Kraft im Menschen ist aber sein Ich, das die anderen Kräfte leitet und bildet.

Aus diesem Grund ist der Übergang von der Schule zur Universität zugleich der Übergang von der Bildung durch andere zur Selbst-Bildung, zum »Studium unter eigener Leitung«.[137] Allerdings wird dieser

Prozess der Selbst-Bildung nur dann richtig einsetzen, wenn der Unterricht in der Schule wie oben erwähnt so gestaltet wird, dass er durch seine innere Präzision, Harmonie und Schönheit im Schüler Freude am geistigen Schaffen erzeugt. Ist dies nicht der Fall und wird der Schulunterricht, wie heute fast allgemein üblich, so betrieben, dass den Schülern möglichst schnell ein möglichst umfassendes Wissen beigebracht werden soll, so ist die notwendige Folge eine Schwächung und eine Verschüttung der Ich-Kraft, was sich darin äußert, dass das Interesse an reiner Wissenschaft und die Fähigkeit, sie hervorzubringen, fehlen. Die Studenten werden dann entweder allen möglichen Zerstreuungen nachgehen oder zur Vorbereitung auf einen bestimmten Beruf danach streben, sich möglichst rasch die für die Prüfungen notwendigen Kenntnisse anzueignen, ohne ihr Fachgebiet wahrhaft wissenschaftlich zu durchdringen und dadurch erst wirklich zu beherrschen und fruchtbar anwenden zu können.

Würde der Schulunterricht hingegen im Sinne Humboldts gestaltet, so würde dadurch eine Sehnsucht nach wahrer Wissenschaft erzeugt. Die Studenten würden sich ihr dann mit Eifer und Begeisterung widmen und das spezielle Wissenschaftsgebiet, dem sie ihr besonderes Interesse zuwenden, so bearbeiten, dass sie dessen ideelle Grundlagen und seinen inneren Zusammenhang mit der übrigen Wissenschaft so weit wie möglich zu erfassen suchen. Humboldt spricht dies in seiner Universitäts-Denkschrift wie folgt aus: »Ein so (durch die Schule) vorbereitetes Gemüt nun ergreift die Wissenschaft von selbst, da gleicher Fleiß und gleiches Talent bei anderer Vorbereitung sich entweder augenblicklich oder vor vollendeter Bildung in praktisches Treiben vergraben und sich dadurch auch für dieses unbrauchbar machen, oder sich, ohne das höhere wissenschaftliche Streben, mit einzelnen Kenntnissen zerstreuen.«[138] Der Übertritt von der Schule zur Universität soll somit ein Abschnitt im jugendlichen Leben sein, »auf den die Schule im Falle des Gelingens den Zögling so rein hinstellt, dass er physisch, sittlich und intellektuell der Freiheit und Selbsttätigkeit überlassen werden kann und, vom Zwange entbunden, nicht zu Müßiggang oder zum praktischen Leben übergehen, sondern eine Sehnsucht in sich tragen wird, sich zur Wissenschaft zu erheben, die ihm bis dahin nur gleichsam von fern gezeigt war«.[139]

Allerdings wird die durch eine entsprechende Schulbildung geweckte Sehnsucht nach wahrer Wissenschaft wieder gelähmt und damit der Prozess der Selbst-Bildung gehemmt, wenn die Aufgabe des Universitätsunterrichts – wie dies heute weitgehend der Fall ist – genauso wie die des Schulunterrichts in einer möglichst umfassenden Vermittlung von Kenntnissen auf dem jeweiligen Fachgebiet gesehen wird. Der Charakter des Universitätsunterrichts selbst muss deshalb ein anderer werden. Zu dem Streben nach Vollständigkeit muss das Streben nach Einheit hinzukommen. Wird der Student nur mit der Fülle der wissenschaftlichen Tatsachen überschüttet, ohne dass ihm ihre ideellen Zusammenhänge gezeigt werden, so wird er vor dieser Fülle meist entweder hilflos verzagen oder diese lustlos seinem Gedächtnis mehr oder weniger unverstanden einpauken. Werden ihm hingegen Wege zur Erkenntnis der ideellen Zusammenhänge der Welterscheinungen gewiesen und wird damit seinem unbewussten geistigen Streben nach einem Erfassen der Einheit der Wissenschaft entsprochen, so wird er sich auch die Fülle der Tatsachen freudig als Wissen aneignen und diese im Gesamtzusammenhang erst richtig begreifen.

Die Methode des Universitätsunterrichts wird deshalb darin bestehen müssen, durch die Art der Behandlung der Tatsachen das Auffinden ideeller Zusammenhänge zu begünstigen und dadurch wiederum das Interesse an den Tatsachen zu steigern. Dies spricht Humboldt in seiner Universitätsdenkschrift andeutungsweise so aus: »Wird aber endlich in höheren wissenschaftlichen Anstalten das Prinzip herrschend: Wissenschaft als solche zu suchen, so braucht nicht mehr für irgendetwas anderes einzeln gesorgt zu werden. Es fehlt alsdann weder an Einheit noch Vollständigkeit, die eine sucht die andere von selbst und beide setzen sich von selbst, worin das Geheimnis jeder guten wissenschaftlichen Methode besteht, in die richtige Wechselwirkung.«[140]

Die von Humboldt für das Universitätsstudium auch als notwendig angesehene Einsicht in die reine Wissenschaft setzt die Entwicklung eines reinen, sinnlichkeitsfreien Denkens voraus. Dieses kann, wie schon im Vorangegangenen erwähnt, entwickelt werden durch mathematische Übungen, vor allem aber durch das Studium philosophischer Werke, die aus einem solchen Denken heraus geschaffen worden sind. Humboldt selbst hat sich während seines Studiums der Rechtswissenschaft intensiv mit der Philosophie Kants und mit der von Friedrich Heinrich Jakobi auseinandergesetzt und damit ein solches Denken in sich entwickelt. Man kann deshalb annehmen, dass es durchaus in seinem Sinne ist – auch wenn er es in seiner Universitäts-Denkschrift nicht ausdrücklich ausgesprochen hat –, wenn man annimmt, dass er neben dem Studium bestimmter Wissenschaftsgebiete ein gleichzeitiges oder vorausgehendes philosophisches Grundlagenstudium für notwendig hält.

Hinzu kommt, dass er dem Studium des Menschen im Sinne einer sein seelisch-geistiges Wesen einbeziehenden umfassenden Anthropologie bzw. Psychologie eine große Bedeutung nicht nur für die Persönlichkeitsentwicklung, sondern auch für ein erweitertes und vertieftes Verständnis der verschiedenen Wissenschaftsgebiete beimisst. So sagte er bereits in seinem Brief an Caroline vom 11. Februar 1791: »Es scheint so simpel, eben dies innere Sein des Menschen überall zum letzten Gesichtspunkt zu nehmen, und doch ist es beinahe unbegreiflich, wie fast alle Betrachtungen aller Wissenschaften eine verschiedene Gestalt erhalten, wenn man diesen Gesichtspunkt streng ins Auge fasst. Vorzüglich kommt es wohl daher, weil man in *einem* Studium, und gerade im wichtigsten, noch ganz zurück ist. Dies ist eben dies Studium des Menschen in sich, wie er ist und wie er sein soll.«[141] Es entspricht deshalb sicher Humboldts Überzeugung, dass neben einem philosophischen Grundlagenstudium den Studenten auch eine umfassende Menschenkunde vermittelt bzw. angeboten werden sollte.

Die Gestalt der Universität und ihr Verhältnis zum Staat

Dem Ziel der Selbstbildung auf der Universität entspricht auch ein gegenüber der Schule anders geartetes Verhältnis zwischen Lehrer und Schüler. In der Schule wird das Lernen ganz vom Lehrer geleitet. Dabei soll allerdings auch das Lernen des Lernens ausgebildet werden. Der Schüler ist dann für die Universität reif, »wenn er so viel bei anderen gelernt hat, dass er nun für sich selbst zu lernen imstande ist«. »Darum ist auch der Universitätslehrer nicht mehr Lehrer, der Studierende nicht mehr Lernender, sondern dieser forscht selbst, und der Professor leitet seine Forschung und unterstützt ihn darin.«[142] Dieses Forschen kann sich natürlich nicht in erster Linie auf das Auffinden neuer Wissenstatsachen beziehen, weil dazu zunächst die Voraussetzungen fehlen. Gemeint ist vielmehr, dass der Studierende sich den bereits bekannten Wissensstoff selbstständig erarbeitet und nach dem ideellen Zusammenhang der vielfältigen Tatsachen forscht, das heißt, dass er die Einsicht in die Einheit der Wissenschaft erstrebt. Deshalb ist es für den Universitätsunterricht auch nicht wesentlich, dass der gesamte Wissensstoff möglichst vollständig in Vorlesungen vorgetragen wird. Diesen kann sich der Studierende vielmehr durch das Studium von Lehrbüchern viel besser aneignen.

Es wäre aber falsch zu glauben, dass der Universitätsunterricht durch das Studium von Lehrbüchern oder in unserer Zeit durch Fernunterricht oder das Studieren mit Hilfe von Lernmaschinen ersetzt werden könnte. Humboldt spricht zwar in seinem litauischen Schulplan aus, dass zu dem Selbst-Aktus der Einsicht in die reine Wissenschaft »notwendig Freiheit und hülfereich Einsamkeit« ist und dass aus diesen beiden Punkten zugleich die ganze äußere Organisation der Universitäten fließt.[143] Doch darf der Gesichtspunkt der Einsamkeit nicht einseitig überbewertet werden, wie dies Schelsky in seiner Schrift »Einsamkeit und Freiheit« tut[144], denn Humboldt betont gleich anschließend die große Bedeutung der Gemeinschaft, indem er sagt: »Das Kollegienhören ist nur Nebensache, das Wesentliche, dass man in enger Gemeinschaft mit Gleichgestimmten und Gleichaltrigen und dem Bewusstsein, dass es am gleichen Ort eine Zahl schon vollendet Gebildeter gebe, die sich nur der Erhöhung und Verbreitung der Wissenschaft widmen, eine Reihe von Jahren sich und der Wissenschaft lebe.«[145] Und ähnlich sagt er in seinem Königsberger Schulplan: »Das Kollegienhören selbst ist eigentlich nur zufällig; das wesentlich Notwendige ist, dass der junge Mann zwischen der Schule und dem Eintritt ins Leben eine Anzahl von Jahren ausschließend dem wissenschaftlichen Nachdenken an einem Orte widme, der viele, Lehrer und Lernende, in sich vereinigt.«[146] Humboldt sieht also nicht nur das *einsame* Studium und Nachdenken als notwendig an, sondern auch das *gemeinsame* Studieren mit Gleichaltrigen unter der Anleitung von Lehrern, die aus einer bereits vollzogenen Einsicht in die reine Wissenschaft die eigene Einsicht der Studierenden anregen und fördern können.

Diese Gemeinsamkeit ist notwendig einerseits für die Studierenden, andererseits aber auch für die Lehrenden. Humboldt weiß, dass das geistige Leben der Anregung durch geistigen Austausch bedarf, wobei das Wesentliche nicht die Mitteilung fertiger Kenntnisse darstellt, die die Lehrer besitzen und die die Schüler von ihnen lernen, wie es auf der Schule der Fall ist. Das Entscheidende ist vielmehr das gemeinsame Streben der Lehrenden und der Studierenden nach der Erkenntnis des

Ideenzusammenhanges der Welterscheinungen. Und das gegenseitige Mitteilen selbst erkannter Ideen ist das Anregende und Begeisternde gemeinsamen geistigen Bemühens, weil dadurch die Ideen nicht nur berichtigt, sondern zugleich die Einsicht in ihren inneren Zusammenhang gefördert wird. Humboldt spricht dies in seiner Denkschrift »Über die innere und äußere Organisation der höheren wissenschaftlichen Anstalten in Berlin« so aus: »Da aber auch das geistige Wirken in der Menschheit nur als Zusammenwirken gedeiht, und zwar nicht bloß, damit einer ersetze, was dem anderen mangelt, sondern damit die gelingende Tätigkeit des einen den anderen begeistere und allen die allgemeine, ursprüngliche, in den einzelnen nur einzeln oder abgeleitet hervorstrahlende Kraft sichtbar werde, so muss die innere Organisation dieser Anstalten ein ununterbrochenes, sich immer selbst wieder belebendes, aber ungezwungenes und absichtsloses Zusammenwirken hervorbringen und unterhalten. Es ist ferner eine Eigentümlichkeit der höheren wissenschaftlichen Anstalten, dass sie die Wissenschaft immer als ein noch nicht ganz aufgelöstes Problem behandeln und daher immer im Forschen bleiben, da die Schule es nur mit fertigen und abgemachten Kenntnissen zu tun hat und lernt. Das Verhältnis zwischen Lehrer und Schüler wird daher durchaus ein anderes als vorher. Der erstere ist nicht für die letzteren, *beide* sind für die Wissenschaft da; sein Geschäft hängt mit an ihrer Gegenwart und würde, ohne sie, nicht gleich glücklich vonstatten gehen; er würde, wenn sie sich nicht von selbst um ihn versammelten, sie aufsuchen, um seinem Ziele näher zu kommen durch die Verbindung der geübten, aber eben darum auch leichter einseitigen und schon weniger lebhaften Kraft mit der schwächeren und noch parteiloser nach allen Richtungen mutig hinstrebenden.«[147]

Diese Auffassung Humboldts über das Verhältnis von Hochschullehrern und Studenten, die er als gleichberechtigt nach wissenschaftlicher Erkenntnis Strebende ansieht, wirkt sich auch aus auf seine Gedanken über den Aufbau des Lehrkörpers. In seiner Universitätsdenkschrift spricht er nur von Universitätslehrern und von Privatdozenten. Außerdem erwähnt er noch die Akademiker, worunter er die Mitglieder der Akademien versteht, die alle Lehrberechtigung an der Universität haben, die jedoch als solche nicht Mitglied der Universität sein sollen.[148] Auch die Privatdozenten sollen nicht Mitglieder der Universität, sondern als freie Mitarbeiter tätig sein und nur die Kolleggebühren erhalten. Von ihnen sagt Humboldt, dass sie »wenigstens anfangs bloß der Beifall ihrer Zuhörer hebt und trägt«.[149] Er wollte also keine hierarchische Gliederung des Lehrkörpers. Die Universitätslehrer sollten vielmehr, abgesehen von den Privatdozenten, die aber eine ganz freie Stellung haben, grundsätzlich gleichberechtigt sein.

Ein Mitbestimmungsrecht der Studenten bei der Bestimmung der Forschungsziele oder des Inhalts und der Methode der Lehrveranstaltungen sah Humboldt nicht vor. Das Problem einer solchen Mitbestimmung stellte sich für ihn allerdings auch gar nicht, weil er von einem ganz freien Verhältnis zwischen Lehrern und Studenten ausging, wie es bei der heutigen weitgehenden Verschulung der Universität überhaupt nicht mehr gegeben ist. Bei einem solchen freien Verhältnis haben die Studenten, indem sie selbst als Forschende ernst genommen werden, durch den geistigen Austausch und das Zusammenwirken mit ihren Lehrern ganz anders, als dies heute der Fall ist, die Möglichkeit, auf Forschung und Lehre Einfluss zu nehmen. Humboldt deutet dies in seiner Universitätsdenkschrift so an: »[...] der freie mündliche Vortrag (also nicht die Vorlesung fertiger Texte) vor Zuhörern, unter denen doch immer eine bedeutende Zahl selbst mitdenkender Köpfe ist, feuert denjenigen, der einmal an diese Art des Studiums gewöhnt ist, sicherlich ebenso sehr an, als die einsame Muße des Schriftstellerlebens oder die lose Verbindung einer akademischen Genossenschaft. Der Gang der Wissenschaft ist offenbar auf einer Universität, wo sie immerfort in einer großen Menge und zwar kräftiger, rüstiger und jugendlicher Köpfe herumgewälzt wird, rascher und lebendiger.«[150]

Die Teilnahme am Universitätsunterricht will Humboldt nicht vor vollendetem 18. Lebensjahr erlaubt sehen.[151] Dies ist verständlich, weil erst mit dem 19. Lebensjahr das Ich des Menschen sich als selbstständiger geistiger Wesenskern mit der Möglichkeit eines freien geistigen Strebens herauszuentwickeln beginnt. Hingegen sieht Humboldt keine zeitliche Beschränkung des Universitätsstudiums vor, da für die Studierenden streng genommen kein Kennzeichen der Reife zu bestimmen sei.[152] Da jedoch die eigentliche Aufgabe des Universitätsunterrichts ist, die Einsicht in die Einheit der Wissenschaft zu vermitteln und hervorzubringen, könnte man die Reife des Studierenden darin erblicken, dass er diese Einsicht und damit zugleich die Fähigkeit erlangt hat, ein bestimmtes Gebiet der Wissenschaft in seinem ideellen

Zusammenhang zu überschauen. Da ein Begreifen der Einheit der Wissenschaft nicht unabhängig von einem Studium bestimmter Wissenschaftsgebiete, sondern nur in Verbindung mit diesem erlangt werden kann, werden bei einer solchen Gestaltung des Universitätsunterrichts zugleich die für die spätere Berufsausübung notwendigen Kenntnisse in einer Weise erworben, die es ermöglicht, sie in größere Zusammenhänge einzugliedern und sie sich damit erst fruchtbar für eine spätere praktische Tätigkeit anzueignen.

Von größter Bedeutung für die Qualität des Unterrichts an den Universitäten und Fachhochschulen ist, wie die Lehrer dieser Anstalten berufen werden. Humboldt hat klar erkannt, dass die Freiheit von Forschung und Lehre nicht nur durch eine unmittelbare Einflussnahme auf ihren Inhalt und ihre Richtung, sondern auch durch eine einseitige Auswahl der Lehrer beeinträchtigt werden kann. Auch sah er deutlich, dass nicht nur der Staat, sondern auch die Anstalten selbst zu einer solchen Einseitigkeit neigen. So schreibt er in seiner Denkschrift über die höheren wissenschaftlichen Anstalten in Berlin: »Der Freiheit droht aber nicht bloß Gefahr von ihm (dem Staat), sondern auch von den Anstalten selbst, die, wie sie beginnen, einen gewissen Geist annehmen und gern das Aufkommen eines anderen ersticken.«[153] Demgegenüber hält Humboldt gerade auf der Universität Antagonismus und Reibung für heilsam und notwendig, denn »die Kollision, die zwischen den Lehrern durch ihr Geschäft selbst entsteht, kann auch unwillkürlich ihren Gesichtspunkt verrücken«.[154] Er erhofft sich somit gerade von der Gegensätzlichkeit der Auffassungen eine Förderung und Weiterentwicklung der Wissenschaft.

Aus diesem Grunde sieht Humboldt vor, dass die Universitätslehrer ausschließlich vom Staat ernannt werden und die Fakultäten nur wenig Einfluss darauf bekommen. »Die Ernennung der Universitätslehrer muss dem Staat ausschließlich vorbehalten bleiben, und es ist gewiss keine gute Einrichtung, den Fakultäten darauf mehr Einfluss zu verstatten, als ein verständiges und billiges Kuratorium von selbst tun wird.«[155] Humboldt denkt also offenbar daran, dass bei der Berufung der Universitätslehrer ein Kuratorium mitwirkt, das seinerseits vom Staate bestellt wird. Um den Gefahren entgegenzuwirken, die bei einer Berufung der Universitätslehrer durch den Staat für die Freiheit von Forschung und Lehre mittelbar zu befürchten sind, sieht er in seiner Denkschrift über die höheren wissenschaftlichen Anstalten in Berlin vor, dass neben der Universität die Akademie bestehen bleiben und jedes Mitglied der Akademie das Recht haben soll, »ohne weitere Habilitation Vorlesungen zu halten, ohne jedoch dadurch Mitglied der Universität zu werden«. Die Wahl der Mitglieder der Akademie soll ihr selbst überlassen und nur an die Bestätigung des Königs gebunden sein.[156] Auf diese Weise würden an der Universität vom Staat berufene Universitätslehrer und von der Akademie berufene Akademiker unterrichten und damit nach Humboldts Überzeugung Einseitigkeiten vermieden werden.

Schon hieraus geht hervor, dass er im Grunde genommen die Berufung der Universitätslehrer durch den Staat nicht als eine Ideallösung ansieht. Dies wird noch deutlicher, wenn man berücksichtigt, das er ein Fortbestehen der Akademie neben der Universität an sich gar nicht für notwendig ansieht, »denn in der Tat kann durch Universitätslehrer, ohne Einrichtung einer eigenen Akademie, vollkommen erreicht werden, was man durch diese bezweckt«. Der Nutzen einer besonderen Akademie neben der Universität beruht für ihn deshalb »viel weniger auf der Eigentümlichkeit der Tätigkeit der beiden Institute«, als vielmehr »auf der Eigentümlichkeit ihrer Form und ihrem Verhältnis zum Staate«. So will er die Idee einer Akademie als die »höchste und letzte Freistätte der Wissenschaft und die vom Staat am meisten unabhängige Korporation« festhalten, während er von der Universität sagt, dass sie immer in engerer Beziehung auf das praktische Leben und die Bedürfnisse des Staates steht, da sie sich immer praktischen Geschäften für ihn, der Leitung der Jugend, unterziehe.[157]

Hieraus geht hervor, dass Humboldts höchstes Ideal die vollkommene Freiheit der Wissenschaft von jeglichem staatlichen Einfluss ist. Wenn er für die Universitäten scheinbar etwas anderes vertritt, so deshalb, weil es hier nicht allein um grundsätzliche Fragen, sondern um die praktische Organisation der höheren wissenschaftlichen Anstalten in Berlin in der damals bestmöglichen Form ging. Die Universität bestand noch nicht und konnte unter den gegebenen Umständen nur vom Staate, den er selbst als Leiter des preußischen Bildungswesens repräsentierte, gegründet werden. Deshalb war es nahe liegend, dass er die Berufung der Universitätslehrer durch den Staat vorsah, was praktisch hieß, dass sie auf seinen Vorschlag hin erfolgte.

Grundsätzlich war Humboldt jedoch auch für die größtmögliche Freiheit der Universitäten. Das geht insbesondere aus seiner auf die

Universität bezüglichen Bemerkung in seinem Brief an Goethe vom 7. September 1812 hervor, »dass man nur etwas stiften darf, um es dann mit Sicherheit seiner eigenen lebendigen Kraft zu überlassen«.[158] Es ergibt sich ferner aus seiner von Schelsky zitierten Äußerung: »Man beruft eben tüchtige Männer und lässt die neue Universität damit sich allmählich encadrieren.«[159] Dass Humboldt die Freiheit der Universitäten vom Staate anstrebte, wird schließlich auch aus der Denkschrift über die höheren wissenschaftlichen Anstalten in Berlin deutlich, in der er ausführt: »Was man daher höhere wissenschaftliche Anstalten nennt, ist, von aller Form im Staate losgemacht, nichts anderes als das geistige Leben der Menschen, die äußere Muße oder inneres Streben zur Wissenschaft und Forschung hinführt. Auch so würde einer für sich grübeln und sammeln, ein anderer sich mit Männern gleichen Alters verbinden, ein Dritter einen Kreis von Jüngern um sich versammeln. Diesem Bilde muss auch der Staat treu bleiben, wenn er das in sich unbestimmte und gewissermaßen zufällige Wirken in eine festere Form zusammenfassen will. Er muss dahin sehen,

1. die Tätigkeit immer in der regsten und stärksten Lebendigkeit zu erhalten;
2. sie nicht herabsinken zu lassen, die Trennung der höheren Anstalt von der Schule (nicht bloß der allgemeinen theoretischen, sondern auch der mannigfaltigen praktischen besonders) rein und fest zu erhalten.

Er muss sich eben immer bewusst bleiben, dass er nicht eigentlich dies bewirkt noch bewirken kann, ja, dass er vielmehr immer hinderlich ist, sobald er sich hineinmischt, dass die Sache an sich ohne ihn unendlich besser gehen würde, und dass es sich eigentlich nur so damit verhält:

dass, da es nun einmal in der positiven Gesellschaft äußere Formen und Mittel für jedes irgend ausgebreitete Wirken geben muss, er die Pflicht hat, diese auch für die Bearbeitung der Wissenschaft herbeizuschaffen;

dass etwa nicht bloß die Art, wie er diese Formen und Mittel beschafft, dem Wesen der Sache schädlich werden kann, sondern der Umstand selbst, dass es überhaupt solche äußere Formen und Mittel für etwas ganz Fremdes gibt, immer notwendig nachteilig einwirkt und das Geistige und Hohe in die materielle und niedere Wirklichkeit herabzieht;

und dass er daher nur darum vorzüglich wieder das innere Wesen vor Augen haben muss, um gut zu machen, *was er selbst, wenngleich ohne seine Schuld, verdirbt oder gehindert hat.*«[160]

Humboldt ist also der Überzeugung, dass im Grunde genommen jedes Eingreifen des Staates in die Angelegenheiten der Universität dem geistigen Leben derselben hinderlich und abträglich ist, und dass dieser sich deshalb auf das Notwendige beschränken muss, welches er darin sieht, die äußeren Formen und Mittel für die Bearbeitung der Wissenschaft herbeizuschaffen. Aber auch hier sieht er die Gefahren, die dem Wesen der Universität nicht nur durch die Art und Weise, wie der Staat dies tut, sondern überhaupt durch die Tatsache drohen, dass er solche Formen und Mittel zur Verfügung stellt. Humboldts eigentliche Tendenz geht deshalb dahin, dass der Staat, indem er sich das innere Wesen der Universität vor Augen stellt, *immer bescheidener eingreift* und diese schließlich *ihrer eigenen lebendigen Kraft überlässt.*[161]

Hier entsteht allerdings die Frage, wie ohne den Staat die Formen geschaffen und die Mittel beschafft werden können, deren die Universität zweifellos bedarf. Für die Schaffung der äußeren Form ist der Staat keineswegs notwendig, was Schelsky in seiner Schrift »Einsamkeit und Freiheit. Idee und Gestalt der deutschen Universität« verkennt, wenn er sagt, dass allein der Staat als Gesetzgeber und Verwalter das Zusammenwirken der Gelehrten an der Universität auf Dauer stellen, das heißt institutionalisieren kann.[162] Es können sich durchaus die an einer Universität interessierten Persönlichkeiten, die Hochschullehrer, Studenten, Freunde und Förderer derselben ohne Mitwirkung des Staates zu einer freien privatrechtlichen Körperschaft zusammenschließen. Diese kann sich selbst eine Verfassung (Satzung) geben und darin zum Beispiel auch regeln, wie die Universitätslehrer berufen werden.

Den Einseitigkeiten, die Humboldt bei einer Berufung der Universitätslehrer durch diese selbst befürchtet, würde durch die Begründung freier Universitäten, die von selbst verschiedenartige Formen annehmen werden, und auch dadurch begegnet werden können, dass Vertreter der Studenten sowie eventuell auch der Freunde und Förderer der Universität zum Beispiel in einem Kuratorium bei dieser Berufung mitwirken. Eine solche freie Bildung von Universitäten entspricht auch der von Humboldt in seiner Schrift über die Grenzen der Wirksamkeit des Staates angeregten Bildung von »Nationalanstalten« als freiwilligen, auf Verträgen beruhenden Zusammenschlüssen der Bürger.[163] Der Übergang zu einem solchen freien Universitätsleben kann dadurch bewirkt werden, dass der Staat ähnlich wie im Schulwesen neben den bestehenden staatlichen Universitäten die Bildung freier Universitäten und Fachhochschulen ermöglicht, wie es inzwischen in Deutschland, wenn auch noch äußerst eingeschränkt, erfolgt ist.

Gegen eine freie Bildung von Universitäten ohne Mitwirkung des Staates kann man einwenden, dass dieser eine solche nicht zulassen könne, da für ihn sehr viel davon abhänge, wie seine Bürger auf den Universitäten gebildet werden. Wer diesen Einwand erhebt, berücksichtigt jedoch nicht, dass der Staat – auch als demokratische Institution, deren Machtausübung auf Mehrheitsentscheidungen beruht – dem geistigen Leben nicht gerecht werden kann, das auf *individuellen* Einsichten derjenigen beruht, die entsprechend befähigt sind. Die Universitäten werden deshalb ihre geistige Aufgabe auch im Interesse des Staates dann am besten erfüllen, wenn dieser sie ihrer freien Entwicklung überlässt. Dies führt Humboldt in seiner Denkschrift über die höheren wissenschaftlichen Anstalten in Berlin selbst aus, indem er sagt: »Er (der Staat) muss im Ganzen […] von ihnen (den Universitäten und Akademien) nichts fordern, was sich unmittelbar und geradezu auf ihn bezieht, sondern die innere Überzeugung hegen, dass, wenn sie ihren Endzweck erreichen, sie auch seine Zwecke, und zwar von einem viel höheren Gesichtspunkte aus, erfüllen, von einem, von dem sich viel mehr zusammenfassen lässt und ganz andere Kräfte und Hebel angebracht werden können, als er in Bewegung zu setzen vermag.«[164]

Bei der Beschaffung der notwendigen Mittel, insbesondere für die Errichtung, aber auch für den laufenden Betrieb von freien Universitäten und Fachhochschulen, wird man auf die Mithilfe des Staates zunächst nicht verzichten können. Man kann sich zwar durchaus vorstellen, dass solchen Universitäten und Fachhochschulen aus Industrie-Stiftungen und von Freunden und Förderern insbesondere aus dem Wirtschaftsleben größere Beträge als freie Schenkungen vor allem für den Aufbau und Ausbau zur Verfügung gestellt werden.[165] Doch wird man bei den erheblichen Kosten zunächst auf staatliche Unterstützung und Zuschüsse angewiesen sein. In Zukunft sollte jedoch wie beim Schulwesen angestrebt werden, die Studenten zum Beispiel durch Bildungsgutscheine in die Lage zu versetzen, kostendeckende Studiengebühren zu bezahlen.

Auch Humboldt stellte der Universität Berlin Gebäude zur Verfügung, die dem Staat gehörten. Darüber hinaus wollte er ihr, wie schon erwähnt, staatlichen Grundbesitz zu Eigentum übertragen, damit sie aus den Einkünften ihre Betriebskosten decken kann.[166] Aus der Tatsache, dass er dadurch die Universität wirtschaftlich unabhängig machen wollte, geht hervor, dass er dem Staat die Möglichkeit nehmen wollte, durch die materielle Unterstützung der Universität ihr geistiges Leben zu beeinflussen. Humboldts bürokratischer Nachfolger Schuckmann hat diesen Plan dann endgültig vereitelt.[167]

So konnte Wilhelm von Humboldt seine Universitätsidee nur bis zu einem gewissen Grade verwirklichen. Sie hat aber trotzdem das deutsche Universitätsleben lange Zeit – jedenfalls was den Gesichtspunkt der Freiheit der Unterrichts- und Studiengestaltung betrifft – maßgebend beeinflusst. Inzwischen ist sie jedoch endgültig ausgeschaltet worden.[168] Die Universitäten haben sich aufgrund der vorherrschenden einseitigen Wissenschaftsauffassung und vorwiegend ökonomischer Gesichtspunkte immer mehr zu reinen Berufsausbildungsstätten entwickelt, in denen die verschiedenen Fachbereiche zum Beispiel für Mediziner, Pharmazeuten, Juristen, Volks- und Betriebswirte mehr oder weniger äußerlich zusammengefasst sind. Innerhalb dieser Fachbereiche besteht eine immer stärkere Tendenz, den Unterricht wie in sonstigen Schulen lehrplanmäßig aufzubauen und durch Zwischenprüfungen, Studienzeitbeschränkungen usw. dafür zu sorgen, dass die Studenten den Wissensstoff ihres speziellen Fachgebietes in möglichst kurzer Zeit systematisch erlernen. So verständlich diese Tendenz angesichts des ungeheuer angewachsenen Wissensstoffes, der stark zugenommenen Zahl der Studenten und der staatlichen Finanzprobleme auch sein mag, kann doch kein Zweifel daran bestehen, dass diese Art von »Universitäts«-Unterricht zwar geeignet sein mag, einseitige und brauchbare Spezialisten auszubilden, dass er aber grundsätzlich versagt gegenüber der Aufgabe, Menschen heranzubilden, die ihr Fachgebiet in größeren wissenschaftlichen Zusammenhängen und in seiner Bedeutung für die Gesellschaft und die Lebenspraxis zu sehen vermögen. Die Humboldt'sche Idee der Universität, die bisher noch nirgends voll verwirklicht worden ist, behält deshalb neben der heutigen »Universität« ihre volle Bedeutung.

Somit ergibt sich für die Gegenwart die Notwendigkeit, neben oder in Verbindung mit den bestehenden »Universitäten«, die sich zu einem

Konglomerat von Fachhochschulen entwickelt haben, wahre Universitäten im Sinne Humboldts als freie Institutionen zu begründen. Diese hätten die Aufgabe, nach vollendetem Schulunterricht diejenigen, die vor einem Hochschulfachstudium ein vertieftes Wissenschaftsverständnis anstreben, zu einer Einsicht in die Einheit der Wissenschaft und in den Ideenzusammenhang der einzelnen Wissenschaftsgebiete zu führen. Auch wäre solchen Studenten eine Arbeitsmethode zu vermitteln, die sie zu selbstständiger und kritischer wissenschaftlicher Arbeit befähigt, so dass sie ihr anschließendes Fachstudium sinnvoll und fruchtbar durchführen können. Aber auch für diejenigen, die gleich ein Fachstudium ergreifen wollen, müsste angestrebt werden, dass sie die Möglichkeit haben, ihr jeweiliges Fachgebiet in freier Weise im Zusammenhang mit anderen Wissenschaftsgebieten auf der Grundlage eines vertieften Wissenschaftsverständnisses zu studieren.

Die Staatsidee. Humanisierung des Staatslebens durch Achtung der freien Individualität[169]

Die Humanisierung des Einzelnen als Voraussetzung einer Humanisierung des Staates

Als im Laufe des Jahres 1789 die als Generalstände einberufenen Vertreter des französischen Volkes sich als verfassunggebende Versammlung konstituierten, im gleichen Jahre die Erklärung der Menschen- und Bürgerrechte verabschiedeten und die Verfassung von 1791 ausarbeiteten, durch welche die Macht des vorher uneingeschränkt herrschenden Königs auf die Ausführung der von den gewählten Volksvertretern beschlossenen Gesetze eingeschränkt wurde, erfasste eine Welle der Begeisterung auch viele Menschen Mitteleuropas. Man glaubte, dass jetzt ein neues Zeitalter der Freiheit und der Menschlichkeit angebrochen sei.[170] Diese Begeisterung wich jedoch bald einer Ernüchterung und Besinnung, als der französische König im September 1792 abgesetzt und im Januar 1793 enthauptet wurde, als dann Robespierre seine Schreckensherrschaft ausübte, der nach einem Zwischenspiel 1799 die autoritäre Herrschaft Napoleons folgte.

Friedrich Schiller, welcher der Französischen Revolution zunächst mit einem gewissen Wohlwollen begegnet war, schrieb am 13. Juli 1793 an den Prinzen Friedrich Christian von Augustenburg, an den er seine Briefe über die ästhetische Erziehung des Menschen richtete: »Wäre das Faktum wahr, – wäre der außerordentliche Fall wirklich eingetreten, dass die politische Gesetzgebung der Vernunft übertragen, der Mensch als Selbstzweck respektiert und behandelt, das Gesetz auf den Thron erhoben, und wahre Freiheit zur Grundlage des Staatsgebäudes gemacht worden, so wollte ich auf ewig von den Musen Abschied nehmen, und dem herrlichsten aller Kunstwerke, der Monarchie der Vernunft, alle meine Tätigkeit widmen.« Aber gerade dies bezweifelte er, weil ihm die Ereignisse seiner Zeit in Frankreich alle Hoffnungen nahmen, »an den Anfang einer Regeneration im Politischen zu glauben«. Er kam zu der Überzeugung, welche die Grundidee seiner Briefe über die ästhetische Erziehung ausmacht, dass »jede gründliche Staatsverbesserung mit Veredlung des Charakters beginnen, diese aber an dem Schönen und Erhabenen sich aufrichten muss«. Ihm wurde bewusst, dass äußere politische und bürgerliche Freiheit die *innere geistige Freiheit des Menschen voraussetzt.* Dies spricht er in dem gleichen Brief mit den Worten aus: »Nur seine Fähigkeit als sittliches Wesen gibt dem Menschen Anspruch auf Freiheit; ein Gemüt aber, das nur sinnlicher Bestimmungen fähig ist, ist der Freiheit so wenig wert, als empfänglich. Alle Reform, die Bestand haben soll, muss von der Denkungsart ausgehen, und wo ein Verderbnis in den Prinzipien herrscht, da kann nichts Gesundes, nichts Gutartiges aufkeimen. Nur der Charakter der Bürger erschafft und erhält den Staat, und macht politische und bürgerliche Freiheit möglich.« Man werde anfangen müssen, »für die Verfassung Bürger zu erschaffen, ehe man den Bürgern eine Verfassung geben kann«. Er wendet dann zwar selbst ein, »dass hier ein Zirkel sei und dass der Charakter des Bürgers ebenso gut von der Verfassung abhänge, als diese auf dem Charakter des Bürgers ruht«. Aber obwohl er diesen Zirkel zugibt, lässt sich nach seiner Überzeugung keine Verfassung denken, die von der Gesinnung der Bürger unabhängig wäre. Er sieht nur die Möglichkeit, dass sich »zur Veredelung der Denkungsart Quellen eröffnen lassen, die von dem Staate nicht abgeleitet sind und sich also bei allen Mängeln desselben rein und lauter erhalten«.[171]

Auch Wilhelm von Humboldt stand der Französischen Revolution anfangs positiv gegenüber und bejahte den Kampf des Volkes für die Freiheit und gegen den Despotismus. Er machte sich jedoch schon vor der Hinrichtung des französischen Königs und vor der Schreckensherrschaft Robespierres bewusst, dass der während der Revolution beschrittene Weg einer Änderung der Staatsform von der absoluten zur konstitutionellen Monarchie allein noch keine Freiheit gewährleistet. Ihm wurde klar, wie die bloße Tatsache, dass nicht mehr der König, sondern das durch die gewählten Volksvertreter repräsentierte Volk zum Gesetzgeber erhoben wurde, keineswegs garantiert, dass dieser demokratische Gesetzgeber durch seine Gesetze die *Freiheit der Bürger* nicht ebenso sehr, wenn nicht sogar mehr einschränkt als mancher liberale Monarch.

So entwickelte Humboldt in der geistigen Auseinandersetzung mit der Französischen Revolution die grundlegende Idee, dass die politische und gesellschaftliche Freiheit der Bürger nicht in erster Linie von der Staatsform, sondern vor allem davon abhängt, wie weit der Staat die Grenzen seiner Wirksamkeit *einschränkt.*[172] In seiner 1792 entstandenen Schrift »Ideen zu einem Versuch, die Grenzen der Wirksamkeit des Staates zu bestimmen« hat er im Einzelnen ausgeführt und begründet, dass der Staat sich um der freien Entwicklung und Entfaltung seiner Bürger willen jeglichen Wirkens für ihr physisches und moralisches Wohl enthalten sollte und dass die notwendige Aufgabe des Staates allein darin besteht, für die Sicherheit zu sorgen, und zwar einerseits für die Sicherheit der Bürger untereinander und andererseits für die Sicherheit gegen äußere Feinde.[173]

In dieser Schrift hat er sich auch insbesondere gegen öffentliche, vom Staat angeordnete und gelenkte Erziehung ausgesprochen, »da immer der Geist der Regierung in ihr herrscht« und sie »dem Menschen eine gewisse bürgerliche Form« gibt. Dieser Überzeugung von der Notwendigkeit einer *freien, vom Staate unabhängigen Bildung des Menschen* lag seine Anschauung zugrunde, dass »das Menschengeschlecht jetzt auf einer Stufe der Kultur steht, von welcher es sich nur durch Ausbildung der Individuen höher emporschwingen kann«. Als wahren Zweck des Menschen hatte er »die höchste und proportionierlichste Bildung seiner Kräfte zu einem Ganzen« erkannt. Aber diese *Bildung der Individualität* des Menschen sollte keine gleichförmige, sondern eine möglichst mannigfaltige sein. Als Ziel sah er die Ausbildung »eigentümlicher« Individualitäten an, die sich im wechselseitigen Verkehr miteinander höher entwickeln und damit zugleich an einer »idealischen Veredelung ihres Nationalcharakters« arbeiten.[174] Schon 1791 hatte er erkannt, dass eine solche individuelle Ausbildung nur von jedem Menschen selbst in Freiheit vollzogen werden kann. Dies hatte er in einem Brief an Friedrich Gentz, der unter dem Titel »Ideen über Staatsverfassung, durch die neue französische Konstitution veranlasst« veröffentlicht wurde, so ausgesprochen: »Was im Menschen gedeihen soll, muss aus seinem Innern entspringen, nicht ihm von außen gegeben werden.«[175] Deshalb ist nach seiner Überzeugung jede vom Staat organisierte Erziehung und Bildung schädlich für die individuelle Bildung des Menschen, »da was Einheit der Anordnung hat, auch allemal eine gewisse Einförmigkeit der Wirkung hervorbringt«.[176] Diese Einförmigkeit wird selbst dann hervorgebracht, wenn der Staat sich darauf beschränkt, »Erzieher anzustellen und zu unterhalten«, worauf Humboldt mit Recht hinweist. Er lehnte deshalb grundsätzlich jegliche öffentliche Erziehung durch den Staat ab.[177]

Diese von Humboldt geforderte *Freiheit und Unabhängigkeit des Bildungswesens vom Staat* stimmt voll mit dem von Schiller in seinem Brief vom 13. Juli 1793 geäußerten Gedanken überein, dass sich zur Veredelung der Denkungsart Quellen eröffnen lassen, die von dem Staat nicht abgeleitet sind. Solche Quellen lassen sich nur eröffnen in einem vom Staate *freien und unabhängigen Geistesleben und Bildungswesen.* Und wenn Humboldt sagt, dass der frei gebildete Mensch in den Staat treten und die Verfassung des Staates sich an ihm prüfen müsste, so stimmt dies weitgehend mit Schillers Auffassung überein, dass man erst für die Verfassung Bürger erschaffen müsse, ehe man ihnen eine Verfassung, das heißt ein demokratisches Mitwirkungsrecht bei der Gesetzgebung einräumen kann. Humboldt betont jedoch stärker als Schiller die Notwendigkeit, dass der bestehende Staat – gleich welcher Regierungsform – seinen Bürgern größtmögliche Freiheit gewährt, damit diese sich ihrer Individualität gemäß frei bilden, entwickeln und entfalten können. Zwar war ihm ebenso wie Schiller bewusst, dass »die Möglichkeit eines höheren Grades der Freiheit immer einen gleich hohen Grad der Bildung erfordert«[178], andererseits hatte er aber ebenso klar erkannt, dass zu dieser Bildung »Freiheit die erste und unerlässliche Bedingung« ist.[179] Beides bedingt sich somit wechselseitig.

Zur Bildung gehört aber noch etwas anderes, worauf Humboldt ebenfalls hinwies, nämlich »Mannigfaltigkeit der Situationen«, das heißt ein reiches Erfahrungsfeld, denn »auch der freieste und unabhängigste Mensch, in einförmige Lagen versetzt, bildet sich minder aus«.[180] Deshalb hielt er es nicht nur für notwendig, dass der Staat sich aller Sorgfalt für das geistige und moralische Wohl seiner Bürger, insbesondere für das Bildungswesen enthält, sondern dass er auch die Sorgfalt für das physische Wohl *der freien Tätigkeit seiner Bürger überlässt.* Er hatte erkannt, dass jede Tätigkeit des Staates, da dieser dem Prinzip der Gleichheit seiner Bürger Rechnung tragen muss, niemals die Individualität des Menschen berücksichtigen, sondern notwendig Einförmigkeit hervorbringen muss. Wenn der Staat für das physische Wohl seiner Bürger sorgt, kommt unter anderem noch hinzu, dass er dadurch ihre innere Kraft schwächt und die Entwicklung der Individualität und Eigentümlichkeit des Menschen hindert.[181] Der Staat unterdrückt durch seine Gesetze und sonstigen Maßnahmen »die Energie, welche gleichsam die Quelle jeder tätigen Tugend, und die notwendige Bedingung zu einer höheren und vielseitigeren Ausbildung ist«.[182] Humboldt hat also erkannt, dass auch eine freie Entfaltung des Menschen auf dem Felde des Wirtschaftslebens eine wesentliche Voraussetzung für seine innere Bildung und Entwicklung ist.

Es wäre aber falsch zu glauben, dass er damit einem freien Konkurrenzkampf im Sinne von Adam Smith und einer auf seinen Gedanken beruhenden liberalen Marktwirtschaft das Wort redete. Vielmehr war ihm bewusst, dass das wirtschaftliche Leben nicht dem Zufall oder der Willkür überlassen bleiben darf, sondern von den an ihm Beteiligten bewusst gestaltet werden muss. So sagte er: »Jede Erreichung eines großen Endzwecks erfordert Einheit der Anordnung. [...] Ebenso auch jede Verhütung oder Abwehrung großer Unglücksfälle, Hungersnot, Überschwemmungen u.s.f.« Aber eine solche Einheit der Anordnung soll nicht – wie in sozialistischen Staaten – durch »Staatsanstalten«, das heißt durch eine staatliche Planung und Verwaltung des Wirtschaftslebens bewirkt werden. Vielmehr weist er auf die Möglichkeit hin, diese durch ein freies vertragliches Zusammenwirken der Bürger in größeren oder kleineren »Nationalanstalten« zu erreichen: »Einzelnen Teilen der Nation, und ihr selbst im Ganzen muss nur Freiheit gegeben werden, sich durch Verträge zu verbinden.« Er ist sich darüber im Klaren, dass solche freien Einrichtungen schwerer entstehen, dafür aber flexibler sind und vor allem eine positive Wirkung auf die Bildung und Entwicklung des Menschen haben.[183]

In der Idee, dass der Staat alle Tätigkeit für das physische und geistig-moralische Wohl dem freien Zusammenwirken seiner Bürger überlassen soll und dass seine alleinige Aufgabe die ist, für ihre Sicherheit zu sorgen, ist die Idee der Dreigliederung des sozialen Organismus in ein sich selbst verwaltendes freies Geistesleben, in ein selbstverwaltetes assoziatives Wirtschaftsleben und in ein auf die Erhaltung der Sicherheit begrenztes Staatsleben, wie sie Rudolf Steiner 125 Jahre später im Jahre 1917 in seinen für die Mittelmächte bestimmten Memoranden erstmals ausgesprochen hat, bereits keimhaft enthalten.[184] Wilhelm von Humboldt ging es ebenso wie Rudolf Steiner schon damals darum, dass der Staat seinen Bürgern größtmögliche Freiheit gewährt, damit diese sich durch ihr freies Zusammenwirken im geistigen und wirtschaftlichen Leben wahrhaft menschlich bilden und entwickeln können. So stellt für ihn die größtmögliche Begrenzung der Wirksamkeit des Staates einen notwendigen und wesentlichen Schritt zur Bildung und Entwicklung der Individualität des Einzelnen und damit zugleich eine wesentliche Voraussetzung für die Humanisierung des Staatslebens dar.

Humanisierung des Staates durch Mitwirkung der Bürger am Staatsleben

Während seines späteren diplomatischen und staatsmännischen Wirkens, welches in die Jahre 1810 bis 1819 fällt, hat Humboldt einen weiteren Gedankenschritt zur Humanisierung des Staates vollzogen. Vor allem durch das Miterleben des Befreiungskrieges gegen Napoleon in den Jahren 1813/14 war ihm bewusst geworden, dass eine *Beteiligung des Volkes an der Gesetzgebung und Verwaltung des Staates* unerlässlich ist. So setzte er sich während des Wiener Kongresses 1814/15 bei den Verhandlungen über die Neuordnung Deutschlands tatkräftig dafür ein, dass in allen deutschen Staaten die Einrichtung einer ständischen Verfassung vorgesehen wird. Artikel 13 der Bundes-Akte vom 8. Juni 1815 stellte schließlich auch fest, dass in allen Bundesstaaten eine landständische Verfassung stattfinden wird.[185] Zu einer solchen Verfassung kam es jedoch zunächst nur in Bayern, Baden und Württemberg, und zwar erst in den Jahren 1818 bzw. 1819. Auch der preußische König hatte in seiner »Verordnung über die zu bildende Repräsentation des Volks« vom 22. Mai 1815 eine Verfassung in Aussicht gestellt.[186] Doch erst im Jahre 1819 wurde diese in Angriff genommen. Als Humboldt im Januar 1819, während er an den Territorialverhandlungen in Frankfurt am Main teilnahm, erfuhr, dass er als Minister für ständische Angelegenheiten ins preußische Staatsministerium berufen wurde, schrieb er in enger Zusammenarbeit mit dem Freiherrn vom Stein eine umfassende Denkschrift »Über die Einrichtung landständischer Verfassungen in den preußischen Staaten«, welche vom 4. Februar 1819 datiert. Im Oktober 1819, als er seine Tätigkeit als Minister für ständische Angelegenheiten aufgenommen hatte, arbeitete er eine zweite große »Denkschrift über ständische Verfassung« aus und legte sie der Verfassungskommission vor, die am 12. Oktober 1819 zu ihrer ersten Sitzung zusammentrat.[187] Da jedoch inzwischen aufgrund der Ermordung Kotzebues die Reaktion unter Führung Metternichs die Oberhand gewann und der preußische König Friedrich Wilhelm III. ängstlich und zögernd war, auch Humboldt am 31. Dezember 1819 auf Betreiben Hardenbergs entlassen wurde, kam es damals nicht zu einer preußischen Verfassung.

Bei seinen Verfassungsüberlegungen lehnte Humboldt eine Übernahme des französischen Repräsentativ-Systems, in welchem »die ganze Nation als *eine* Masse behandelt wird, der Einzelne bloß durch sich selbst, gleichsam als numerische Einheit gilt«, als undeutsch ab.[188] Er wollte an die altdeutschen Stände als politische Körperschaften anknüpfen, aber diese so weiterentwickeln, dass sie dem Repräsentativ-System nicht widersprechen. Deswegen sprach er von einer »*ständischen Repräsentativ-Verfassung*« und wollte an dieser alle Klassen der Staatsbürger beteiligen. Während er ursprünglich noch an Korporationen auf der Grundlage einer gewissen beruflich-wirtschaftlichen Gliederung dachte, hat er später erkannt, dass im politisch-staatlichen Bereich diese Gliederung keine Rolle spielen darf, sondern solche Korporationen in überschaubaren örtlichen Bezirken gebildet werden sollten. So schrieb er in einer Denkschrift vom Januar 1831 »Über die in Absicht der Städteordnung zu nehmenden Maßregeln«, »dass bei den Wahlen jede andere Qualifikation des Wählenden als die, dass er Bürger ist, aus dem Spiele bleiben soll, und dass sich alle Bürger bei den Wahlen, ohne Unterschied der Beschäftigung zusammenfinden sollen«.[189] Er dachte also an eine Gliederung der Bevölkerung in örtlich überschaubare politische Korporationen, in welchen alle Bürger ohne Unterschied zusammenkommen. Man darf sich solche Korporationen nicht als politische Parteien vorstellen, sondern als überparteiliche Einrichtungen, in welchen alle Bürger unabhängig von ihrer politischen, religiösen oder sonstigen Überzeugung und unabhängig von ihrer beruflichen Tätigkeit und Stellung über zur Entscheidung anstehende öffentlich-rechtliche, politische Fragen gemeinsam beraten.[190]

Humboldt war es hierbei wesentlich, dass das politisch-staatliche Leben nicht von oben her organisiert wird, sondern dass es sich *von unten nach oben organisch aufbaut*. So empfiehlt er in der Denkschrift über landständische Verfassungen vom 4. Februar 1819, dass man die Ständeversammlung »nicht, wie es in Frankreich üblich ist, unmittelbar auf die Basis der ganzen Volksmasse gründet, sondern sich von der Verwaltung der einfachsten Bürgervereine durch Mittelglieder zur Beratung über das Ganze erheben lässt«.[191]

In dieser Denkschrift spricht er sich auch gegen eine unmodifizierte Übernahme des auf Montesquieu zurückgehenden Prinzips der Gewaltenteilung aus: »Es muss nicht einseitig bezweckt werden, Stände als Gegengewicht gegen die Regierung, und diese Letztere wieder, als den Einfluss jener beschränkend zu bilden, und so ein Gleichgewicht von Gewalten hervorzubringen, was oft vielmehr in ein unsicheres und schädliches Schwanken ausartet.« Stattdessen schwebte ihm eine enge stufenweise Zusammenarbeit zwischen Behörden des Staates und Behörden des Volkes unter der Aufsicht der Regierung vor: »Die gesetzgebende, beaufsichtigende, und gewissermaßen auch die verwaltende Tätigkeit der Regierung muss dergestalt zwischen Behörden des Staats und Behörden des Volks, von ihnen selbst, in seinen verschiedenen politischen Abteilungen und aus seiner Mitte gewählt, verteilt sein, dass beide, immer unter Oberaufsicht der Regierung, aber mit fest gesonderten Rechten, sich in allen Abstufungen ihres Ansehens zusammenwirkend begegnen, dass von jeder Seite zum höchsten Punkt der Beratung über die allgemeinen Angelegenheiten des Staats nur also gesichtete, einander schon näher getretene, aus dem Leben der Nation selbst gewonnene, und mithin wahrhaft praktische Vorschläge gebracht werden. Es kommt nicht bloß auf die Einrichtung von Wahlversammlungen und beratenden Kammern, es kommt auf die ganze politische Organisation des Volks selbst an.«[192]

Von einer solchen *stufenweisen Beteiligung der Bürger am gesamten Staatsleben* versprach sich Humboldt auch eine positive Wirkung auf ihre soziale Einstellung sowie auf ihre sittliche Bildung. So stellt er in der genannten Denkschrift als einen Hauptzweck der Einrichtung einer landständischen Verfassung heraus, »dass der Bürger durch die Teilnahme an der Gesetzgebung, Beaufsichtigung und Verwaltung mehr Bürgersinn und Bürgergeschick erhält, dadurch für sich selbst sittlicher wird, und seinem Gewerbe und individuellen Leben, indem er beide näher an das Wohl seiner Mitbürger knüpft, eine höhere Geltung gibt«.[193]

Die Humanisierung des zwischenstaatlichen Lebens

Während des Wiener Kongresses setzte sich Humboldt noch in anderer Hinsicht für eine Humanisierung des Staatslebens ein. Es ging damals um die Frage, wie das Verhältnis der nach der Auflösung des alten Kaiserreichs unabhängig gewordenen deutschen Staaten zueinander und im Verhältnis zu den übrigen europäischen Staaten geregelt werden sollte. Hier trat er dafür ein, dass ein *Bund zwischen den deutschen Staaten* einschließlich Österreich gebildet wird, der ihre Souveränität und ihre individuellen Verschiedenheiten unangetastet lässt, der aber als unkündbares Verteidigungsbündnis aufgrund einer gemeinsamen Heeresorganisation stark genug ist, die damaligen Großmächte in West und Ost, nämlich Frankreich und Russland, auseinander zu halten und den Frieden in Europa zu gewährleisten. Der Bund als solcher sollte keine eigene Außenpolitik und vor allem keine Machtpolitik betreiben, die Deutschland später unter Wilhelm II. und Hitler zum Verhängnis werden sollte. So führte Humboldt in einer an Hardenberg gerichteten Denkschrift vom 30. September 1816 »Über die Behandlung der Angelegenheiten des Deutschen Bundes durch Preußen« Folgendes aus: »Man muss auf keine Weise den wahren und eigentlichen Zweck des Bundes vergessen, insofern er mit der europäischen Politik zusammenhängt. Dieser Zweck ist Sicherung der Ruhe; das ganze Dasein des Bundes ist mithin auf Erhaltung des Gleichgewichts durch inwohnende Schwerkraft berechnet; diesem würde nun durchaus entgegengearbeitet, wenn in die Reihe der europäischen Staaten, außer den größeren deutschen einzeln genommen, noch ein neuer kollektiver in einer, nicht durch gestörtes Gleichgewicht aufgeregten, sondern gleichsam willkürlichen Tätigkeit eingeführt würde, der bald für sich handelte, bald einer oder der andern größern Macht zur Hilfe oder zum Vorwande diente. Niemand könnte dann hindern, dass nicht Deutschland als Deutschland auch ein erobernder Staat würde, was kein echter Deutscher wollen kann; da man bis jetzt wohl weiß, welche bedeutenden Vorzüge in geistiger und wissenschaftlicher Bildung die deutsche Nation, solange sie keine politische Richtung nach außen hatte, erreicht hat, aber es noch unausgemacht ist, wie eine solche Richtung auch in dieser Rücksicht wirken würde.«[194]

Besonderen Wert legte Humboldt während des Wiener Kongresses darauf, dass innerhalb des Deutschen Bundes ein *Bundesgericht* vorgesehen wird, das nicht nur über Streitigkeiten zwischen den deutschen Staaten, sondern auch über Verfassungsbeschwerden der Stände und sogar der Bürger gegen ihre Regierungen entscheiden sollte.[195] Dadurch sollte einer Verletzung der verfassungsmäßigen Rechte der Bürger und Stände durch ihre Landesfürsten und Regierungen entgegengewirkt werden. Leider scheiterte dieser Versuch, schon damals ein solches Bundesverfassungsgericht einzurichten, am Widerstand Bayerns, das in der letzten Sitzung am 8. Juni 1815, als die Deutsche Bundes-Akte angenommen wurde, noch seine Streichung durchsetzte.[196]

So wollte Humboldt einerseits für eine Befriedung und damit Humanisierung des zwischenstaatlichen Lebens in Europa wirken, andererseits auch eine humane und gerechte Behandlung der Bürger innerhalb der einzelnen, ansonsten souveränen deutschen Staaten gewährleisten.

Humanisierung des Staates durch Differenzierung der Staatsverfassung

Ein wesentliches Prinzip zur Humanisierung des Staatslebens war für Humboldt, bei der Gestaltung der Staatsverfassung die Verschiedenheiten der Nationalcharaktere zu berücksichtigen. Völlig ablehnend stand er Versuchen gegenüber, eine ideale Staatsverfassung theoretisch auszudenken und diese ohne Rücksicht auf die historisch gewachsenen Einrichtungen zu verwirklichen. Dies war seine Hauptkritik, die er schon 1791 in seinen »Ideen zur Staatsverfassung« gegenüber der Französischen Revolution zum Ausdruck gebracht hatte, indem er sagte: »Staatsverfassungen lassen sich nicht auf Menschen wie Schösslinge auf Bäume pfropfen. Wo Zeit und Natur nicht vorgearbeitet haben, da ist's, als bindet man Blüten mit Fäden an. Die erste Mittagssonne versengt sie.«[197]

Das gleiche Prinzip leitete ihn auch bei seinen späteren Arbeiten über die deutsche Verfassung. So schrieb er zum Beispiel in seiner Denkschrift über die deutsche Verfassung vom Dezember 1813: »Bei Bestimmung der Rechte der Stände müssen gewisse Grundsätze, als allgemein durch ganz Deutschland geltend, angenommen werden; im Übrigen aber muss die Verschiedenheit eintreten, welche die ehemalige Verfassung der einzelnen Länder mit sich bringt. Eine solche Verschiedenheit ist nicht allein durchaus unschädlich, sondern sie ist notwendig, um in jedem Lande die Verfassung genau an die Eigentümlichkeit des Nationalcharakters anzuschließen. Die der neuesten Zeit sehr eigne Methode, allgemeine, theoretisch gebildete Reglements ganzen Ländern vorzuschreiben und dadurch alle Mannigfaltigkeit und Eigentümlichkeit niederzuschlagen, gehört zu den gefährlichsten Missgriffen, die aus einem unrichtig verstandenen Verhältnis der Theorie zur Praxis entspringen können.«[198]

Wie das Verhältnis von *Theorie und Praxis* richtig zu denken ist, hat Humboldt bereits in seinen »Ideen über Staatsverfassung« so ausgesprochen: »Alles unser Wissen und Erkennen beruht auf allgemeinen, d.i. wenn wir von Gegenständen der Erfahrung reden, unvollständigen und halbwahren Ideen; von dem Individuellen vermögen wir nur wenig aufzufassen, und doch kommt hier alles auf individuelle Kräfte, individuelles Wirken, Leiden und Genießen an. Ganz anders ist es, wenn der Zufall wirkt, und die Vernunft ihn nur zu lenken strebt. Aus der ganzen, individuellen Beschaffenheit der Gegenwart – denn diese von uns unerkannten Kräfte heißen uns doch nur Zufall – geht dann die Folge hervor, die Entwürfe, welche die Vernunft dann durchzusetzen bemüht ist, erhalten, wenn auch ihre Bemühungen gelingen, von dem Gegenstande selbst noch, auf den sie angelegt sind, Form und Modifikation. So können sie Dauer gewinnen, so Nutzen stiften. Auf jene Weise, wenn sie auch ausgeführt werden, bleiben sie ewig unfruchtbar. Was im Menschen gedeihen soll, muss aus seinem Innren entspringen, nicht ihm von außen gegeben werden, und was ist ein Staat, als eine Summe menschlicher wirkender und leidender Kräfte?«[199]

Humboldt hatte schon damals klar erkannt, dass die menschliche Vernunft nur dann positiv in die Gestaltung der staatlichen Verhältnisse eingreifen kann, wenn sie die in der jeweiligen individuellen Gegenwart sich bereits offenbarenden Zukunftskräfte zu erfassen und zu entwickeln versucht, nicht hingegen, wenn sie glaubt, ohne Rücksicht auf diese handeln zu können: »Auch fordert jede Wirkung eine gleich starke Gegenwirkung, jedes Zeugen ein gleich tätiges Empfangen. Die Gegenwart muss daher schon auf die Zukunft vorbereitet sein. Darum wirkt der Zufall so mächtig. Die Gegenwart reißt da die Zukunft an sich. Wo diese ihr noch fremd ist, da ist alles tot und kalt. So, wo Absicht hervorbringen will. Die Vernunft hat wohl Fähigkeit, vorhandenen Stoff zu bilden, aber nicht Kraft, neuen zu erzeugen. Diese Kraft ruht allein im Wesen der Dinge, diese wirken, die wahrhaft weise Vernunft reizt sie nur zur Tätigkeit, und sucht sie zu lenken. Hierbei bleibt sie bescheiden stehen.«[200]

In dem abschließenden Kapitel »Anwendung der vorgetragenen Theorie auf die Wirklichkeit« seiner Schrift über die Grenzen der Wirksamkeit des Staates hat er seine Gedanken über das Verhältnis von Theorie und Praxis noch weiter ausgeführt und dabei den wesentlichen Gedanken hinzugefügt, dass man so viel wie möglich »jede Reform von den Ideen und den Köpfen der Menschen ausgehen« lassen sollte und dass es möglich sei, »auf den Geist und den Charakter der Menschen zu wirken«. Sonst könnte man »zwar vielleicht die äußere Gestalt der Dinge, aber nie die innere Stimmung der Menschen umschaffen, und diese würde wiederum sich in alles Neue übertragen, was man gewaltsam ihr aufgedrungen hätte«.[201]

Bei der Entwicklung seiner Staatsidee war Humboldt, wie er bereits 1792 schrieb, von »der *Ehrfurcht für die Individualität selbsttätiger Wesen* und der aus dieser Ehrfurcht entspringenden *Sorgfalt für die Freiheit*« durchdrungen. Er hat sich dabei »von der tiefsten Achtung für die innere Würde des Menschen und die Freiheit beseelt gefühlt, welche allein dieser Würde angemessen ist«.[202] Von dieser Achtung war er auch bei der weiteren Ausgestaltung seiner Staatsidee sowie bei ihrer Anwendung während seines staatsmännischen Wirkens erfüllt. So können uns Humboldts Ideen über den Staat und die Art seines Wirkens für eine Verwirklichung dieser Ideen auch heute noch wegweisend sein für ein zukunftsorientiertes Streben nach Humanisierung des staatlichen Lebens.

Die Weiterentwicklung der Ideen Humboldts durch Rudolf Steiner

Wilhelm von Humboldts Schrift über die Grenzen der Wirksamkeit des Staates war Rudolf Steiner bekannt, und er hat wiederholt in positiver Weise darauf hingewiesen. So bereits in einem Vortrag vom 13. Januar 1917, also bevor er selbst die Idee der »Dreigliederung des sozialen Organismus« entwickelt hatte.[203] Man kann deshalb annehmen, dass er zu dieser Idee durch die Lektüre der Humboldt'schen Schrift mit angeregt worden ist.

Steiner hat seine Idee erstmals im Sommer 1917 in Berlin in mehr als drei Wochen tagtäglichen stundenlangen Gesprächen mit Otto Graf Lerchenfeld entwickelt und erörtert, an denen eine Zeit lang auch Ludwig Graf Polzer-Hoditz aus Wien teilnahm. Im Anschluss daran hat er dann auf Bitte von Graf Lerchenfeld zwei Memoranden verfasst, die als »mitteleuropäisches Programm« der Propaganda gegen die Mittelmächte seitens der Entente entgegengestellt werden sollten und die anschließend an führende Persönlichkeiten in Deutschland und Österreich herangetragen wurden.[204] Im ersten dieser Memoranden sprach Steiner von der unnatürlichen Vermischung der politischen, wirtschaftlichen und allgemein-menschlichen Interessen und stellte dar, wie die politischen Verhältnisse den »gesunden Konservativismus im Sinne der Erhaltung und des Ausbaues der historisch gewordenen Staatsgebilde« fordern, wie die wirtschaftlichen Verhältnisse den »gesunden« Opportunismus und wie die allgemein-menschlichen Verhältnisse zu ihrer Grundlage die individuelle Freiheit des Menschen fordern. Er spricht von einer »Dreigliedrigkeit der Staatsstruktur« und betont, ähnlich wie Wilhelm von Humboldt in seiner Schrift über die Grenzen der Wirksamkeit des Staates, dass alle Formen der Staatsstruktur fähig sind, die Menschenbefreiung durchzuführen und dass die bloße Frage nach dem Parlamentarismus nichts an den Verhältnissen ändert, die ins damalige Chaos geführt haben. »Für Mitteleuropa gilt, auch wenn Parlamentarismus herrschen soll, ein solcher, in dem die politischen, die wirtschaftlichen und die allgemein-menschlichen Verhältnisse unabhängig voneinander in Gesetzgebung und Verwaltung sich entfalten, und so sich gegenseitig stützen, statt sich in ihren Wirkungen nach außen zu verstricken und in Konfliktstoffen sich zu entladen.«[205]

Im zweiten, auf die österreichischen Verhältnisse abgestimmten Memorandum konkretisiert Steiner diese »Dreigliedrigkeit der Staatsstruktur«, indem er ausführt, dass Gegenstand einer demokratischen Staatsvertretung nur die rein politischen, die militärischen und die polizeilichen Angelegenheiten sein können, was in Übereinstimmung mit Humboldts Auffassung ist, dass der Staat nur für die innere und äußere Sicherheit zu sorgen hat. Von den wirtschaftlichen Angelegenheiten sagt Steiner, dass sie in einem besonderen Wirtschaftsparlament geordnet werden sollten, während Humboldt an eine vertragliche Ordnung des Wirtschaftslebens durch »Nationalanstalten« dachte. Alle juristischen, pädagogischen und geistigen Angelegenheiten sollen nach Steiner in die Freiheit der Person gegeben werden. Der Staat soll auf diesem Gebiet nur das Polizeirecht haben. »Der Staat überlässt es den sach-, berufs- und völkermäßigen Korporationen, ihre Gerichte, ihre Schulen, ihre Kirchen usw. zu errichten. Und er überlässt es dem Einzelnen, sich seine Schule, seine Kirche, seinen Richter zu bestimmen. Natürlich nicht etwa von Fall zu Fall, sondern auf eine gewisse Zeit.«[206]

Für die Regelung der gemeinsamen Angelegenheiten der drei Bereiche, zu denen zum Beispiel die gemeinsamen Finanzen gehören, sieht Steiner noch eine Art Senat vor, »gewählt aus den drei Körperschaften, welchen die Ordnung der politisch-militärischen, wirtschaftlichen und juristisch-pädagogischen Angelegenheiten obliegt«.[207]

Man sieht, dass Steiner im vollen Einklang mit Wilhelm von Humboldt die Freiheit des Schulwesens und des religiösen Lebens vom Staate fordert, aber in Bezug auf die Rechtsprechung über Humboldt hinausgeht, indem er diese nicht als Aufgabe des Staates ansieht, sondern die Richter, ähnlich wie in England, aus Korporationen hervorgehen lassen will.[208]

In seiner im April 1919 entstandenen Schrift »Die Kernpunkte der sozialen Frage in den Lebensnotwendigkeiten der Gegenwart und Zukunft« hat Steiner dann statt von einer »dreigliedrigen Staatsstruktur« von der Notwendigkeit einer »Dreigliederung des sozialen Organismus« in ein selbstständiges Wirtschaftsleben, in das eigentliche Staatsleben und in das sich selbst verwaltende Geistesleben gesprochen.[209] Während Humboldt sagt, dass der Staat sich aller Sorgfalt für das physische und moralische Wohl seiner Bürger zu enthalten hat, entwickelt Steiner diese Gedanken weiter, indem er sich für eine vollständige Selbstverwaltung des gesamten geistig-kulturelle Lebens einsetzt. Für das Wirtschaftsleben hat er den Gedanken einer Ordnung durch ein Wirtschaftsparlament offenbar aufgegeben und entwickelt unabhängig von Humboldt dessen Gedanken einer vertraglichen Zusammenarbeit in Nationalanstalten weiter, indem er die Möglichkeit und Notwendigkeit einer Regelung des Wirtschaftslebens durch eine vertragliche Zusammenarbeit der Verbände der Produzenten, Händler und Verbraucher in Assoziationen darstellt.[210]

Übereinstimmend mit Humboldt hat Steiner nicht nur die Befreiung des Schulwesens vom Staat als Voraussetzung für eine freie Menschenbildung gefordert, sondern auch wie dieser ausgehend vom Ideal einer möglichst umfassenden und harmonischen Entwicklung aller im Menschen veranlagten Kräfte eine neue Pädagogik entwickelt.[211] Als Grundlage für diese Pädagogik hat er für die Lehrer der ersten Freien Waldorfschule einen Kurs über »Allgemeine Menschenkunde« gehalten, in dem er seine Erkenntnis der Dreigliederung des Menschenwesens in ein Nerven-Sinnes-System, in ein rhythmisches System und in ein Stoffwechsel-Gliedmaßen-System[212] darstellt. Dabei betrachtet er, wie von Humboldt angestrebt, das Wesen des Menschen vom seelischen, vom geistigen und vom physischen Standpunkt aus.[213] Diese Menschenkunde ist eine wesentliche Weiterentwicklung und Vertiefung des Menschenbildes von Wilhelm von Humboldt.[214] Ebenso wie diesem geht es Rudolf Steiner nicht nur um eine Entwicklung der intellektuellen Kraft, sondern vor allem um die Gemüts- und Willenserziehung. Dabei bleibt er nicht bei einer abstrakten Forderung nach einer solchen Erziehung stehen, sondern gibt über Humboldts Vorschläge hinaus ganz konkrete Hinweise, wie diese erfolgen kann. Vor allem weist er auch auf die besondere Bedeutung des künstlerischen Unterrichts hin.[215] Wie Humboldt betont er, wie wichtig es ist, die verschiedenen Altersstufen des Kindes bei der inhaltlichen und methodischen Gestaltung des Unterrichts zu berücksichtigen, wobei er aus seiner Erkenntnis der kindlichen Entwicklung über Humboldts mehr allgemeine Gesichtspunkte hinaus konkrete, weiterführende Hinweise für die Unterrichtsgestaltung gibt.[216]

Während es Humboldt wegen seines frühen Ausscheidens als Leiter der Sektion für Kultus und öffentlichen Unterricht nicht möglich war, seine Zielsetzungen vollständig und dauerhaft zu verwirklichen, konnte Steiner seine Schulidee und Pädagogik im Jahre 1919 in der Freien Waldorfschule in Stuttgart als erster nichtstaatlicher, selbstverwalteter Schule mit eigenem Lehrplan realisieren und diese als Leiter bis zu seiner Erkrankung im Herbst 1924 weiter ausbauen. In dieser Schule als einheitlicher Volks- und Höherer Schule wurde der Gedanke einer allgemeinen und einheitlichen Menschenbildung, die sich nicht an der sozialen und beruflichen Herkunft, sondern am Wesen des Kindes und seiner stufenweisen Entwicklung orientiert, in einer Weise in die Tat umgesetzt, die der Humboldt'schen Idee der differenzierten Einheitsschule weitgehend entspricht. Die Schulidee und Pädagogik Steiners hat sich trotz mancherlei Kritik, Anfeindungen und Widerständen und dem Verbot während des Hitler-Regimes zu einer weltumspannenden Schulbewegung ausgebreitet, sodass es heute rund 900 Waldorfschulen in allen Erdteilen gibt.[217]

Mit Fragen des Universitätsunterrichts hat sich Rudolf Steiner schon in den Jahren 1898/99 in verschiedenen Aufsätzen kritisch auseinandergesetzt. Ebenso wie Wilhelm von Humboldt sieht auch er die Notwendigkeit einer grundlegenden Reform des Hochschulwesens. So wie Humboldt sich gegen ein Zerreißen der wissenschaftlichen Universität in lauter Spezialschulen ausspricht, betont Steiner die Notwendigkeit, »die heute abgesondert bestehenden technischen, landwirtschaftlichen Hochschulen, Kunstakademien usw.« den Universitäten anzugliedern. Denn nur eine solche einheitliche Hochschule für alle Berufe kann »das Abbild, den Mikrokosmos der Gegenwartskultur bieten«.[218] Steiner betont allerdings stärker als Humboldt die Aufgabe der Hochschule, den Menschen »für einen bestimmten, frei gewählten Beruf vorzubereiten«.[219]

Doch weist er auch darauf hin, dass diejenigen, die eine bestimmte Hochschulausbildung absolviert haben, danach in Berufen stehen, die mehr erfordern als nur das für diesen Beruf erlernte Spezialwissen, da sie in Dingen mitzureden haben, in denen eine ganz andere Bildung erforderlich ist als die ihres Faches. So zeigt er am Beispiel eines Maschinenbauers, dass dessen soziale Stellung »gewisse Kenntnisse in Geschichte, Philosophie, Statistik, Nationalökonomie usw.« erfordere. Er sieht deshalb die Aufgabe, dem Hochschüler neben seiner Berufsbildung auch eine entsprechende *allgemeine höhere Bildung* zu geben, die jedoch nicht in Studienplänen verbindlich vorgeschrieben werden soll. Vielmehr sollen die Studenten die Möglichkeit erhalten, sich diese Kenntnisse nach freier Wahl anzueignen. Dazu schlägt Steiner vor, neben den Fakultäten für die Berufswissenschaften eine *Fakultät für allgemeine Bildung* einzurichten, »in welcher der Student alles das finden kann, was er zur Ergänzung seines speziellen Berufsstudiums braucht«.[220] Ganz allgemein hält Steiner es wie Humboldt für eine persönliche Sache jedes Studenten, wie er sich nach seiner Berufswahl und seinen persönlichen Bedürfnissen und Neigungen in den Organismus der Hochschule eingliedert. Er tritt also wie Humboldt für völlige Freiheit bei der Gestaltung des Studiums ein.

Für die Entwicklung des Hochschulwesens hält er es auch für gefährlich, eine allgemeine Hochschulpädagogik nach dem Muster der Schulpädagogik schaffen zu wollen, und spricht sich gegen Schulmeisterei aus, die zum Beispiel für die Philosophie eine Schablone aufstellen möchte, nach der sie unterrichtet werden soll. Die Studenten wollen Hochschullehrer erleben, »die sich geben, wie ihre Persönlichkeit und ihre Wissenschaft es von ihnen verlangen, und die ihre Natur nicht in Unterrichtsregeln einschnüren«.[221] Dazu ist allerdings notwendig, dass die Hochschullehrer unabhängig von den Interessen des Staates das bekennen können, was ihnen ihre Wissenschaft als Resultat geliefert hat. »Aller Fortschritt der Wissenschaft hängt an der Lehr- und Lernfreiheit.«[222]

So wie Humboldt das »Kollegienhören als Nebensache« betrachtet und das Wesentliche für ihn ist, dass der Student vor dem Eintritt ins Berufsleben sich eine Reihe von Jahren gemeinsam mit anderen und unter der Anleitung durch erfahrene Hochschullehrer dem wissenschaftlichen Forschen und Nachdenken widmet[223], sagt auch Steiner, »dass vieles von dem, was heute auf dem Katheder gesagt wird, einfacher und bequemer aus den bestehenden Handbüchern zu gewinnen ist« und dass es vor allem auf das *Erleben der Persönlichkeit* der Universitätslehrer ankommt. Denn »nichts wirkt auf den Menschen mehr, als eben die Persönlichkeit«. Deshalb soll der Schwerpunkt des Universitätsunterrichts in der persönlichen Anregung durch die Lehrer liegen. Auch empfindet er es als Fessel, wenn die Teilnahme an praktischen Übungen und Seminaren verbindlich vorgeschrieben wird. »Man kann praktische Übungen abhalten für diejenigen, die sie brauchen, aber man mache sie nicht denjenigen zur Pflicht, die den Anforderungen des Examens auch ohne sie entsprechen.« Nach Steiners Überzeugung hindern sie den besseren Geist an der Entfaltung seiner Individualität und bewirken eine Verkümmerung seiner Selbstständigkeit. Bei den Prüfungen sollte man nicht fragen, »was jemand während seiner Studienzeit getrieben hat, sondern was er leisten kann«.[224]

Ähnlich wie Humboldt, der sich während seines Studiums mit der Philosophie Kants und mit der von Friedrich Heinrich Jakobi sowie mit der Erkenntnismethode Goethes auseinandergesetzt hatte und sich dadurch Klarheit über seine eigene Wissenschaftsmethode verschaffte[225], hält Steiner es im Rahmen der allgemeinen höheren Bildung für notwendig, dass die Spezialstudien auf den Universitäten und Hochschulen »auf einer allgemeinen *philosophischen Grundlage* erbaut werden«.[226] Auch soll alles Einzelwissen »im Zusammenhange mit den gemeinsamen Zielen alles Erkennens betrachtet« und »als Grundlage aller speziellen wissenschaftlichen Ausbildung eine Summe philosophischer Erkenntnisse geboten« werden. Hier denkt Steiner an die Logik und an die Psychologie sowie an »gewisse allgemeine Zweige der Philosophie überhaupt«.[227] Dabei hat er wahrscheinlich vor allem die Erkenntnistheorie und die Freiheitsphilosophie sowie eine über die übliche Psychologie hinausgehende umfassende Menschenkunde im Auge.[228] Diese philosophische Grundlage soll ermöglichen, die Absichten des geistigen Strebens zu verstehen und das einzelne Wissen im Zusammenhange mit der ganzen Kulturentwicklung zu sehen.[229]

Die von Humboldt angestrebte umfassende Anthropologie, welche den Menschen nicht nur als leibliches Wesen, sondern als geistig-seelisch-leibliche Einheit betrachtet[230], und die er als Grundlage für ein vertieftes Verständnis der einzelnen Wissenschaftsgebiete für erforderlich hielt[231], wurde von Rudolf Steiner in vielen Einzelheiten entwickelt und führte zu einer Erweiterung verschiedener Wissenschaftsgebiete und ihrer Praxis wie insbesondere in der Pädagogik und Heilpädagogik, in der Medizin und in der Landwirtschaft. Da Humboldt eine idealische Entwicklung des einzelnen Menschen und der Nationen anstrebte mit dem Ziel, die Idee bzw. das Ideal der Menschheit zu verwirklichen[232], kann man davon ausgehen, dass auch er wie Steiner es als Aufgabe eines universitären philosophischen Grundstudiums ansehen würde, den Studenten den Sinn des geistigen Strebens im Hinblick auf die Kultur- und Menschheitsentwicklung zu vermitteln. Steiner hat allerdings dieses von Humboldt ideell erfasste bzw. geahnte

Ziel aufgrund seiner geisteswissenschaftlichen Forschungen sehr viel konkreter und umfassender dargestellt.[233]

Humboldts Auffassung, dass die Wissenschaft nicht durch Sammeln extensiv aneinandergereiht werden kann, sondern aus der *Tiefe des Geistes* heraus geschaffen werden muss, und dass sie als ein noch nicht ganz Gefundenes und nie ganz Aufzufindendes zu betrachten ist[234], entspricht Steiners Erkenntnispraxis. Was Humboldt als Einsicht in die »reine Wissenschaft« und in die »Einheit der Wissenschaft« anstrebte, die nur durch einen »Selbst-Aktus im eigentlichsten Verstande«[235], das heißt durch eigene innere Erkenntnisarbeit zu erreichen ist, hat Steiner in seinem jahrzehntelangen Erkenntnisringen weitgehend erreicht. Auch hat er Methoden entwickelt, die zu einer wesentlichen Erweiterung und Vertiefung der Wissenschaft im Sinne einer konkreten Erkenntnis des den gewöhnlichen Sinnen und dem Verstande verborgenen Geistigen führen können.[236] Seine geisteswissenschaftlichen Forschungsergebnisse ermöglichen es, in umfassender Weise zu einer Einsicht in die Einheit der Wissenschaft zu gelangen. Aus ihnen kann ersehen werden, wie alle Wissenschaftsgebiete in einem innerlich begründeten Zusammenhang stehen.

So ist nach Steiners mit Humboldt übereinstimmender Überzeugung nicht nur eine organisatorische Reform der Universität, sondern vor allem eine Erweiterung und Vertiefung der Wissenschaften notwendig, die davon ausgeht, dass »die Sinnlichkeit Hülle des Geistigen und das Geistige belebendes Prinzip der Sinnenwelt« ist. Das setzt eine Erkenntnismethode voraus, welche im Sinne Humboldts und Goethes anstrebt, die »Physiognomik der Natur« zu studieren und diese als »Ausdruck des Unsinnlichen im Sinnlichen« zu erfassen. Während Humboldt allerdings vor allem an das Erfahren des Geistigen in sich und in anderen Menschen denkt, indem er vom »letzten Streben alles unseres menschlichsten Bemühens« sagt, dass es »auf das Entdecken, Nähren und Erschaffen des einzig wahrhaft Existierenden, obgleich in seiner Urgestalt ewig Unsichtbaren, in uns und anderen gerichtet ist«[237], hat Steiner diese Methode, ebenfalls anknüpfend an Goethe, so weit vertieft, dass er das Geistige nicht nur im Menschen, sondern in allen Naturerscheinungen zu erkennen vermochte, was bei voller Anerkennung der Forschungsergebnisse der Natur- und Geisteswissenschaften seiner Zeit zu vielseitigen Anregungen für eine Erweiterung und Vertiefung zahlreicher Wissenschaftsgebiete geführt hat.

Leider war es Steiner nicht möglich, eine nach seinen Ideen gestaltete Universität als Berufsausbildungsstätte zu begründen, die auch dem Ideal Humboldts entsprochen hätte. Der Hauptgrund dürfte darin gelegen haben, dass ihm nicht genügend dafür geeignete Hochschullehrer zur Verfügung standen und dass auch die Rechtslage damals eine Gründung freier Hochschulen wahrscheinlich nicht zugelassen hätte. Die geistigen Grundlagen für eine solche Hochschule hat Steiner jedoch in seinem gesamten Lebenswerk und insbesondere in seinen zahlreichen Hochschulkursen geschaffen.[238] Gegen Ende seines Lebens im Laufe des Jahres 1924 hat er aber wesentliche Schritte getan, die zur Begründung einer Freien Hochschule für Geisteswissenschaft in Dornach in der Schweiz führten. Diese umfasst eine Reihe von wissenschaftlichen und künstlerischen Sektionen und dient einerseits der Entwicklung der erweiterten Erkenntnisfähigkeiten und andererseits der Erforschung der geistigen Grundlagen der verschiedenen Wissenschafts- und Lebensgebiete.[239] Es steht zu hoffen, dass es auf der Grundlage der Arbeit dieser Hochschule mit der Zeit möglich werden wird, eine die verschiedensten Wissenschafts- und künstlerischen Gebiete umfassende Hochschule nicht nur als Forschungs-, sondern auch als Ausbildungsstätte einzurichten.

Zusammenfassend lässt sich somit feststellen, dass Rudolf Steiner die außerordentlich fruchtbaren und auch heute noch bedeutsamen Ideen Humboldts erheblich erweitert und vertieft und damit einen wesentlichen Beitrag zu einer positiven Weiterentwicklung des Hochschulwesens sowie des gesamten kulturellen, politisch-staatlichen und wirtschaftlichen Lebens geleistet hat.

Zur Kritik des Humanismus und des humanistischen Bildungsideals

Die Humanismuskritik von Heinrich Weinstock

Das Ideal des Humanismus und das humanistische Bildungsideal sind seit der Zeit des deutschen Idealismus in vielfältiger Weise kritisiert und infrage gestellt worden. Es kann sich im Rahmen dieser Arbeit über Wilhelm von Humboldt nicht darum handeln, die Geschichte der Humanismuskritik seit Humboldts Zeiten darzustellen. Es soll jedoch zu einigen Kritikern des Humanismus Stellung genommen werden.

Ein solcher Kritiker, der vom Menschen- und Weltverständnis Luthers ausgeht, ist Heinrich Weinstock (1889–1960). Seine Skepsis gegenüber dem Humanismus hat er in seinem Werk »Die Tragödie des Humanismus« vertreten.[240] Für ihn umfasst der Begriff »Humanismus« außerordentlich unerschiedliche Weltanschauungen: den Humanismus des griechischen Altertums, den christlichen Humanismus eines Erasmus, den Humanismus von Rousseau, den des deutschen Idealismus und schließlich auch den von Karl Marx. Als Grundaxiom jeder humanistischen Anthropologie fasst er zusammen: »Der Mensch ist das Wesen, das erst und nur im Transzendieren seiner selbst sich ergreift. Menschsein geschieht nur im Menschwerden und vollzieht sich als Bildung, die auf den wahren Menschen erst hin will.«[241] Diese Fähigkeit spricht Weinstock dem Menschen radikal ab. Grundlage seiner Argumentation ist vor allem »das lutherische natürliche Menschen- und Weltverständnis«, das er der »Anthropologie des Erasmus« entgegenstellt, einer Menschenlehre, »die aus dem Glauben an den Menschen und sein Vermögen der Freiheit zum Guten entworfen ist«.[242] Aus dem lutherischen Menschen- und Weltverständnis hingegen folge: »Nicht auf dem freien Willen beruht die wirklich mögliche Bildung des Homo sapiens zum Homo humanus; im Gegenteil, es gibt keinen tödlicheren Feind der Humanität als den freien Willen des Erasmus. Ihre einzige, ihre wahre und große Aussicht hat Humanität vermöge des Willens, der sich als Knecht eines Unbedingten bekennt, über das er nicht verfügen kann. Mit anderen Worten: Der Wille zur Selbstbehauptung muss, aus Einbildung entsprungen, den Menschen um seine Wahrheit bringen, muss ihn also entmenschen. Nur der Wille, der sich dem Unbedingten unterwirft, vermag den Menschen wahrhaft frei zu machen [...].«[243] Ausgangspunkt ist für Weinstock mit

Luther die Erbsünde des Menschen, »die Schuldhaftigkeit der menschlichen Natur«.[244] Danach liege die Verderbnis nicht im Fleische; »sie liegt vielmehr in den hervorragendsten Teilen des Menschen, nämlich in der Vernunft und im Willen, eben im Vermögen der Willensfreiheit, in den Keimen des Guten, im dem Besten, was der Mensch hat«. So verwandle sich diese göttliche Mitgift »unversehens in ein teuflisches Gift, wenn der Mensch sein ganzes Heil von ihm erwartet«.[245]

Damit stellt sich Weinstock auf den Boden von Luthers »Bekenntnis der Nichtigkeit des Menschen, das heißt der Blindheit seiner Vernunft und der Ohnmacht seines Willens«.[246] Er sieht den Menschen so tief im Sumpf versunken, »dass seine besten Kräfte ihm nicht heraushelfen können, weil auch sie im Sumpf stecken«.[247] In seinem Buch »Realer Humanismus« geht Weinstock sogar so weit, dass er die Unmenschlichkeiten des 20. Jahrhunderts als Folge des »ungebrochenen Humanitätsglaubens« sieht. »Die Ungeheuerlichkeiten unserer Zeit, von denen die christlichen wie die unchristlichen Humanisten sich mit Abscheu abwenden, konnten schließlich nur geschehen, weil die abendländische Menschheit so lange schon die tragische Ungeheuerlichkeit des Menschen nicht mehr wahrhaben wollte.«[248]

Weinstock will damit jedoch nicht jeglichen Humanismus als Täuschung hinstellen. Dem Menschen in seiner Gottesferne sei zwar die Transzendenz unerreichbar fern. Aber er sieht dennoch einen sehr zarten, aber doch lebendigen Keim eines wahren und wirklichen Humanismus in dem »Drang zum Transzendieren in ihm, der ihn nie mit dem gemein, dem verächtlich Menschlichen sich abfinden, sondern ihn ins Menschlichere, das heißt zum Göttlichen sich recken lässt«.[249] Voraussetzung für diesen »realen Humanismus« ist jedoch für Weinstock unter Berufung auf Luther, dass der Mensch seine Knechtschaft (gegenüber Gott) eingesteht und gerade dadurch seinen Willen frei macht. »Jegliche humanen Bemühungen vermögen nur wahrhaft gute Frucht zu tragen, wenn sie in einem gebrochenen Freiheitsbewusstsein getan werden und nicht aus der Selbstherrlichkeit des freien Willens.«[250] Weinstock versucht zwar, die Anthropologie Luthers »aus der theologischen Verklammerung herauszulösen«[251], argumentiert aber letztlich mit den theologischen Aussagen Luthers.

Auf Humboldt geht Weinstock nur kurz ein, wobei er sich nicht im Einzelnen mit dessen Bildungsideal auseinandersetzt. Von seiner Grundauffassung von der Sündhaftigkeit und Nichtigkeit des Menschen her kritisiert er an Humboldts Persönlichkeit, dass er seinen Humanismus ganz allein auf die Person gründe, »die die Welt nur braucht, um sich zur Persönlichkeit zu gestalten«; er stehe Goethes Entelechiegedanken am nächsten. Er habe »dasselbe Vertrauen zur Unzerstörbarkeit des individuellen Geistes, aber auch dieselbe Überzeugung, dass die Unsterblichkeit verdient sein will«. In der Äußerung Humboldts: »Die Erde ist ein Prüfungs- und Bildungsort zu Höherem und Besserem, man muss hier die Kraft gewinnen, das Überirdische zu fassen«, sieht Weinstock die kalte Glut einer feinsten Selbstsucht; und er glaubt, einen Zug von Hochmut zu erkennen, wenn Humboldt als seine innerste Überzeugung ausspricht: »Es gibt eine geistige Individualität, zu der aber nicht jeder gelangt, und diese, als eigentümliche Geisteshaltung, ist ewig und unvergänglich. Was sich nicht so zu gestalten vermag, das mag wohl in das allgemeine Naturleben zurückkehren.«[252] Weinstock versteigt sich sogar dahin, dass er in dieser Aussage Humboldts eine »Tonart von Menschenverachtung« sich äußern sieht.[253]

Die Beurteilung des Humanismus durch Weinstock ist Folge seines pessimistischen Menschenbildes. Es geht ihm darum, schwarz sehen zu können und das Elend des Menschen nicht zu verkennen.[254] Wenn man das biblische Bild des Sündenfalls und der Vertreibung aus dem Paradies als Bild für eine reale Tatsache der Menschheitsentwicklung zu sehen vermag, so kann man nachvollziehen, dass der Mensch dadurch seine Verbindung mit der göttlichen Welt verloren hat und in die Lage gekommen ist, Böses zu tun. Man sollte diese Entwicklung jedoch nicht nur negativ sehen. Verbunden mit der »Vertreibung aus dem Paradies« ist die Tatsache, dass der Mensch die Möglichkeit erlangt hat, das Gute zu erkennen und sich in Freiheit für das Gute zu entscheiden. Zweifellos steht die Menschheit heute in einer unerbittlichen Auseinandersetzung mit dem Bösen und damit in einer gewaltigen Prüfung. Auch kann man eine große Tragik darin sehen, dass so viele Menschen heute fähig sind, grauenvolle Taten des Bösen zu vollbringen. Es ist jedoch eine verhängnisvolle Verkennung der Realität, wenn man, wie Weinstock, diese Tatsache auf den Humanismus zurückführt. Gewiss verkennt Rousseau in seinem Glauben an das Gute im Menschen die Realität und Macht des Bösen. Und Karl Marx lebt in einer Illusion, wenn er glaubt, dass der Mensch sich zum Guten entwickelt, wenn die materiellen Produktionsverhältnisse sozialistisch umgestaltet werden. Diese Formen des »Humanismus« dürfen nicht vermengt werden mit dem Humanismus der deutschen Idealisten.

Heute ist es notwendig, an diesen Idealismus anzuknüpfen und den Glauben an den Menschen und seine Bildungsfähigkeit zu stärken. Der freie Wille des Menschen ist nicht »der tödliche Feind der Humanität«. Weinstock widerspricht sich selbst, wenn er in Vernunft und Willen, in der Willensfreiheit den Keim des Guten und das Beste sieht, was der Mensch als göttliche Mitgift hat. Die Vernunft ist nicht blind und der Wille nicht ohnmächtig, wenn der Mensch seine Vernunft bewusst entwickelt und seinen Willen stetig schult. Es kann sich nicht darum handeln, den freien Willen zu brechen, sondern an den »Drang zum Transzendieren, der zum Göttlichen sich reckt«, anzuknüpfen, den Weinstock auch als den Keim eines wahren Humanismus ansieht. Die göttliche Welt hat den Menschen in die Freiheit entlassen. Sie will nicht, dass der Mensch sich ihr knechtisch unterwirft, sondern dass er sich ihr und damit dem Guten als freie Individualität wieder zuwendet. Ein wahrer Humanist ist nur derjenige, der eine höhere Welt anerkennt und davon durchdrungen ist, dass der Mensch sich in Freiheit mit dieser Welt verbinden und aus ihr seine Impulse des Guten und Menschlichen schöpfen kann.

Theodor Litts Kritik am Humanismus

Eine völlig andere Kritik am Humanismus übt Theodor Litt (1880–1962) in seinem Buch »Das Bildungsideal der deutschen Klassik und die moderne Arbeitswelt«. Ausgangspunkt ist für ihn, dass die Grundvorstellungen, die sich im klassischen Bildungsideal vereinigten, »alle die grundstürzenden Wandlungen überdauerten, die die seitdem verflossenen anderthalb Jahrhunderte über unser Volk gebracht haben – ja, dass auch heute noch, in einer um ihre totale Neugestaltung ringenden Welt, die pädagogische Meinungsbildung sich weithin an den Gedanken meint orientieren zu sollen, in denen die Generation eines Wilhelm von Humboldt ihr bildnerisches Wollen ausgesprochen fand«.[255] Die im Begriff des klassischen Bildungsideals enthaltene Idee der Humanität umfasst für Litt »die einzige Bestimmung des Menschen, sich zum Menschen zu ›bilden‹« mit der Konsequenz, »dass alle Inhaltlichkeit des geistig-geschichtlichen Lebens, alles, was dies Leben an Erfahrungen und Forderungen an den Menschen heranträgt, letztlich unter dem Gesichtspunkt zu bewerten sei, was es zu seiner Menschwerdung beitrage [...].« Dieser »anthropozentrische« Zug der Humanitätsidee trete uns in letzter Zuspitzung überall da entgegen, »wo die Gesamtheit der Kulturgehalte sich geradezu zu ›Mitteln‹ für den ›Zweck‹ der Menschwerdung muss herabsetzen lassen«.[256]

Der Humanitätsidee »in dieser extremen, [...] durch Wilhelm von Humboldt gelehrten und gelebten Gestalt« stellt Litt die andere geschichtliche Bewegung gegenüber, die mit der mathematischen Naturwissenschaft und der mit ihr verbundenen Technik heraufgekommen ist. In dieser Wissenschaft entleert und formalisiert sich die Natur, die das menschliche Gemüt mit ihrem unerschöpflichen Qualitätenreichtum und unausdenkbarer Bedeutungsfülle als sich ausbreitendes Ganzes anspricht, zu einem »Gefüge mathematisch-quantitativer Relationen«.[257] Der ursprüngliche Umgang des Menschen mit seinesgleichen und mit der außermenschlichen Natur, durch den er nicht bloß als denkender Intellekt, sondern in der Totalität seines sinnlich-unsinnlichen Wesens in Anspruch genommen wird, setzt ihn nicht der Gefahr aus, »durch dieses Gegenüber in seinem personalen Sein überwältigt, erdrückt, ausgelöscht zu werden«. Auch wird er durch das »im totalen Einsatz seines Menschentums« aus dem naturgegebenen Stoff Geschaffene »in dem, was er selbst ist, nicht verleugnet oder verdrängt, sondern bestätigt«.[258] Durch die mathematische Naturwissenschaft hingegen wird »alle qualitative Mannigfaltigkeit der Erscheinungen, in denen sie (die Natur) sich dem Menschen zunächst präsentiert, auf Unterschiede von lediglich quantitativer Art« zurückgeführt. Diese »radikale Entqualifizierung« führt zugleich zu einer »radikalen Entsinnlichung und damit zu einer Bedeutungsentleerung«. Mit dieser Verwandlung der dem Menschen begegnenden Natur geht Hand in Hand eine Verwandlung des Menschen. Dieser begegnet ihr nicht mehr in seiner leiblich-seelischen Totalität, die für Litt identisch ist mit dem Menschen in seiner Individualität. An die Stelle dieser individuellen Verbindung des Menschen mit der Natur »tritt die Relation zwischen denkendem Subjekt und zu denkendem Objekt in ihrer physiognomielosen Abstraktheit«. Damit enthüllt sich die Entqualifizierung »als ebenso radikale Endindividualisierung«.

Dieser »Prozess der korrelativen Umgestaltung von Mensch und Natur« hat aber nicht nur Verlust, sondern auch Gewinn gebracht: »ein Wissen um die Natur, das […] durch seine Exaktheit und seine Reichweite alles hinter sich lässt, was dem Umgang abzugewinnen ist« und das »kraft seiner Allgemeingültigkeit ein für alle denkenden Wesen gültiges Wissen ist«. Die Natur nimmt durch die Mathematisierung »die Gestalt eines Ideellen an, das nur durch das unsinnliche, das ›reine‹ Denken erfasst werden kann«. Damit ist sie auf die Form einer von der Praxis abgelösten »reinen« Theorie gebracht.[259] Dies hat zugleich ein neues Verhältnis zwischen Theorie und Praxis zur Folge. Es kann der eine Mensch lediglich forschen, der andere lediglich ausführen, was sich in der Theorie als ausführbar erwiesen hat.[260] Dabei ist für diesen die Kenntnis der wissenschaftlichen Grundlagen seines praktischen Handelns keineswegs Voraussetzung für sachgemäßes Handeln.[261] Auch hat das durch die mathematische Naturwissenschaft hervorgebrachte neue Verhältnis zwischen Theorie und Praxis zur Folge, dass die dem Menschen im Umgang mit der Natur gesetzten Grenzen seines Erkennens und Handelns entfallen. Sowohl die »reine« Theorie als auch die »Theorie der Praxis«, das heißt die Technologie können sich in ihren rein gedanklichen Konstruktionen »von jeder Rücksicht auf das bestimmten Menschen oder Menschenkreisen beschiedene Kräftemaß dispensieren«.[262] Auch die technologische Praxis selbst kann dadurch ihr Aktionsfeld ins Grenzenlose erweitern, indem sie durch die Arbeitsteilung unter eine Vielzahl von handelnden Subjekten aufgeteilt wird und sich zur industriellen Arbeitsordnung fortentwickelt. Damit verliert der einzelne Arbeiter die Möglichkeit, »sich von dem Ganzen, aus dem heraus sich Sinn und Zweck seiner besonderen Leistung bestimmt, eine auch nur einigermaßen zutreffende Vorstellung zu bilden. […] Die Sache hat ihn zu ihrem Sklaven entselbstet.« Dies gilt aber nicht nur für den ans Fließband gebannten Arbeiter, sondern für alle an dem Ganzen des Produktionsprozesses Beteiligten. »Das Schicksal der ›Mechanisierung‹ lässt keinen unberührt.«[263]

Theodor Litt weist nun darauf hin, dass diese Entwicklung bei den auf die Pflege und Wahrung der Humanität Bedachten erhebliche Bedenken hervorrufen muss. Sie schnüre den Menschen in den Panzer einer Gesellschafts- und Wirtschaftsordnung ein, in der dem Drang nach menschlicher Selbstvollendung der Atem ausgehen muss.[264] Litt zeigt an einigen Vertretern der Humanitätsidee der Goethe-Zeit, dass diese schon damals die Vereinseitigung und Verstümmelung der menschlichen Natur durch das Heraufkommen des Maschinen-Zeitalters erkannt und die Humanitätsidee in der Auseinandersetzung mit dieser Entwicklung ausgebildet haben. An Schiller zeigt er, dass dieser den Weg der Geschichte aus der in sich geschlossenen Einheit, die der noch nicht zur Differenzierung fortgeschrittene Grieche erreicht hatte, zu der sich ausfaltenden Vielheit »als eine im Gesamtverlauf der menschlichen Geschichte notwendige und sinnvolle Phase« anerkennt; dass die Menschheit diesen Weg aber nicht geht, um bei der Vielheit stehen zu bleiben, »sondern um durch sie hindurch zu einer höheren, einer aus der Vielheit sich wiederherstellenden und entsprechend reicheren Einheit vorzudringen«.[265] Litt selbst bekennt sich jedoch zu der Auffassung Pestalozzis, dass der Widerspruch zwischen den auf die Menschlichkeit drückenden kollektiven Daseinsmächten und den Ansprüchen der individuellen Existenz des Menschen nicht als eine zu überwindende Phase, sondern als Ausfluss eines »ewigen« Gegensatzes anzusehen sei, der »zur Existenz des Menschen als solche unabtrennbar hinzugehört, der also immer von neuem ausgehalten und durchgekämpft sein muss«.[266]

Ein besonderes Kapitel widmet Litt dem Verhältnis von Mensch und Welt bei Goethe, weil er nach herkömmlicher Darstellung das »Evangelium der Humanität« mit »Rücksicht auf die sich umlagernden Zeitumstände« (das aufkommende Maschinenwesen) so abgewandelt habe, dass die Pädagogik seiner Altersjahre »die Brücke zwischen dem zu Ende gehenden Zeitalter der klassisch-bürgerlichen Kultur und der aufsteigenden Welt der industriellen Gesellschaft« sei. Dazu wird Bezug genommen auf die »den ›Wanderjahren‹ eingefügte Utopie der ›pädagogischen Provinz‹«, in der man die »Versöhnung mit dem Geist einer neuen Zeit meint erblicken zu sollen«. Dabei werden von Litt zwei Grundzüge dieses pädagogischen Gemeinwesens hervorgehoben, »in denen man den Hinweis auf eine veränderte Grundhaltung finden will«: Einerseits werde das der ursprünglichen Humanitätsbewegung selbstverständliche Postulat der »allgemeinen Bildung« nicht nur aufgegeben, sondern nachdrücklich verneint; und andererseits habe Goethe die Hand als Organ der Menschwerdung erkannt, ja gepriesen. Damit trete die Humanität aus den Bezirken des »reinen« Geistes, der »Innerlichkeit« heraus und beziehe die »äußere« Welt in ihre Kreise ein.[267]

Zum ersten »Grundzug« ist zu sagen, dass er auf einem Irrtum beruht. Die Zitate, die Litt bringt, stammen gar nicht aus der »Pädagogischen Provinz«. Den ersten Ausspruch, »Narrenpossen sind eure allgemeine Bildung…«, macht Jarno, der sich Montan nennt, gegenüber Wilhelm Meister, der sich auch als Erwachsener schon lange nur gebildet, aber keinen richtigen Beruf erlernt und ausgeübt hatte. Jarno bestärkt ihn in seinem Vorhaben, sich zum Wundarzt auszubilden.[268] Das besagt aber überhaupt nichts gegen eine vorangehende allgemeine Bildung in der Kindheits- und Jugendzeit. Das weitere Zitat, »Ja es ist jetzo die Zeit der Einseitigkeiten«, steht ebenfalls nicht im Zusammenhang mit der »Pädagogischen Provinz«. Hierbei handelt es sich auch um eine Äußerung von Jarno gegenüber Wilhelm Meister, aus der eindeutig hervorgeht, wenn man den Zusammenhang berücksichtigt, dass er auch eine vorangehende vielseitige Bildung als Grundlage für eine anschließende einseitige Bildung ansieht. So sagt Wilhelm Meister in einem längeren Gespräch zu Jarno, dass man doch eine vielseitige Bildung für vorteilhaft und notwendig angesehen habe, worauf

Jarno antwortet, dass sie es zu ihrer Zeit auch sein könne. »Vielseitigkeit bereitet eigentlich nur das Element vor, worin der Einseitige wirken kann, dem eben jetzt genug Raum gegeben ist.«[269] Bei dem weiteren Zitat »Eines recht wissen und ausüben gibt höhere Bildung als Halbheit im Hundertfältigen« handelt es sich um die pädagogische Maxime eines Mannes, den Wilhelm Meister mit seinem Sohn Felix aufsucht, um von ihm Näheres über die »Pädagogische Provinz« zu erfahren, die er anschließend besichtigt. Dieser Mann erscheint als ein der Veränderung abgeneigter konservativer Mensch, dem es vor allem um Erhaltung und Sicherung seines äußeren Besitzes geht, was nicht gerade eine Empfehlung für seine pädagogischen Maximen ist.[270] Andererseits ist gegen diese Maxime überhaupt nichts einzuwenden, wenn es sich um eine Spezialisierung anschließend an eine vorangehende allgemeine Bildung handelt.

In der »Pädagogischen Provinz« selbst geht es in vollem Einklang mit dem humanistischen Bildungsideal gerade darum, die in jedem Menschen vorhandenen Anlagen zu entwickeln und ihn zum vollen Menschen zu bilden. So sagen die drei Obern als Leiter der »Pädagogischen Provinz« zu Wilhelm bei seinem anschließenden Besuch dort: »Wohlgeborne, gesunde Kinder bringen viel mit; die Natur hat jedem alles gegeben, was er für Zeit und Dauer nötig hätte, dieses zu entwickeln ist unsere Pflicht, öfters entwickelt sich's besser von selbst. Aber eines bringt niemand mit auf die Welt, und doch ist es das, worauf alles ankommt, *damit der Mensch nach allen Seiten zu ein Mensch sei.*«[271] Als dieses Eine bezeichnen die Obern die *Ehrfurcht*, die Ehrfurcht vor dem, was über uns ist, die Ehrfurcht vor dem, was unter uns ist, ferner die Ehrfurcht gegenüber seinesgleichen und schließlich die Ehrfurcht vor sich selbst.[272]

Richtig ist allerdings, dass in der »Pädagogischen Provinz« auch den besonderen Anlagen und Fähigkeiten der einzelnen Schüler Rechnung getragen wird, indem diese in bestimmte Künste und Handwerke eingeführt werden. Es wird jedoch keine künstlerische oder handwerkliche Ausbildung, sondern die Entwicklung veranlagter Fähigkeiten angestrebt. Dies geht daraus hervor, dass von einer Wechselwirkung der verschiedenen handwerklichen Bereiche und von einem Versetzen von einem in den anderen, nach längerer oder kürzerer Zeit, gesprochen wird.[273] Dieser differenzierten Ausbildung geht jedoch eine allgemeine Bildung voran, wobei die Musik zum Element der Erziehung gemacht wird und der Gesang die erste Stufe der Ausbildung ist, an die sich alles andere wie das Schreiben von Noten und Liedertexten, in Verbindung damit das Recht- und Schönschreiben sowie das Erfassen der Mess- und Rechenkunst anschließt. Auch die Instrumentalmusik sowie das Chorsingen werden gepflegt.[274] Vor allem aber wird den Schülern die dreifache Ehrfurcht überliefert, was zuerst durch dreierlei Gebärden erfolgt.[275] In den Heiligtümern der Provinz werden den Schülern dann die auf der dreifachen Ehrfurcht beruhenden drei Religionsarten in Wandgemälden gezeigt, zunächst die israelitische in Bildern des Alten Testaments, dann die christliche mit ihren Wundern und Gleichnissen bis hin zum Abendmahl und schließlich die Religion, die aus der Ehrfurcht vor dem, was unter uns ist, entspringt, in Bildern von Christi Leiden und Tod. Diese letzteren werden allerdings nur denen gezeigt, die entlassen werden.[276] Die individuelle künstlerische oder handwerkliche Betätigung schließt sich erst an die allgemeine Bildung an. Sie wird aber auch von einem Unterricht für alle begleitet, und zwar zunächst in Sprachübung und Sprachbildung.[277] Hinzu kommen das Orchesterspiel, der Gesang und die lyrische Dichtkunst. Auch der Tanz wird in seinen Grundzügen gelehrt, und es wird angestrebt, dass »sich alle diese Fertigkeiten über sämtliche Regionen verbreiten können«.[278] Ebenso wird die epische Dichtkunst unterrichtet, wobei den Schülern aber nur Mythen, Überlieferungen und Legenden mitgeteilt werden, die insbesondere als Anregung für eine schöpferische malerische oder poetische Ausgestaltung des Gehörten dienen sollen.[279]

Es kann somit keine Rede davon sein, dass Goethe sich vom humanistischen Bildungsideal abgewendet habe und sich nur für eine einseitige Bildung einsetze. Auch sieht er die allgemeine Bildung nicht als »Narrenpossen« an. Es geht ihm wie Humboldt nicht in erster Linie um die Vermittlung von Wissen, sondern um die Entwicklung von Fähigkeiten und Fertigkeiten. Selbstverständlich sieht Goethe auch die Notwendigkeit, sich nach vollendeter allgemeiner Bildung auf einen speziellen Beruf vorzubereiten.

Der Hinweis auf den zweiten Grundzug der »Pädagogischen Provinz«, wonach in ihr die Hand als Organ der Menschwerdung anerkannt wird, ist, wie wir gesehen haben, zutreffend. Wenn Litt sagt, dass die Humanität damit aus den Bezirken des reinen Geistes, der Innerlichkeit herausgetreten sei und die äußere Welt in ihre Kreise einbeziehe, so ist dazu zu bemerken, dass auch bei Wilhelm von Humboldt das humanistische Bildungsideal keineswegs in rein geistigen Höhen schwebt, sondern dass es ihm bei seinem Ideal der allgemeinen Menschenbildung, wie bereits gezeigt worden ist, auch auf die Entwicklung künstlerischer und praktisch-handwerklicher Fähigkeiten ankommt. Theodor Litt kann jedoch bei seinem Hauptanliegen voll zugestimmt werden, nämlich zu zeigen, dass Goethe »sich selbst hätte aufgeben müssen, um mit der Arbeitsordnung der industriellen Gesellschaft einen vorbehaltlosen Frieden schließen zu können«.[280]

Die Kritik von Theodor Litt an Humboldts Bildungsideal

Von Wilhelm von Humboldt sagt Litt, dass sich in dessen Geist die Idee der Humanität »zu unüberbietbarer Einseitigkeit« durchgebildet habe.[281] Diese Einseitigkeit sieht er »in der bedingungslosen Überordnung des ›Inneren‹ über das ›Äußere‹«, wodurch die Humanitätsidee »zum extremen Ausdruck jener ›anthropozentrischen‹ Denkweise werde, durch deren Pflege sich die Humanitätsbewegung in einen immer schärfer werdenden Gegensatz zur wirtschaftlich-gesellschaftlichen Entwicklung bringe, die mit unablenkbarer Folgerichtigkeit am Leitfaden der ›Sache‹ vorwärts schreitet«. Litt weist mit Recht darauf hin, wie die industrielle Arbeitsordnung »die ›äußere‹ Welt im Extrem ihrer Veräußerlichung« ist, »die die Gesamtheit der ihr Dienstbaren der Herrschaft von Zwecken unterwirft, die ausnahmslos im Bereich des Endlichen und Vergänglichen zu Hause sind«. Sie mute dem Menschen zu, »seine ganze Kraft, die geistige nicht weniger als die leibliche, in Tätigkeiten zu verbrauchen, deren Ergebnis sich höchstens durch seine äußere Notwendigkeit oder Nützlichkeit, nicht aber durch seinen geistigen Adel rechtfertigen« könne.[282]

Hier stellt sich die Frage, ob Litt Humboldt nicht missverstanden hat und ob er ihn nicht einseitig interpretiert. Die Beantwortung dieser Frage wird dadurch erschwert, dass Litt für seine Humboldt-Zitate keine Fundstellen angibt. Er bezieht sich lediglich auf Eduard Sprangers Buch »Wilhelm von Humboldt und die Reform des Bildungswesen« und auf Siegfried Kaehlers »Wilhelm von Humboldt und der Staat«, der in seiner einseitigen Betrachtungsweise für Humboldts Wesen wenig Verständnis aufbringt.[283] Die Originalschriften Humboldts hat Litt anscheinend nicht gelesen.

Ausgangspunkt seiner Beurteilung ist die Behauptung, dass alles, »was in der Humanitätsidee an Anreizen zu Weltentwertung und Gegenwartsabkehr enthalten war«, in Humboldts Seele einen fruchtbaren Boden gefunden habe.[284] Er schließe die äußere Welt zwar nicht aus dem Prozess der Selbstwerdung aus, doch meine er, ihre Mitwirkung sich darin erschöpfen zu sehen, dass sie dem Menschen den »Stoff« zur Verfügung stelle, damit er »die ihm innewohnenden Kräfte in Bewegung setzen, betätigen und ausbilden« kann. In Humboldts Bekenntnis, dass es ihm immer darum zu tun gewesen sei, die Welt »in sein Eigentum zu verwandeln«, offenbare sich die nachgeordnete Stellung, in welche er die äußere Welt verweise. Sie werde das Opfer einer Aneignung, »in der sie, dem Eroberer anverwandelt, sich selbst aufzugeben hat«. Da der Mensch ständig in Gefahr sei, sich an die Welt zu verlieren, müsse er »aufs Angelegentlichste darauf bedacht sein, dass er sein ›Inneres‹ von dem ›Äußeren‹ aufs Strengste gesondert halte«. Nur in dieser Isolierung könne das »Innere« zum Kunstwerk der Totalität ausreifen. Mit der kompromisslosen Trennung des »Inneren« vom »Äußeren« sei von Humboldt eine Parole ausgegeben worden, der die Erzieherwelt noch lange gefolgt sei.[285]

Diese Trennung und die damit verbundene Wertminderung des »Äußeren« habe nun auch gewichtige Konsequenzen für Humboldts Verhältnis zum Handeln. Selbst in den Abschnitten seines Lebens, »die ihn in der Sphäre eines wahrlich nicht bedeutungslosen Handelns am Werke zeigen«, habe er sich als eine von der Welt sich distanzierende Existenz zu behaupten gewusst. Die Wahrung dieses Abstandes habe er einer hohen Gleichgültigkeit gegen den Erfolg als solchen verdankt. Die Aufgaben, durch welche die jeweilige Gegenwart unser Handeln herausfordere, würden zum größten Teil demjenigen angehören, was Humboldt das »gewöhnliche Geschäftsleben« nenne. Es seien Aufgaben, »deren Erledigung nicht durch höhere geistige Interessen gefordert, sondern durch die Notwendigkeiten der äußeren Daseinserhaltung, durch die Dringlichkeit ephemerer Zwecke und die Gebote platter Nützlichkeit« diktiert werde. Wer sein »Inneres« mit Äußerlichkeiten dieses Ranges »vermischen« wollte, müsste an seinem Menschentum unheilbaren Schaden nehmen. Nur wenn er sich hüte, ihnen auch nur den kleinsten Teil seiner Seele zu überlassen, könne er hoffen, aus der Berührung mit ihnen unbefleckt hervorzugehen. Die »Sorglichkeit«, mit der in dieser Humanitätsphilosophie Humboldts das »Innere« gegen den bedrohlichen Andrang des »Äußeren« abgeschirmt werde, erinnert Litt an den von Goethe charakterisierten Typus, dessen Eigenheit es sei, »eine Art von Scheu vor dem wirklichen Leben zu empfinden, sich in sich selbst zurückzuziehen, in sich selbst eine eigene Welt zu erschaffen«. Diese »eigene Welt« sei keine andere als die Welt jenes »Inneren«, das sich von jeder Befleckung durch die »Wirklichkeit« rein erhalten möchte.[286]

Diese wahrscheinlich durch Kaehler beeinflusste Charakterisierung von Humboldts Verhältnis zur Welt ist völlig einseitig und wird dem wahren Wesen Humboldts und der Bedeutung seines Humanitätsideals nicht gerecht. Unzutreffend ist zunächst, dass Humboldt die Welt entwertet und dass er sich von ihr abgekehrt habe. Richtig ist, dass für Humboldt die äußere Welt der »Stoff« ist, dessen der Mensch bedarf, um seine inneren Kräfte betätigen und ausbilden zu können. So ist für ihn »der wahre Zweck des Menschen« »die höchste und proportionierlichste Bildung seiner Kräfte zu einem Ganzen«, und dazu ist außer der Freiheit notwendig »Mannigfaltigkeit der Situationen«, wie er schon in seiner Jugendschrift über die Grenzen der Wirksamkeit des Staates ausgeführt hat.[287] Damit will er sagen, dass der Mensch ohne vielfältige Erfahrungen seine Kräfte nicht richtig entwickeln kann. Aber die Erfahrung der äußeren Welt, die ihm durch die sinnlichen Empfindungen vermittelt wird, reicht dazu nicht aus. Für Humboldt sind Sinnlichkeit und Unsinnlichkeit durch ein geheimnisvolles Band verknüpft. Erst dann, wenn wir uns in die Gestalten der Natur und auch die Werke der Kunst mit unserem »ästhetischen Gefühl«, mit der »gewissesten Wahrheitsahndung« vertiefen, können diese ihre bildende Wirkung auf den Menschen entfalten. So ist für ihn nichts von so ausgebreiteter Wirkung auf den ganzen Charakter des Menschen, »als der Ausdruck des Unsinnlichen im Sinnlichen, des Erhabenen, des Einfachen, des Schönen in allen Werken der Natur und Produkten der Kunst, die uns umgeben«. Und das »letzte Streben alles unseres menschlichsten Bemühens« sieht Humboldt in dem »Entdecken, Nähren und Erschaffen des einzig wahrhaft Existierenden, obgleich in seiner Urgestalt ewig Unsichtbaren, in uns und anderen [...].«[288] Das ist letztlich gemeint, wenn Humboldt von seinem Streben spricht, die Welt in sein Eigentum zu verwandeln. Es geht ihm nicht darum, die äußere Welt zu entwerten und sich von ihr abzuwenden, sondern im Gegenteil darum, sich mit der Sinneswelt zu verbinden, um in dieser ihre wahre unsinnliche Gestalt zu erkennen. Er ist sich bewusst, dass, »auch um den ruhigsten Denker zu bilden, Genuss der Sinne und der Phantasie oft um die Seele gespielt haben muss«.[289]

Humboldt ist sich aber auch bewusst, dass der Mensch nicht nur zum forschenden Erkennen, sondern auch zum schaffenden Handeln bestimmt ist. So heißt es schon in seiner Jugendschrift: »Forschen und Schaffen – darum drehen und darauf beziehen sich wenigstens, wenngleich mittelbarer oder unmittelbarer, alle Beschäftigungen des Menschen.«[290] Allerdings setzt für ihn ein fruchtbares Handeln eine Bildung der Geisteskräfte in dem erwähnten Sinne voraus, das heißt außer der Schulung des Denkens im Erfassen von Zusammenhängen eine Schulung der Wahrnehmungskräfte und der Phantasie. Humboldt selbst neigte zwar mehr zum erkennenden Betrachten als zum praktischen Handeln. Doch hat er sich dem äußeren Wirken im Laufe seines längeren beruflichen Lebens mit Hingabe gewidmet.

Blicken wir auf die Art, wie er im Laufe seines beruflichen Lebens die unterschiedlichsten Tätigkeiten wahrgenommen hat, so kann man nur sagen, dass Theodor Litt ihm in seiner Beurteilung in keiner Weise gerecht wird und den Grundzug seines Wesens völlig missversteht. Wenn er sagt, dass Humboldt sich als eine von der Welt sich distanzierende Existenz selbst in den Abschnitten seines Lebens zu behaupten gewusst habe, die ihn in der Sphäre eines wahrlich nicht bedeutungslosen Handelns am Werke zeigen, so lässt er außer Betracht, mit welchem Pflichtbewusstsein Humboldt seine äußeren beruflichen Aufgaben erfüllt hat. Er war auch nicht »aufs Angelegentlichste darauf bedacht«, »dass er sein ›Inneres‹ von dem ›Äußeren‹ […] aufs Strengste gesondert halte«[291]. Vielmehr war seine innerste Überzeugung von der Notwendigkeit der inneren Bildung des Menschen und von der Notwendigkeit seiner freien Entfaltung und Mitwirkung im Staate leitend bei seiner umfangreichen und vielfältigen Tätigkeit innerhalb des preußischen Staates. Hätte er nicht über viele Jahre hin an seiner inneren Bildung gearbeitet, so hätte er die Reform des preußischen Bildungswesens nicht so umfassend und zukunftsträchtig einleiten können. Auch bei seinem späteren diplomatischen und staatsmännischen Wirken hat er immer versucht, die äußeren Verhältnisse im Sinne seiner innersten humanistischen Überzeugungen zu beeinflussen und zu gestalten. Wenn er dabei gelegentlich zum Ausdruck brachte, dass er gegen den Erfolg gleichgültig sei, so bezeugt dies nur, wie er innerlich über dem Äußeren stand und sich durch Misserfolge nicht davon abhalten ließ, weiterhin im Sinne seiner Ideen zu wirken. Keineswegs hat er sich dadurch vom äußeren Handeln distanziert. Von einer »kompromisslosen Trennung des ›Inneren‹ vom ›Äußeren‹« kann somit keine Rede sein.

Humboldt war unglücklich, wenn er durch umfangreiches Aktenstudium und andere äußere Notwendigkeiten nicht oder kaum dazu kam, sich seinen persönlichen Studien und seiner inneren Bildung zu widmen. Denn gerade daraus schöpfte er die Ideen und die Kraft, um seine äußeren Aufgaben sinnvoll und fruchtbar erfüllen zu können. Es ist deshalb unzutreffend, wenn Litt meint, dass für Humboldt das Festhalten an der »reinen Scheidung« zwischen Innerem und Äußerem die unabdingliche Voraussetzung wahrer Humanität sei und dass die Welt jenes »Inneren« »sich von jeder Befleckung durch die ›Wirklichkeit‹ rein erhalten möchte«.[292] Für Humboldt ist ein eindringliches Studium des »Äußeren« Voraussetzung, um in diesem sachgemäß handeln zu können; und eine umfassende Entwicklung des »Inneren« ist für in unerlässlich, um im »Äußeren« wahrhaft human, das heißt menschengemäß, handeln zu können. Davon, dass der Mensch Schaden an seinem Inneren nehmen könne, wenn er dieses mit Äußerem vermischt, ist bei Humboldt keine Rede.

Der Humanismus und die moderne industrielle Arbeitswelt

Theodor Litts Charakterisierung der mathematischen Naturwissenschaft mit ihren Folgen für die technische und industrielle Entwicklung sowie für den Menschen kann voll zugestimmt werden. So, wenn er sagt, dass es ihr Ziel sei, die »Natur ohne Rest zu quantifizieren, das heißt alle qualitative Mannigfaltigkeit der Erscheinungen, in der sie sich dem Menschen zunächst präsentiert, auf Unterschiede von lediglich quantitativer Art zurückzuführen«; und wenn er weiter sagt, dass dies zu einer radikalen Entqualifizierung und Entsinnlichung der Natur und damit zugleich zu einer Bedeutungsentleerung und radikalen Entindividualisierung für den Menschen führt.[293]

Litt kann auch darin gefolgt werden, dass damit ein exaktes, allgemein gültiges Wissen um die Natur gewonnen wurde und dass die Natur durch die Mathematisierung die Gestalt eines Ideellen angenommen hat, das nur durch das unsinnliche, reine Denken erfasst werden kann.[294] Fragwürdig ist allerdings, ob es richtig ist, dass der Mensch »sich so zum Organ des reinen, allgemeinen Denkens emporgeläutert« hat, indem er den Sieg errungen hat »über den Widerstand der Triebe, Hänge, Leidenschaften, die den Menschen an sich selbst fesseln, auf sich selbst beschränken, in sich selbst einschließen möchten«. Litt sieht hierin einen Aufstieg, durch den das menschliche Selbst der Wahrheit ansichtig geworden sei, »die nicht ihm als diesem Einzelnen, sondern dem Denken überhaupt und schlechthin zugehört«. Die hierzu erforderliche Anspannung der Kräfte werde durch den »Willen zur Sache« hervorgebracht, das heißt durch den Willen »die Sache in ihrer Reinheit zum Reden zu bringen«. In diesem Willen realisiere sich die Freiheit. »Der Mensch ist frei, weil nicht die Sache es ist, die ihn an sich bindet, sondern sein Wille ist es, der sich an die Sache bindet.«[295] So sieht Litt in dem Prozess der »Veräußerlichung«, der »sich im Ergreifen der Sache vollendet«, eine »Bildung des ›Inneren‹ am ›Äußeren‹ und durch das ›Äußere‹«.[296]

Hier stellt sich jedoch die Frage, ob es sich bei der Gestalt des Ideellen, in welcher uns die Natur durch die Mathematisierung erscheint, um wirkliche Wahrheit handelt oder ob sie nicht vielmehr völlig abstrakte Begriffe konstruiert, welche uns die wahre Wirklichkeit der Naturerscheinungen nicht erfassen lassen. Goethe hat sich nicht ohne Grund gegen die Farbentheorie eines Newton gewandt, weil diese vom Wesen des Lichtes wegführt. Litt selbst sagt, dass uns die gegebene Welt »in der ganzen Fülle der sinnlichen Anschauung und nicht als das abstrakte Gefüge quantitativer Relationen« entgegentritt, wie sie »in der Perspektive der Naturwissenschaft und Technik figuriert«. Zugleich weist er darauf hin, dass die methodische Be- und Verarbeitung der in sinnlicher Anschaulichkeit gegebenen Natur durch Naturwissenschaft und Technik auch den Menschen selbst verändert. »Das Selbst wandelt seine eigene Gestalt, indem es die Gestalt der Welt abwandelt.«[297]

Richtig ist, dass die moderne mathematische Naturwissenschaft den Menschen zur Objektivität und zu einem klaren, sinnlichkeitsfreien Denken erzieht, indem er lernen muss, seine Urteile unabhängig von seinen Sympathien und Antipathien an der »Sache« zu bilden. Man kann sich jedoch fragen, ob durch dieses einseitig intellektuelle mathematische Denken nicht gerade die Triebe, Begierden und Leidenschaften im Menschen verstärkt wirksam werden, sodass er dadurch gerade nicht die Freiheit erlangt, sondern von diesen zu seinen Handlungen getrieben wird.

Zutreffend ist auch, dass durch die Entwicklung des mathematisch-naturwissenschaftlichen Denkens das Verhältnis von Theorie und Praxis sich verändert hat, indem es möglich wurde, dass »der eine Mensch lediglich forscht, der andere lediglich ausführt, was jener [...] als ausführbar erwiesen hat und dass der Ausführende nicht zu wissen braucht, warum er gerade so und nicht anders zu verfahren hat«.[298] Auch sind dadurch weder der reinen Theorie noch der Praxis Grenzen gesetzt, und das auf das Handeln ausgerichtete Denken verwandelt sich in eine Theorie der Praxis, d.h. in Technologie, die ihrerseits die Grundlage für die industrielle, arbeitsteilig organisierte Wirtschaftsordnung wird.[299] Die Anwendung der mathematischen Naturwissenschaft auf den Menschen, die Gesellschaft und die Geschichte setzte sich fort in eine Technologie der Seelenbearbeitung, der Gesellschaftsregelung und der Geschichtslenkung.[300]

Litt weist nun mit Recht darauf hin, dass der Mensch innerhalb der modernen Lebens- und Arbeitsordnung, die von der Sache her bestimmt ist, tätig ist und von ihr beschlagnahmt wird.[301] Der in diese technisch organisierte Arbeitsordnung eingespannte arbeitende Mensch hat kaum noch die Möglichkeit, »sich von dem Ganzen, aus dem heraus sich Sinn und Zweck seiner besonderen Leistung bestimmt, eine auch nur einigermaßen zutreffende Vorstellung zu machen. [...] Die Sache hat ihn zu ihrem Sklaven entselbstet. Der ›Fortschritt‹ ist ihm zum Zwingherrn geworden.«[302] Diese Entwicklung mit der »Möglichkeit einer einsichtslosen Sachdienstbarkeit« zwingt den Menschen »in eine gegen sein Menschtum gleichgültige, ja dieses Menschentum knechtende Bewegung hinein«.[303] Litt empfindet dabei »jene kalte Indifferenz, durch welche die Technik unserer Tage [...] uns frösteln macht«.[304]

Es ist klar, dass diese Entwicklung den sich um die Humanität Sorgenden beunruhigen muss. Litt bemerkt dazu, dass die Verkünder der Humanitätsidee ein normatives Menschenbild aufgerichtet hätten, »dem eine erst im Anlaufen begriffene gesellschaftlich-wirtschaftliche Bewegung immer mehr die Bedingungen der Verwirklichung entziehen sollte«.[305] Diese hätten bereits die Gefährdung des Menschen durch die einseitige Wissenschafts- und Kulturentwicklung ihrer Zeit sowie durch das heraufkommende Maschinen-Zeitalter gesehen. Sie hätten in der Idee der Humanität »das einzige Heilmittel gesehen, das einer von der Gefahr des radikalen Selbstverlustes bedrohten Menschheit zur Rettung ihres Eigentlichen und Wesentlichen verhelfen könne«. Angesichts der »Verstümmelung der menschlichen Natur« und beim Anblick von »fragmentarischem Menschentum« der damaligen Zeit habe sich die »Sehnsucht nach dem ganzen Menschen, dem Vollmenschen entzündet«.[306]

Mit dem Hinweis, dass der Mensch durch die moderne Lebens- und Arbeitsordnung in seinem Menschentum gefährdet wird, stimmt Litt mit den Vertretern der Humanitätsidee überein. Er will sich jedoch in den Folgerungen, die er aus dieser Tatsache zieht, von diesen absetzen. Der Mensch ist durch diese Entwicklung in eine Konfliktsituation geraten, von der Litt meint, dass die Vertreter der Humanitätsidee sie als einen Fehltritt ansehen, der »von Rechts wegen nicht hätte stattfinden dürfen«. Der Mensch habe seine »Humanität« verraten, als er sich der »Sache« verschrieb. Die Humanitätsbewegung finde Zeugnis und Gewähr echter Menschlichkeit in einer Seelenverfassung, die der Konflikte entbehrt und in sich einstimmig ist. Jeder innere Konflikt müsse von ihr als Symptom einer Gleichgewichtsstörung verstanden werden, der durch eine Abirrung ins Inhumane verschuldet ist. Demgegenüber betont Litt, dass der Gegensatz zwischen der Diktatur der Sachforderungen und dem Selbstbehauptungsdrang des Menschen zu den inneren Entzweiungen der modernen Welt gehöre, die in sich durchzukämpfen keinem vollsinnigen Menschen erspart bleibe.[307] Der Mensch sei nicht das auf Harmonie angelegte, sondern das in Gegensätzen verfangene und gerade an Gegensätzen wachsende Wesen. »Es könnte sein, dass der Mensch von sich selbst, seinem Wesen und seiner Bestimmung, gerade dann am meisten erführe, wenn er sich nicht im Wohlgefühl ungestörter Harmonie wiegt, sondern von dem Widerstreit nicht zu versöhnender Daseinsmächte aufgestört und umgetrieben wird.« Litt meint, dass die Tendenzen, denen diese Entwicklung gehorcht, über jede Anzweiflung erhaben seien, »weil in ihnen nicht Eigensinn, Selbstsucht, Ehrgeiz ihre Befriedigung suchen, sondern eine in der Sache selbst liegende Notwendigkeit zum Durchbruch gelangt«.[308] So stellt er der humanistischen Forderung der »Harmonie« den Begriff der »Antinomie« entgegen, mit dem er im Leben des Menschen auftretende Widersprüche, die in der Grundstruktur seines geistigen Wesens begründet seien und nicht beseitigt werden könnten, bezeichnet. Der so gefasste Begriff der Antinomie trifft für ihn insbesondere auf den Widerspruch zwischen Mensch und Sache zu. Diese Antinomie hätten wir bis zu einem extremen, nicht überschreitbaren Punkte vorgetrieben, indem wir »die Welt der sachlich fixierten Mittel zu dem Grade von Perfektion durchgebildet« haben, »dass sie die totale Ausrottung des Geschlechts bewirken kann, dem sie diese ihre Perfektion verdankt«.[309]

Man kann Litt voll darin zustimmen, dass der Mensch ein an Gegensätzen wachsendes Wesen ist und dass er von seinem Wesen und seiner Bestimmung gerade dann am meisten erfahren kann, wenn er sich mit den im Leben auftretenden Widersprüchen und Problemen auseinandersetzen muss. Es stellt sich jedoch die Frage, ob Litt das humanistische Bildungsideal nicht missversteht, wenn er meint, dass die Humanitätsbewegung echte Menschlichkeit in einer Seelenverfassung sehe, die der Konflikte entbehrt, und dass jeder innere Konflikt von ihr als eine Gleichgewichtsstörung verstanden werde, die auf einer Abirrung ins Inhumane beruhe. Clemens Menze hat als einer der besten Kenner des Humboldt'schen humanistischen Bildungsideals darauf hingewiesen, dass Harmonie »kein selig sich selbst genießender Zustand einer in sich vollendeten, ihre Bildung selbstgefällig betrachtenden Persönlichkeit« ist. Vielmehr ist sie »ein dynamisches System, eine unendliche, Vollkommenheit fordernde, in allen Handlungen nicht aus den Augen zu verlierende Aufgabe. Der Mensch muss sich auf Welt einlassen, ohne sich an sie zu verlieren, und in der Rückwendung über Produktion und Aneignung von Welt sich zu einem Ganzen bilden. Dieser Weg der Vervollkommnung lässt sich an kein Ende bringen. Er ist durch Mühsal und Spannungen gekennzeichnet.«[310]

Das humanistische Bildungsziel der höchstmöglichen und harmonischen Bildung aller im Menschen veranlagten Kräfte und Fähigkeiten steht somit nicht im Widerspruch zu den Herausforderungen der modernen Zivilisation und Arbeitswelt. Die durch sie hervorgerufenen Spannungen und Konflikte zwischen den seelischen Bedürfnissen und inneren Zielen des Menschen einerseits und den äußeren Verhältnissen und Anforderungen der dinglichen Welt andererseits sind vielmehr das Übungsfeld für die Entwicklung von Fähigkeiten, die durch den bloßen »Umgang« mit der Natur nicht entwickelt werden können. Menze hat dargestellt, dass das sich in Klassik und Humanismus vollendende Bildungsdenken sich nicht gegen eine damals kaum wahrnehmbare industrielle Arbeitswelt, sondern gegen einen Staat wendet, der dem Selbstbehauptungsanspruch des Menschen, seinem Grundrecht auf Freiheit im Wege steht. Die Humanisten und insbesondere Wilhelm von Humboldt wollten den damaligen absolutistischen Staat, der den Menschen in seinem Freiheitsstreben unterdrückt, über die neue humanistische Bildung verbessern und »menschlicher« machen.[311]

Obwohl die moderne industrielle Arbeitswelt damals noch keine Rolle spielte, hat das ursprüngliche humanistische Bildungsideal auch ihr gegenüber seine volle Berechtigung. Menze zeigt auf, dass Litt in seiner Darstellung des humanistischen Bildungsdenkens nicht unterscheidet zwischen seiner originären Form und ihrer bildungsbürgerlichen Rezeption. Litts Kritik am Humanismus zielt auf Humanismus »in seiner veräußerlichten bildungsbürgerlichen Form«, der mit dem originären Humanismus wenig gemein hat. Deshalb verfehlt Litts Kritik den Humanismus in seiner historischen Gestalt. Sie ist berechtigt, »insofern sie soziale, politische, pädagogische Auswirkungen einer in seiner Zeit zu kurz greifenden Humanismus-Rezeption abweisen will«.[312] Das humanistische Leitziel ist nach Menze »der sich sein Gesetz selbst gebende, in Unabhängigkeit sein Leben bestimmende Mensch«.[313]

Dieses Ideal ist gerade in der modernen Arbeitswelt mit ihrer immanenten Tendenz, den Menschen zu funktionalisieren und zu entselbsten, notwendig. Die allseitige und harmonische Entwicklung aller im Menschen veranlagten Kräfte wie insbesondere klares, objektives und bewegliches Denken, Phantasie und Kreativität, folgerichtiges und kraftvolles Handeln ist gerade die beste Voraussetzung, um sich in das moderne Wirtschaftsleben fruchtbar hineinstellen und darin als Mensch behaupten zu können. Eine so verstandene humanistische Bildung schließt nicht aus, die moderne Arbeitswelt in den Bildungsprozess einzubeziehen. Es wäre jedoch ein Irrtum zu glauben, dass eine allein auf die Anforderungen des modernen Wirtschaftslebens direkt vorbereitende Ausbildung das Geschilderte leisten könnte. Menze sagt deshalb völlig zutreffend, dass Litt in den originären humanistischen Konzepten »die Funktion der Selbstbildung als Voraussetzung selbstverantwortlicher Weltgestaltung« übersieht.[314]

Stellt man sich nun die Frage, welchen Weg Theodor Litt selbst für die Bildung des Menschen angesichts der Herausforderungen der modernen industriellen Arbeitswelt für notwendig hält, so zeigt sich überraschenderweise, dass sein bildungspolitisches Konzept, wie Menze ausführt, stärker der humanistischen Bildungsauffassung verbunden ist, als seine Absetzbewegung vermuten lässt. Menze sieht in Litts Position gegen den Humanismus »nichts anderes als eine produktive Aneignung und Weiterführung humanistischer Vorstellungen in seiner eigenen Zeit«.[315] Das bringt Litt selbst zum Ausdruck, indem er sagt, dass er mit dem, was er gegen das Festhalten an dem Bildungsideal der Klassik einzuwenden hat, nicht aufhöre, »im Zuge der von ihm ausgehenden Überlieferung zu stehen«.[316] Allerdings weist Menze darauf hin, dass die Wirkung von Litts Werk »zunächst entgegen seinen Intentionen für die Einschätzung des Humanismus in der deutschen Bildungsgeschichte verheerend geworden« ist.[317]

Litt kommt es in seiner Bildungstheorie zunächst darauf an zu betonen, dass der Mensch durch die »›Veräußerlichung‹, die sich im Ergreifen der Sache vollendet«, sich selbst vorwärts bringt und »bildet«. Er nennt dies eine Bildung des »Inneren« am »Äußeren« und durch das »Äußere«.[318] Zweifellos hat die Versachlichung und Entqualifizierung der Natur durch die moderne Naturwissenschaft und Technik eine bildende Wirkung auf den Menschen. Wenn Litt jedoch meint, in dem Tun des so sich Bildenden eine Äußerung des Goethe'schen Triebes zu finden »mit der Welt verbunden ein Ganzes zu bilden«, so verkennt er hierbei, dass der Mensch durch die mathematisierende Versachlichung der Welt sich gerade nicht mit der Welt zu einem Ganzen vereint, sondern im Gegenteil sein Selbst der Welt entfremdet. Ein mit der Welt verbundenes Ganzes kann der Mensch nur werden, wenn er sich im Goethe'schen Sinne dem Qualitativen der Welt wahrnehmend nähert und dadurch im Sinne Humboldts das Sinnliche als Hülle des Geistigen und das Geistige als belebendes Prinzip der Sinnenwelt zunächst ahnend erlebt. Das erst ist wahre Bildung des Inneren am Äußeren und durch das Äußere!

Litt ist sich darüber im Klaren, dass der Mensch durch die Versachlichung der Welt die Verfügungsgewalt über einen Vorrat an Mitteln erlangt, die er sowohl zu den edelsten als auch zu den verruchtesten Vorhaben verwenden kann. Es komme deshalb nicht darauf an, welche Mittel der Mensch beherrscht, sondern welche Zwecke er sich setzt.[319] Nach Litts Auffassung kann man jedoch nicht nur die Zwecke in das Reich der Bildung aufnehmen, die Mittel hingegen von ihm ausschließen. Beides gehört für ihn untrennbar zusammen.[320] In das Reich der Bildung aufnehmen will er nur diejenigen Zwecke, die eine positive Wertigkeit haben; die bejahenswert und deshalb als »bildend« anzuerkennen sind.[321] Welche Zwecke dies sind und in welcher Weise sie in der Bildung vermittelt werden sollen, sagt Litt allerdings nicht. Dass der Mensch sowohl die Möglichkeit zu solchen Zwecksetzungen hat, »durch die er sich selbst verunstaltet«, als auch zu solchen, »durch die er sich selbst vollendet«, diese »Zweideutigkeit« sieht Litt nicht als dem Interesse der »Bildung« zuwiderlaufend an. Sie gibt dem Menschen die Freiheit, zwischen »Gut« und »Böse« zu wählen, »was vom Begriff der Bildung nicht abzutrennen ist«.[322] Wogegen Litt sich wendet, ist die »in Humanistenkreisen weit verbreitete Meinung«, dass, »wer sich mit der ›Außenwelt‹ abgebe, [...] sich damit unweigerlich dem Geist der ›Nützlichkeit‹ verschrieben habe«. Die Sphäre des Humanen beginne für diese erst da, »wo dem Guten, Wahren, Schönen nur um seiner selbst willen und unter Fernhaltung aller Nützlichkeitserwägungen gedient werde«. Demgegenüber betont Litt, dass durch den Einsatz äußerer Mittel nicht nur utilitarische Zwecke, sondern auch solche verwirklicht werden können, die »durch den selbstlosesten Edelmut eingegeben und mit entsagungsvoller Opferwilligkeit verfolgt« werden. Auch sei derjenige, der »den Kern seiner Lebenstätigkeit ausschließlich an Angelegenheiten und Wertgehalten der ›inneren‹ Welt hat, durch den Umgang mit dem Wahren, Guten, Schönen« durchaus nicht »wider das Verfallen an äußerlich-utilitarische Zwecksetzungen immunisiert«. »Nicht das Was der den Menschen für sich fordernden Tätigkeit, das Wie der sie beseelenden Gesinnung entscheidet darüber, ob er in ihrer Ausübung sich selbst gewinnt oder verliert.«[323]

Eine wichtige Aufgabe der Erziehung sieht Litt darin, eine positive Einstellung zu der modernen technisierten Arbeitswelt zu vermitteln. Er sieht in dieser »nicht ein als Sündenstrafe zu ertragendes Schicksal, sondern ein gigantisches Werk, auf das trotz allem stolz zu sein der für seine Entstehung verantwortliche Mensch allen Grund hat«. Die Erziehung müsse deshalb das ihrige tun, »dem allerwärts grassierenden Misstrauen gegen Recht und Wert des uns verpflichtenden Lebenszustandes mit der Bejahung sowohl seiner Notwendigkeit als auch seiner Erhaltungswürdigkeit zu begegnen«. Er wendet sich deshalb gegen ein »Verschweben in Hölderlin-Stimmungen«, »in denen der Wille, es mit unserer Welt und Gegenwart aufzunehmen, in Nichts zergehen müsste«.[324] So spricht er sich auch gegen eine Bildungs-Theorie aus, welche die Bedingungen des modernen Arbeitslebens zwar anerkennt, die Bildung aber »in einen dem Zugriff der Zeitgewalten verschlossenen Bereich« verlegen und »so allen ablenkenden Einflüssen« entziehen will. Litt meint, »in der sich dergestalt der modernen Welt anpassenden ›Bildungs‹-Theorie die zeitgemäße Erneuerung jenes Dualismus von ›Innerem‹ und ›Äußerem‹« zu erkennen, »auf den sich Lebensentwurf und Bildungsphilosophie eines Humboldt [...] gründeten«.[325]

Ebenso spricht Litt sich gegen die Bildungsauffassung von C.H. Becker aus, der durch die Begründung der Pädagogischen Akademien in Preußen das Ideal eines neuen Menschen verwirklichen wollte, »der in seiner geschlossenen harmonischen Einheitlichkeit ein Gegengewicht darstellen soll gegen die unaufhaltsam fortschreitende Differenzierung, Spezialisierung und Technisierung unseres Lebens«. Becker stemple damit die fraglichen Tendenzen des modernen Lebens zu Hindernissen wahrer Menschenbildung. Dadurch werde das sorglich abgesonderte »Äußere« jenen fragwürdigen Mächten überlassen, die er aus seinem »Inneren« meint aussperren zu können, und damit werde das »Äußere« der Verwahrlosung anheim gegeben. Litt will demgegenüber diesen Zwiespalt zwischen »Innerem« und »Äußerem«, diese Antinomie, in die Bildung einbeziehen und das Verhältnis des so abgewandelten Bildungsbegriffs zu dem von den Klassikern kanonisierten dahin bestimmen, dass er dem »lediglich auf die ›Persönlichkeit‹ gerichteten Vollendungsdrang [...] die Gegenbewegung einer auf ihre Sachforderungen bestehenden Welt zuordnet«. Als »gebildet« darf nach Litt nur gelten, »wer diese Spannung sieht, anerkennt und als unaufhebbares Grundmotiv in seinen Lebensplan einbaut«.[326]

Aber Litt will es nicht bei der Konstatierung des Konflikts als eines Faktums, das untätig hinzunehmen wäre, bewenden lassen. Er will den von der Antinomie ausgehenden Druck dadurch mildern, »dass wir für den Sinn der Vorgänge und das Recht der Handlungen sehend werden, in denen der antinomische Lebenszustand sich herangebildet hat«. Auch weist er darauf hin, dass die Einrichtungen der modernen Arbeitsordnung die Wahl zwischen Möglichkeiten lassen, »die sich gerade durch das Maß der Rücksicht, die sie dem Menschen erweisen, beträchtlich voneinander unterscheiden«.[327] Zweifellos sieht Litt in einer solchen reflektierenden Betrachtung des antinomischen Zustandes, die einerseits den von ihm ausgehenden Druck mildert und andererseits eine sach- und menschenkundige (humane) Gestaltung der Einrichtungen der industriellen Arbeitswelt ermöglicht, eine wichtige Aufgabe der Menschenbildung.

Allerdings ist es für ihn entscheidend, dass die reflektierende Deutung des »auf gefährliche Wege geratenen Kulturgeschehens« sich von Irrtümern und Missverständnissen freihält. Eine solche Fehldeutung wäre es, »die organisatorische Arbeitswelt als Frucht eines Fehltritts in Acht und Bann zu tun« und den Rückzug in die Innerlichkeit zu empfehlen, wodurch jene Welt der Verwahrlosung ausgeliefert würde. Eine andere bestünde in dem Wunsche, »die Erde in einen Schauplatz diesseitiger Glückseligkeit zu verwandeln«, wodurch die Menschheit in einen einzigen Mechanismus umgebildet und ein Seelenmord in Szene gesetzt würde.[328] Litt strebt an, dass der Mensch durch »erleuchtende Reflexion« lernt, mit der Arbeitswelt, in der sich sein Tagwerk vollzieht, in Frieden zu leben; dass er sich nicht so an die der Arbeitswelt entspringenden Sachforderungen verliert, »dass er seiner selbst als des sich selbst bestimmenden und die Arbeitswelt regierenden Subjekts vergisst« und dass er wider die Versuchung gewappnet wird, sein Menschentum in ein Inneres zu flüchten. Die Aufgabe des Menschen sieht Litt darin, »in stetem Ringen mit immer neu aufbrechenden Gegensätzen Selbst zu werden und Welt zu gestalten«.[329]

Im Hinblick auf diese Gedanken sagt Litt, dass er damit die Prinzipien einer Bildung entwickelt habe, »wie sie sich unter den Lebensbedingungen und angesichts der Forderungen zu gestalten hätte, die sich aus dem Aufbau einer nach Maßgabe der ›Sache‹ organisierten Arbeitswelt ergeben«. Er ist jedoch nicht der Meinung, dass gegenüber einer solchen »Erziehung zur Sachbemeisterung« die auf den Umgang berechnete Erziehung das Feld zu räumen habe. Auch weist er darauf hin, wie durch die mathematische Wissenschaft von der Natur die von der Welt uns dargebotenen Sinneseindrücke desavouiert werden und wie das handwerkliche Schaffen des Menschen durch die technischen Errungenschaften abgewertet wird; wie ferner durch eine »angebliche Naturwissenschaft von der Seele, der Gesellschaft, der Geschichte« der Umgang des Menschen mit seinesgleichen disqualifiziert und die angemessene Behandlung der Menschenwelt »einer angeblichen Technologie der Seele, der Gesellschaft überwiesen wurde«.[330] So setzt er sich mit Goethe im Hinblick auf dessen »Kampf gegen den Absolutheitsanspruch von Newtons rechnender Wissenschaft« dafür ein, »die dem Umgang vorbehaltene und nur im Umgang zu gewinnende ›Wahrheit‹ vor der Überwältigung durch den mathematisch-technischen Denkimperialismus« zu bewahren. In der Tatsache, dass uns die Natur einerseits im Umgang ihr »konkret-beseeltes Antlitz« zukehrt und uns andererseits in der Wissenschaft als »abstrakt-formales Relationsgefüge« entgegentritt, sieht Litt wiederum einen Sachverhalt von antinomischem Charakter.[331]

Ausgehend von der Tatsache, dass die meisten Menschen heute in einen arbeitsteilig organisierten Arbeitsprozess eingespannt sind, in welchem der zwischenmenschliche Umgang verkümmert, hält Litt es für notwendig, diesen Umgang wiederherzustellen und zu pflegen. So kommt für ihn alles darauf an, dass diejenigen, die in einem gemeinsamen Arbeitsprozess darinnen stehen, »ihrem personalen Verhältnis einen Inhalt zu geben wissen, der durch seine menschliche Erfülltheit ihnen hilft, dem Druck der Sache standzuhalten«. Denn selbst eintönige und ermüdende Arbeit werde da am ehesten ertragen und am willigsten geleistet, »wo der rechte Geist das Ganze durchwaltet, wo Verständnis, Rücksicht, Hilfsbereitschaft, kurz, ein im Bewusstsein der Solidarität gegründetes Einvernehmen die Werkenden aller Stufen und Grade zusammenhält«.[332]

Wenn man sich nun fragt, wie die Erziehung die Aufgabe erfüllen soll, ein solches im Bewusstsein der Solidarität gegründetes Einvernehmen zu erreichen, so ist das, was Litt dazu zu sagen hat, äußerst ungenügend. Eine der wesentlichsten Aufgaben der Erziehung sieht er darin, Gesinnung und Haltung heranbilden zu helfen. Wie dies geschehen soll, sagt er jedoch nicht. Da der zwischenmenschliche Umgang durch die Entwicklung der gesellschaftlich-wirtschaftlichen Zustände verkümmert, meint er, dass die Erziehung sich aufgerufen fühlen müsse, der hier drohenden Verkümmerung zu wehren. Um dem erfolgreich begegnen zu können, müsse dem Menschen die Antinomie enthüllt werden, durch die sie bewirkt wird. Deshalb werde die Erziehung eine Erziehung zur Wachsamkeit werden, »damit nicht der Mensch, ohne es zu wissen und zu wollen, der Entseelung des im Umgang pulsierenden Lebens Vorschub leistet«. Litt meint, dass wir nur dann hoffen dürfen, dem uns bedrohenden Schicksal der Selbstzerstörung zu entgehen, »wenn die Erziehung das ihre tut, die Einsicht in Art und Umfang dieser Selbstgefährdung zum Gemeinbesitz zu machen«. Das bloße Wissen um die negativen Auswirkungen der modernen technisch-industriellen Entwicklung allein reicht aber nicht aus, um eine positive Gesinnung und Haltung gegenüber der Erde und gegenüber den Mitmenschen zu erwecken. Gerade weil Litt selbst keine konkrete Antwort auf die Frage zu geben weiß, wie Erziehung heute angesichts der Gefährdung der Menschheit und der Erde als ihrer Lebensgrundlage aussehen müsste, berührt es befremdlich, dass er hier meint, auf den großen Abstand hinweisen zu sollen, den die von ihm propagierte »Bildung« »von der Pädagogik des humanistischen ›Persönlichkeits‹kultes trennt«, die »einer Bildung unter der Glasglocke der Innerlichkeit« das Wort rede.[333] Diese Auffassung wird dem humanistischen Bildungsideal keineswegs gerecht. Zweifellos ist Litts Anliegen berechtigt, dass die Pädagogik die Bedingungen des modernen Arbeitslebens berücksichtigt. Es ist jedoch durchaus möglich, dies im Rahmen einer »humanistischen« Bildung zu tun. Sein Ziel, den Umgang des Menschen mit seinesgleichen und mit der Natur wieder neu zu beleben und zu pflegen wird nicht durch seine abstrakten Postulate, sondern nur dann erreicht werden, wenn die konkreten Anregungen des klassischen humanistischen Bildungsideals in einer unserer Zeit entsprechenden Form aufgegriffen werden.

Aus der Tatsache, dass der Umgang des Menschen mit der Natur Gefahr läuft, »durch die Wucht der Sachbezüge erdrückt zu werden«, erwächst für Litt der Bildungsarbeit aus der »hier drohenden Verkümmerung der nur im Umgang zu gewinnenden Erfahrungen« eine unübersehbare Verpflichtung. Er weist in diesem Zusammenhang auf Goethes Farbenlehre sowie auf dessen Bemühen hin, »dem Menschen für die ›Sprache der Natur‹ die Ohren zu öffnen«, was an Aktualität unerhört zugenommen habe. Auch müsse der Mensch von heute daran erinnert werden, dass die Natur mehr sei als ein gigantisches Rechenexempel und ein unerschöpfliches Kräftereservoir. Er müsse wieder »den Zugang zu den Erschütterungen und Erhebungen gewinnen, die nur der Umgang mit ihr dem aufnahmebereiten Gemüt gewährt«. Der aus der Entfremdung wiederhergestellte Umgang sei nicht dasselbe, was er vor Eintritt der Entfremdung war, weil er der naiven Selbstverständlichkeit enthoben sei, mit gesteigerter Bewusstheit genossen und mit verstärkter Beflissenheit durchgebildet werde. Durch »diesen Zug von Reflektiertheit« habe die Naturverbundenheit sich in diesem Sinne zu »vergeistigen« vermocht.[334]

Eine weitere Bildungsaufgabe sieht Litt in der »Erziehung zur Kunst und in der Kunst«. Diese habe nicht nur die Aufgabe, den werdenden Menschen mit einer der großen Grundformen menschlichen Schaffens vertraut zu machen. Darüber hinaus habe sie auch einer Entwicklung entgegenzuarbeiten, die dahin tendiert, »durch Überwuchern der Sachbindungen die sich als Umgang realisierende Beziehung von Mensch und Welt dem Schicksal der Auszehrung zu überantworten«. Der Mensch soll, »von den Gestalten der Kunst in den Bann geschlagen«, »in dem Weltvertrauen bestärkt werden, das ihm unter den Suggestionen einer der Sache verfallenden Kultur mehr und mehr verloren zu gehen droht«. Auch hier ist bemerkenswert, dass Litt wiederum an Goethe anknüpft, der über die Funktion der Farbe in der Malerei nachgedacht hat. Durch seine in die Tiefe dringende Einsicht habe er es vermocht, die dem Kunstwerk einverleibte Farbe eng mit der im Umgang sich darbietenden zu verknüpfen. Während die »objektivierende Wissenschaft« die im Umgang erfahrenen Qualitäten der Welt zum Verschwinden bringe, greife die Kunst in jeglicher Gestalt die ihr zu dankenden Eindrücke liebend auf, steigere sie mit der Kraft der Gestaltung zu höchster Beredsamkeit empor und rechtfertige und verkläre so den Umgang mit der Welt durch die Segnung des Genius. So ist für Litt die Kunst die »sublimste Verdichtung des im Umgang mit der Welt Erfahrenen«.

Doch weist er auch hier wieder auf den angeblichen »Abstand« hin, »der das ›Bildungs‹bemühen des Menschen von heute von dem im Zeitalter der Klassik möglichen und üblichen trennt«, was in dem Wandel der Deutung zum Ausdruck komme, welcher Anteil der Kunst an der Gestaltung des Lebens gesichert werden soll. Damals habe die Kunst als die segnende Göttin gefeiert werden können, »in deren Himmel sich der Mensch von den Befleckungen neuzeitlicher Zivilisation reinigen dürfe«. Heute gelte uns dieselbe Kunst als der *eine* Pol eines übergreifenden Verhältnisses, »das als unverdrängbaren Gegenpol die Macht der die Welt entgötternden Zivilisation in sich befasst«. Da dem Schicksal, in dieser Polarität leben zu müssen, nicht auszuweichen sei, soll der Mensch durch seine »Bildung« befähigt werden, dieser Polarität standzuhalten.[335]

Schließlich geht Litt noch auf das Phänomen der Sprache ein. Er zeigt auf, wie aus der Umgangssprache »kraft derselben Anspannung, die aus der Welt die Sache herauspräpariert«, die zur Sache gehörende Sprache bis hin zur (mathematischen oder chemischen) Formel herausdestilliert wird. So stellt er der Umgangssprache, aus deren Mutterboden die Kunst der Dichtung erwachsen kann, die Sachsprache als »Sprache der vollendeten ›Sachlichkeit‹«, als eine »entmenschte«, amusische Sprache gegenüber. Für Litt findet die Antinomie des Menschlichen in diesem Gegensatz von Sachsprache und dichterischer Sprache ihren schärfsten Ausdruck. Hier wendet er sich wiederum gegen »die Abwegigkeit jener sublimierten Selbstsucht, die durch die Sezession in das Reich des ›reinen‹ Geistes den Widerspruch zum Verstummen bringen möchte«. Für ihn steht die Kunst und mit ihr die Dichtung in vorderster Linie unter den geistigen Mächten, von denen man meine, dass sie »nur in dem Abseits dieses geistgeweihten Bezirks ihre menschenerlösende Sendung erfüllen können«. So wendet er sich gegen eine Dichtung, »die sich durch ihr ästhetisches Gewissen zur Absage an die Welt der sachgebundenen Arbeit verpflichtet glaubt«. Dergestalt sich absondernd trage sie dazu bei, »den Menschen der Wirklichkeit zu entfremden, deren Gegensätze er sehen und bestehen muss, um nicht von ihnen verschlungen zu werden«.[336]

Aus diesen Ausführungen geht nicht hervor, wie die Kunst und mit ihr die Dichtung nach Litt aussehen soll, die den Menschen nicht der Wirklichkeit entfremdet. Soll sie »die Welt der sachgebundenen Arbeit« darstellen, wie dies zum Beispiel in der »realistischen Kunst« der sozialistischen Staaten des Ostens angestrebt wurde? Das wird Litt wohl nicht gemeint haben. Er verkennt offensichtlich, dass die Kunst ihren Ursprung und ihre wahre Quelle gerade nicht in der äußeren Welt der sachgebundenen Arbeit, sondern vielmehr in dem Reich des Geistes hat, das er glaubt ins Abseits stellen zu sollen. Wenn er von einem »Verschweben in Hölderlin-Stimmungen« spricht[337], so zeigt dies überdeutlich, dass er kein Empfinden für wahre Dichtung hat. Indem der moderne Mensch in die materielle Welt der sachgebundenen Arbeit eingespannt ist, braucht er als Gegenpol ein Eintauchen in die Welt des Geistigen, sei es in das Geistige der Natur, wie es Goethe anstrebte, sei es in den Geist des Mitmenschen oder sei es in das Reich des »reinen« Geistes, das Goethe ebenfalls vertraut war, und das insbesondere in der Dichtung seinen künstlerischen Ausdruck findet. Zur abzulehnenden »sublimierten Selbstsucht« wird ein solches Eintauchen nur dann, wenn der Mensch sich einseitig der Welt des Geistigen zuwendet und glaubt, sich von der äußeren materiellen Welt mit ihren Aufgaben und von der sachgebundenen Arbeit in ihr abwenden zu sollen. Sowohl Goethe als auch Wilhelm von Humboldt haben es verstanden, das Streben nach dem Geistigen, dem »Unsinnlichen« in der Natur, im Mitmenschen und in der Kunst mit einer lebenspraktischen Tätigkeit in der äußeren Welt fruchtbar zu verbinden. Gerade aus ihrem geistigen Streben schöpften sie die Ideen und die Kraft für ihre äußere Tätigkeit.

Unklar bleibt, welche Aufgabe Litt der Sprache im Rahmen der Erziehung zuweist. Indem er in dem Kapitel über die Sprache sagt, dass eine Erziehung, die ihre Zeit versteht, darauf hinarbeiten müsse, »dass die dem Umgang vorbehaltenen Eindrücke, Erfahrungen, Erhebungen in ihrer unverkürzten Eigenheit, und das heißt: in ihrem polaren Gegensatz gegen die Formen der Sachdienstbarkeit durchlebt, verstanden, ausgeschöpft werden«[338], so bringt er damit unausgesprochen zum Ausdruck, dass auch die Sprache und die aus ihr erwachsende Dichtung eine wichtige Aufgabe im Rahmen der Erziehung und Bildung hat. Er geht jedoch nicht darauf ein, wie diese erfüllt werden soll und welche sprachlichen Inhalte behandelt werden sollten.

Betrachtet man Litts Bildungskonzept und seine Kritik am »klassischen« Bildungsideal, so ist sein Anliegen berechtigt, im Rahmen der Bildung die Antinomie, den Gegensatz, »der die Gestalten bildende Kunst von der die Sache nutzenden Zivilisation trennt«[339], bewusst zu machen und durch die Pflege des Umgangs mit der Natur die Naturverbundenheit zu »vergeistigen«.[340] Das gilt auch für sein Ziel, die moderne technische Arbeitswelt in den Bildungsprozess einzubeziehen. Weitgehend unberechtigt ist jedoch seine Kritik am ursprünglichen humanistischen Bildungsideal, wie es insbesondere durch Wilhelm vom Humboldt zur Geltung gebracht wurde. Clemens Menze hat dazu bemerkt, dass Litt proleptisch verfährt, »insofern er für eine schon entwickelte Denkbewegung nach Belegen sucht, eine aus systematischer Erörterung hervorgegangene These historisch zu stützen«. Von da aus würde sich nicht nur nahezu zwangsläufig eine gewisse Undifferenziertheit in der Einschätzung der geschichtlichen Sachverhalte, sondern auch ein Systematisierungszwang ergeben, gegen den sich die Phänomene sperren. Menze wirft Litt vor, dass er die Werke führender Humanisten ohne große Gründlichkeit durchmustere, und eine Prüfung der von ihm zur Stützung seiner These herangezogenen Belege ergebe, dass er auf die Zusammenhänge, denen er sie entnimmt, wenig Rücksicht nimmt. An Beispielen zeigt Menze historische Fehldeutungen von Litt auf, in denen Mängel des humanistischen Bildungsdenkens aufscheinen, »die sich zwar gut in Litts Systematik einfügen, aber sich von den geschichtlichen Zeugnissen her nicht belegen lassen«.[341]

Den Grund für die »in die Irre führende Einschätzung« des Humanismus sieht Menze in Litts politischem Interesse, dass sich eine solche politische Katastrophe wie die des Nationalsozialismus nicht wiederholt. Er habe schon in der Zeit der Weimarer Republik das politische Versagen der humanistisch Gebildeten und besonders auch der Gymnasiallehrer mit Bitterkeit und Kritik konstatiert. Ihr kritikloses Sich-Einreihen in eine totalitäre, menschenverachtende Ideologie habe dazu beigetragen, dem Nationalsozialismus zur Wirksamkeit zu verhelfen. Nach dem totalen Desaster von 1945 habe statt einer Einsicht in dieses Versagen eine Renaissance eben jenes Humanismus begonnen, die die Zielscheibe der Kritik Litts sei. Der *diesem* Humanismus eigene »weltflüchtende, im geschichtlichen Gang deutlich zutage getretene Opportunismus« erkläre die Schärfe und Radikalität von Litts Kritik. Aber dieser zeitgängige Humanismus habe mit dem originären wenig gemein. Es sei der Humanismus in seiner veräußerlichten bildungsbürgerlichen Form, »der mit seinem Pochen auf die edlen Ziele des Menschen die politische Entmündigung reibungslos verbinden konnte«.[342]

Da Litt selbst am Ende seines Buches über »Das Bildungsideal der deutschen Klassik und die moderne Arbeitswelt« betont, dass seine Auseinandersetzung mit dem Bildungsideal der Klassik nicht als Bruch mit diesem Ideal verstanden werden sollte und dass er mit dem, was er gegen das Festhalten an jenem Ideal einzuwenden habe, nicht aufhöre, im Zuge der von ihm ausgehenden Überlieferung zu stehen[343], ist es berechtigt und gerade auch im Hinblick auf die Gefahr der Entfremdung des Menschen durch die moderne Arbeitswelt notwendig, sich auf das von Litt verfehlte eigentliche Bildungsideal der deutschen Klassik und seine richtungweisende Ausgestaltung durch Wilhelm von Humboldt zu besinnen.

Peter Sloterdijks Humanismuskritik

Im Folgenden wollen wir uns noch mit der Humanismuskritik von Peter Sloterdijk (* 1947) auseinandersetzen. Er ist der Meinung, dass der Mensch durch den Humanismus gar nicht bildungsfähig sei. So sagt er in seinem 1999 gehaltenen Vortrag »Regeln für den Menschenpark«, dass der Humanismus bei der Zähmung der menschlichen Bestialität versagt habe. Dabei reduziert er den Humanismus auf Bildung durch Lektüre von Texten des klassischen Altertums bzw. von Klassikern aus der Neuzeit.[344] Seiner Substanz nach sei der bürgerliche Humanismus, der seine hohe Zeit von 1789 bis 1945 gehabt habe, nichts anderes gewesen als die Vollmacht, der Jugend die Klassiker aufzuzwingen und die universale Geltung nationaler sowie die nationale Geltung universaler Lektüren zu behaupten.[345] Die Epoche des »nationalbürgerlichen Humanismus« sei an ein Ende gelangt, »weil die Kunst, Liebe inspirierende Briefe (als welche er auch Bücher versteht) an eine Nation von Freunden zu schreiben […] nicht mehr ausreichen könnte, das telekommunikative Band zwischen den Bewohnern einer modernen Massengesellschaft zu knüpfen«. Durch die mediale Etablierung der Massenkultur durch Rundfunk und Fernsehen und mehr noch durch die aktuellen Vernetzungsrevolutionen sei die Koexistenz der Menschen in den aktuellen Gesellschaften auf neue Grundlagen gestellt worden. Diese seien entschieden post-literarisch, post-epistolographisch und folglich post-humanistisch. So kommt Sloterdijk zu der These, dass moderne Großgesellschaften ihre politische und kulturelle Synthesis nur noch marginal über literarische, briefliche, humanistische Medien produzieren könnten. Die Literatur sei deswegen keineswegs am Ende, aber sie habe sich zu einer Subkultur sui generis ausdifferenziert, und die Tage ihrer Überschätzung als Träger der Nationalgeister seien vorüber. »Die Ära des neuzeitlichen Humanismus als Schul- und Bildungsmodell ist abgelaufen, weil die Illusion nicht länger sich halten lässt, politische und ökonomische Großstrukturen könnten nach dem amiablen Modell der literarischen Gesellschaft organisiert werden.«[346] In den Jahren nach 1945, am grellen Ende der nationalhumanistischen Ära, habe das humanistische Modell noch einmal eine Nachblüte erlebt. Damals habe man die Grundlagen des nun wieder so genannten Abendlandes im christlichen Humanismus beschworen. »Dieser verzweifelt über Weimar nach Rom blickende Neohumanismus war ein Traum von der Rettung der europäischen Seele durch eine radikalisierte Bibliographie – eine schwermütig-hoffnungsvolle Schwärmerei von der zivilisierenden, der vermenschlichenden Macht der Klassikerlektüre [...].«[347]

Hier liegt deutlich das Missverständnis zugrunde, dass das humanistische Bildungsideal auf der Lektüre klassischer, christlicher oder sonstiger Literatur beruhe. Dieses Missverständnis entsteht dadurch, dass der Unterricht in den so genannten »humanistischen« Gymnasien mit seiner Betonung der Lektüre altphilologischer Texte als Inbegriff humanistischer Bildung verstanden wird. Dabei wird übersehen, dass Wilhelm von Humboldt eine viel umfassendere Bildung anstrebte. Clemens Menze spricht von einem »eingebildeten Humanismus« der klassischen Philologen, die sich durch die Absolutsetzung ihrer Aufgabe, Sprache zu lehren, gegen die Humboldt'schen Intentionen und unter Anknüpfung an die schlechte Tradition der Lateinschulen als die Lehrer des Gymnasiums überhaupt profilieren. Auch kritisiert er die mangelnde pädagogische Ausbildung des »Humanisten«, denn »der ausgebildete Philologe ist nicht ohne weiteres als Pädagoge brauchbar«.[348]

Sloterdijk ist völlig darin zuzustimmen, dass die Ära *dieses* »Humanismus« als Schul- und Bildungsmodell abgelaufen ist. Es kann nicht bezweifelt werden, dass dieser gegenüber den Bildungsaufgaben der Gegenwart versagt hat. Richtig ist auch, dass durch Rundfunk und Fernsehen und durch die weltweite Vernetzung durch das Internet die Koexistenz der aktuellen Gesellschaften auf eine neue Grundlage gestellt worden ist. Es muss jedoch bezweifelt werden, ob man insoweit von der Etablierung einer »Massen*kultur*« sprechen kann. Sloterdijk sagt zwar negativ, dass moderne Großgesellschaften ihre politische und kulturelle Synthesis nur noch marginal über literarische, briefliche, humanistische Medien produzieren könnten. Er gibt jedoch keinerlei positiven Hinweis, ob und wie durch die modernen Medien eine solche Synthesis möglich sein soll. Die weltweite Verbreitung und Vernetzung der neuen technischen Medien besagt nichts über deren Inhalt, der durch diese vermittelt wird. Offensichtlich ist Sloterdijk selbst äußerst skeptisch in Bezug auf die Möglichkeiten der modernen Medien, indem er von einem Zivilisationsprozess spricht, »in dem eine beispiellose Enthemmungswelle anscheinend unaufhaltsam rollt«.[349]

Sloterdijk ist offenbar der Meinung, dass die Menschen höhere Tiere sind, deren Zähmung im Laufe der Evolution stattfand. Dass er dies so sieht, geht daraus hervor, dass er von einer Naturgeschichte der Gelassenheit, »kraft deren der Mensch das weltoffene, weltfähige Tier zu werden vermochte«, und von einer Sozialgeschichte der *Zähmungen* spricht, »durch die die Menschen sich ursprünglich als die Wesen erfahren, die sich zusammennehmen, um dem Ganzen zu entsprechen«. Darin sieht er »eine über den Humanismus hinaus vertiefte Besinnung über den Menschen«, die in der Darlegung bestehe, »wie aus dem Sapiens-Tier der Sapiens-Mensch wurde«. Er spricht von dem Abenteuer der Hominisation, »wie in den langen Perioden vormenschlich-menschlicher Urgeschichte aus dem lebend gebärenden Säugetier Mensch eine Gattung von frühgeburtlichen Wesen wurde, die [...] mit einem wachsenden Überschuss an animalischer Unfertigkeit in ihre Umwelten heraustraten«.[350] Die Zähmung des Menschen hängt für Sloterdijk damit zusammen, dass der Mensch mit dem Hervorgang in die Welt durch den Einzug in gebaute Häuser zugleich sesshaft geworden und mit der Sesshaftwerdung die »Zähmung des Menschen durch das Haus« erfolgt ist. Mit dieser Zähmung beginne auch die Bindung der Tiere an die Häuser der Menschen, die nicht bloß eine Sache von Zähmungen, sondern auch eine von Abrichtungen und Züchtungen sei.[351]

Indem Sloterdijk vom »Sapiens-Tier« und vom urgeschichtlichen »lebend gebärenden Säugetier Mensch« spricht, unterscheidet er den Menschen anscheinend doch insofern vom Tier, als er ihn als von Anfang an vernunftbegabt auffasst. Auch geht er von einem wesentlichen Unterschied zwischen Mensch und Tier aus, indem er von einem »wachsenden Überschuss an animalischer Unfertigkeit« und von der »Frühgeburtlichkeit, der Neotenie (jugendliche Unvollkommenheit) und der chronischen animalischen Unreife des Menschen« spricht, was »gattungsgeschichtliche Wurzeln« habe. Wenn Sloterdijk sagt: »Man könnte so weit gehen, den Menschen zu bezeichnen als das Wesen, das in seinem Tiersein und Tierbleiben gescheitert ist. Durch sein Scheitern als Tier stürzt das unbestimmte Wesen aus der Umwelt und erwirbt so die Welt im ontologischen Sinn«[352], so kommt darin zum Ausdruck, dass der Mensch zwar auch Tier ist, aber durch seine über das Tiersein hinausgehenden Fähigkeiten sich der Welt erkennend gegenüberstellen kann, dadurch aber auch aus dem instinktiven Eingebundensein in Naturgesetze herausgefallen ist und deshalb bestialischer als das Tier sein kann.

Dieses Menschenbild Sloterdijks bestimmt auch sein Bildungsverständnis. Nach ihm werden die Menschen in der Hochkultur ständig von zwei Bildungsmächten zugleich in Anspruch genommen, die er vereinfachend die hemmenden und die enthemmenden Einflüsse nennt. Zum Credo des Humanismus gehöre die Überzeugung, dass Menschen »Tiere unter Einfluss« seien und dass es deswegen unerlässlich sei, ihnen die richtige Art von Beeinflussungen zukommen zu lassen. In falscher Harmlosigkeit erinnere das Etikett Humanismus an die fortwährende Schlacht um den Menschen, die sich als Ringen zwischen bestialisierenden und zähmenden Tendenzen vollziehe. Den antiken Humanismus versteht er als Parteinahme in einem Medienkonflikt, »das heißt als Widerstand des Buches gegen das Amphitheater« und als Opposition gegen das Entmenschlichende in den Stadien. Damit sei gesagt, »dass Menschlichkeit darin besteht, zur Entwicklung der eigenen Natur die zähmenden Medien zu wählen und auf die enthemmenden zu verzichten«.[353] Auch auf den in der Gegenwart sich vollziehenden »Titanenkampf zwischen den zähmenden und den bestialisierenden Impulsen und ihren jeweiligen Medien« weist Sloterdijk hin, wobei er als Beispiel die in die Schulen einbrechende Gewaltwelle und den Kampf der Schule gegen die indirekten Bildungsgewalten, das Fernsehen, das Gewaltkino und andere Enthemmungsmedien anführt und sagt, dass die Schule diesen Kampf verlieren könnte, »wenn nicht eine neue Gewalt dämpfende Kultivierungsstruktur entsteht«. Die nächsten langen Zeitspannen würden für die Menschheit Perioden der gattungspolitischen Entscheidung sein, in denen sich zeigen werde, »ob es der Menschheit oder ihren kulturellen Hauptfraktionen gelingt, zumindest wieder wirkungsvolle Verfahren der Selbstzähmung auf den Weg zu bringen«.[354] Leider bleibt Sloterdijk die Antwort schuldig, wie die »neuen Gewalt dämpfenden Kultivierungsstrukturen« aussehen könnten und wie »wirkungsvolle Verfahren der Selbstzähmung« auf den Weg gebracht werden könnten.

Offensichtlich geht es ihm bei seiner Ablehnung der »humanistischen« Bildung durch Klassikerlektüre um einen anders verstandenen Humanismus. So sagt er, dass mit der Humanismus-Frage mehr gemeint sei als die Vermutung, dass Lesen bildet. Es gehe in ihr um nicht weniger als um eine Anthropodizee – »das heißt eine Bestimmung des Menschen angesichts seiner biologischen Offenheit und seiner moralischen Ambivalenz«. Die Frage, wie der Mensch zu einem wahren oder wirklichen Menschen werden könne, sei von hier an unausweichlich als eine Medienfrage gestellt, wobei er unter Medien »die kommunionalen und kommunikativen Mittel« versteht, »durch deren Gebrauch sich die Menschen selbst bilden zu dem, was sie sein können und sein werden«.[355] Leider bleibt hier unklar, was Sloterdijk unter einem wahren und wirklichen Menschen versteht und worauf er seinen Glauben stützt, dass die Menschen sich durch die modernen Medien zu wahren Menschen bilden können. Wenn er sagt, dass zum Credo des Humanismus die Überzeugung gehöre, dass die Menschen »Tiere unter Einfluss« seien und dass es darauf ankomme, ihnen die richtige Art von Beeinflussungen zukommen zu lassen, so ist dies offensichtlich sein eigenes Credo; so, wenn er von hemmenden und enthemmenden Einflüssen als Bildungsmächten und vom Ringen zwischen bestialisierenden und zähmenden Tendenzen in der fortwährenden Schlacht um den Menschen spricht. Anscheinend ist Sloterdijk von der behavioristischen Psychologie und Pädagogik eines John Watson und anderer beeinflusst, die den Menschen mit dem Tier gleichsetzen und glauben, dass auch das Verhalten der Menschen nur durch äußere Einflüsse bestimmt wird.[356] Er spricht zwar auch von Selbstzähmung des Menschen sowie davon, dass die Menschen sich selbst durch den Gebrauch der Medien zu dem bilden könnten, was sie sein können und sein werden. Dabei denkt er aber offenbar nur an eine Entscheidung für hemmende oder »zähmende« Medieninhalte. Von wirklicher Menschenbildung und Selbstbildung hat Sloterdijk offensichtlich keine Ahnung.

Humanismus durch Menschenzüchtung?

Unter völlig missverstandener Anwendung des Heidegger'schen Begriffs der »Lichtung des Seins« sieht Sloterdijk die Fenster der Häuser als Lichtungen der Mauern an, hinter denen die Menschen zu theoriefähigen Wesen wurden. Die Lichtung selbst sieht er als Kampfplatz und als Ort der Entscheidung und der Selektion. »In Bezug hierauf ist mit

Wendungen einer philosophischen Pastorale nichts mehr auszumachen. Wo Häuser stehen, da muss entschieden werden, was aus den Menschen, die sie bewohnen, werden soll; es wird in der Tat und durch die Tat entschieden, welche Arten von Häuserbauern zur Vorherrschaft kommen.«[357] Im Hinblick auf Nietzsches »Also sprach Zarathustra«, hinter dem sich ein theoretischer Diskurs über den Menschen als eine zähmende und züchtende Gewalt verberge, sagt Sloterdijk, dass mit der These vom Menschen als Züchter des Menschen der humanistische Horizont gesprengt werde, »sofern der Humanismus niemals weiter denken kann und darf als bis zur Zähmungs- und Erziehungsfrage: Der Humanist lässt sich den Menschen vorgeben und wendet dann auf ihn seine zähmenden, dressierenden, bildenden Mittel an – überzeugt wie er ist, vom notwendigen Zusammenhang zwischen Lesen, Sitzen und Besänftigen.« Nietzsche hingegen wittere hinter dem heiteren Horizont der schulischen Menschenzähmung einen Raum, »in dem unvermeidliche Kämpfe über Richtungen der Menschenzüchtung beginnen werden […].«. Zarathustra nehme das Ergebnis einer bislang erfolgreichen und unumstrittenen Züchtungspolitik wahr: »Die Menschen haben es […] mit Hilfe einer geschickten Verbindung von Ethik und Genetik fertig gebracht, sich selbst kleinzuzüchten. Sie haben sich selbst der Domestikation unterworfen und eine Zuchtwahl in Richtung auf haustierliche Umgänglichkeit bei sich selbst auf den Weg gebracht.« Und als den von Nietzsche postulierten Grundkonflikt aller Zukunft bezeichnet Sloterdijk den Kampf zwischen den Kleinzüchtern und den Großzüchtern des Menschen, zwischen Humanisten und Superhumanisten, Menschenfreunden und Übermenschenfreunden.[358]

Zum Begriff des Übermenschen bemerkt Sloterdijk, dass Nietzsche hierbei ein Weltalter tief über die Gegenwart hinaus denke. »Er nimmt Maß an den zurückliegenden tausendjährigen Prozessen, in denen bisher dank intimer Verschränkungen von Züchtung, Zähmung und Erziehung Menschenproduktion betrieben wurde – in einem Betrieb freilich […], der unter der Maske der Schule das Projekt Domestikation zum Gegenstand hatte.«[359] Auch wenn Sloterdijk Nietzsches Gedanken etwas relativiert, bleibt für ihn doch »nach Abzug seiner überspannten und argwöhnisch-antiklerikalen Momente« »ein hinreichend harter Kern zurück, um ein späteres Nachdenken über die Humanität jenseits der humanistischen Harmlosigkeit zu provozieren«. So sagt er, dass Nietzsches »Diskurs über die Differenz und Verschränkung von Zähmung und Züchtung, ja überhaupt der Hinweis auf die Dämmerung eines Bewusstseins von Menschenproduktionen und allgemeiner gesprochen: von Anthropotechniken« Vorgaben seien, von denen das heutige Denken den Blick nicht abwenden könne, »es sei denn, es wollte sich von neuem der Verharmlosung widmen«.[360]

So kommt Sloterdijk zu dem Schluss, »dass es mit der erzieherischen Zähmung und Befreundung des Menschen mit den Buchstaben allein zu keiner Zeit getan sein konnte. Gewiss war das Lesen eine menschenbildende Großmacht [...]; das Auslesen jedoch – wie auch immer es sich vollzogen haben mag – war stets als die Macht hinter der Macht im Spiel. Lektionen und Selektionen haben miteinander mehr zu tun, als irgendein Kulturhistoriker zu bedenken willens und fähig war [...].«[361] Dieser Zusammenhang von Lesen und Auslesen besitzt für Sloterdijk als solcher seine Realität. Dies führt ihn zu der These, »dass Menschen Tiere sind, von denen die einen ihresgleichen züchten, während die anderen die Gezüchteten sind [...].«[362]

Indem Sloterdijk von »Menschenproduktion« durch intime Verschränkungen von Zähmung, Züchtung und Erziehung spricht, geht daraus hervor, dass er keine Möglichkeit sieht, den Menschen zur Humanität allein durch Erziehungsmaßnahmen zu bilden. Dies hat er bereits deutlich in dem Vorwort zu seinem Buch »Kritik der zynischen Vernunft« so ausgesprochen: »Die Vergesellschaftung durch Schulung, wie sie hier zu Lande geschieht, ist die Verdummung a priori, nach der kaum ein Lernen mehr Aussicht bietet, dass die Dinge irgendwann besser würden. Die Umkehrung des Verhältnisses von Leben und Lernen liegt in der Luft: das Ende des Glaubens an die Erziehung, das Ende der europäischen Scholastik.«[363]

Übergehend zu der Signatur des gegenwärtigen technischen und anthropotechnischen Zeitalters, das dadurch gekennzeichnet werden kann, dass bereits durch pränatale Diagnostik eine Auslese möglich ist und dass zukünftige genetische Veränderungen des Menschen heute möglich erscheinen, vertritt Sloterdijk die Auffassung, dass Menschen eine schlechte Figur machen, wenn sie sich weigern, die ihnen faktisch zukommende Selektionsmacht auszuüben und andere an ihrer Stelle handeln lassen. Für ihn »wird es in Zukunft wohl darauf ankommen, das Spiel aktiv aufzugreifen und einen Kodex der Anthropotechniken zu formulieren. Ein solcher Kodex würde rückwirkend auch die

Bedeutung des klassischen Humanismus verändern – denn mit ihm würde offen gelegt und aufgeschrieben, dass Humanitas nicht nur die Freundschaft des Menschen mit dem Menschen beinhaltet; sie impliziert auch immer [...], dass der Mensch für den Menschen die höhere Gewalt darstellt.«[364] So kommt Sloterdijk dazu, die Fragen aufzuwerfen, ob »die langfristige Entwicklung auch zu einer genetischen Reform der Gattungseigenschaften führen wird, ob eine künftige Anthropotechnologie bis zu einer expliziten Merkmalsplanung vordringt, ob die Menschheit gattungsweit eine Umstellung vom Geburtenfatalismus zur optionalen Geburt und zur pränatalen Selektion wird vollziehen können«, und bemerkt dazu, dass sich in diesen Fragen, »wie auch immer verschwommen und nicht geheuer, der evolutionäre Horizont vor uns zu lichten beginnt«.[365]

Diese Gedanken Sloterdijks haben in der deutschen Öffentlichkeit in den Monaten September und Oktober 1999 zu einer erregten und kontroversen Debatte geführt. In der Nachbemerkung zu seiner Schrift über den Menschenpark spricht Sloterdijk im Hinblick auf diese Debatte von einem Krisenphänomen, das einen übermächtigen Trend zur Umorientierung der Medien von Information auf Erregungsproduktion verrate. Durch diesen Exzess habe sich »das gefahrvolle Ende des literarischen Humanismus als einer Utopie der Menschenformung durch die Schrift und durch die geduldig machende, zur Zurückhaltung des Urteils und zur Öffnung des Ohrs erziehende Lektüre« noch einmal exemplarisch manifestiert. Auch spricht er von einer »schamlosen Strategie der Falschleser« im Hinblick auf seinen Hinweis auf einige Probleme, »die sich durch das Auftauchen der neuen biotechnischen Eingriffsmöglichkeiten für den künftigen Gattungsprozess stellen könnten«. Aus seinen Fragesätzen hätten einige Publizisten Präskriptionen gemacht.[366] Bemerkenswert ist, dass Sloterdijk später von seiner umstrittenen Elmauer Rede, die seinem Buch über den Menschenpark zugrunde liegt, bei einer Fragerunde in Hamburg anlässlich einer Vortragsreihe »Ist der Humanismus am Ende?« gesagt haben soll: »Der ganze Text ist eigentlich ein lang gezogener, melancholischer Scherz.«[367]

Man kann sich fragen, was von einem Verfasser zu halten ist, der von seiner Schrift nachträglich sagt, dass seine Ausführungen ein Scherz seien, also nicht ernst genommen werden sollten. Tatsache ist aber, dass Sloterdijk nicht nur in Fragesätzen auf Probleme hingewiesen hat, die sich durch die neuen biotechnologischen Eingriffsmöglichkeiten für den Gattungsprozess ergeben könnten. Vielmehr sahen wir, dass er ausdrücklich von der Selektionsmacht spricht, die die Menschen faktisch errungen haben, und sagt, dass diejenigen eine schlechte Figur machen, die andere an ihrer Stelle handeln lassen wollten. Und wenn er, wie bereits erwähnt, sagt, dass es in Zukunft wohl darauf ankommen wird, das Spiel aktiv aufzugreifen und einen Kodex der Anthropotechniken aufzustellen[368], so lässt er damit, wenn auch vorsichtig, erkennen, dass er »eine explizite Merkmalsplanung auf Gattungsebene« nicht nur für möglich, sondern (mit Einschränkungen durch einen Kodex) für zukünftig unvermeidbar hält. Sagt er doch, dass es zur Signatur der Humanitas gehöre, »dass Menschen vor Probleme gestellt werden, die für Menschen zu schwer sind, ohne dass sie sich vornehmen könnten, sie ihrer Schwere wegen unangefasst zu lassen«. Er nennt dies »eine Provokation des Menschenwesens durch das *Unumgängliche,«* das zugleich das Unbewältigbare sei.[369] Indem er im Nachwort von der individuellen (im Gegensatz zur gattungsweiten) pränatalen Selektion sagt, dass diese, katholischen Widerständen zum Trotz, als Recht auf Abtreibung nach medizinischer Indikation in Europa und den USA bereits zum juristisch abgeklärten »*Kultur*standard« (!) gehöre[370], deutet er damit die Richtung an, nach der sich seiner Meinung nach der evolutionäre Horizont lichtet.

Plato als Menschenzüchter?

Ein weiteres Indiz dafür, dass Sloterdijk es mit einer künftigen »gattungsweiten Merkmalsplanung« ernst meint, ist die Tatsache, dass er sich nicht nur auf Nietzsche, sondern auch auf Platos Erziehungs- und Staatsreflexionen in seinem Dialog »Politikos«, der mit »Staatsmann« übersetzt wird, bezieht, wenn er die These aufstellt, dass die Menschen Tiere sind, von denen die einen ihresgleichen züchten, während die anderen die Gezüchteten sind. Den Dialog »Der Staatsmann« bezeichnet Sloterdijk als ein »Arbeitsgespräch unter Züchtern« und bemerkt, dass es Plato darum ging, ein Staatsvolk zu züchten.[371] Seit den Staatsschriften von Plato, dem »Politikos« und der »Politeia«, rede man in der Welt von der Menschengemeinschaft wie von einem zoologischen Park, der zugleich ein Themenpark sei; die Menschenhaltung in Parks oder Städten erscheine von jetzt an als eine zoopolitische Aufgabe. Was sich als Nachdenken über Politik präsentiere, sei in Wahrheit eine Grundlagenreflexion über Regeln für den Betrieb von Menschenparks. Allerdings weist Sloterdijk auch darauf hin, dass die Menschen in den politischen Themenparks nicht nur gehalten werden, sondern sich selbst darin erhalten. Sie seien selbsthegende, selbsthütende Wesen, die einen Parkraum um sich erzeugen und sich überall eine Meinung darüber bilden müssen, wie ihre Selbsthaltung zu regeln sei.[372]

Zurückkommend auf den »platonischen Zoo und seine Neu-Einrichtung« meint Sloterdijk, dass im Dialog vom »Politiker« die Präambeln einer politischen Anthropotechnik entwickelt würden. In dieser gehe es nicht nur um die zähmende Lenkung der von sich aus schon zahmen Herden, »sondern um eine systematische Neu-Züchtung von urbildnäheren Menschenexemplaren«.[373] Anschließend macht Sloterdijk dann Platos Methode der »Gewinnung der Wahrheit durch sorgfältige Einteilung oder Zerschneidung von Begriffs- und Sachmengen« lächerlich, indem er sie als »groteske Definitionsübung« ironisierend charakterisiert, durch welche als eigentliche Staatskunst zurückbleibe, »die freiwillige Herdenwartung [...] über freiwillige lebendige Wesen«. Dann springe der Dialog in eine andere Metaphorik über, »um das schwierigste Stück der Menschenhüte-Kunst, die züchterische Steuerung der Reproduktion [...] umso energischer aufzugreifen.[374] Für Sloterdijk ist das, was Plato den Fremden in seinem »Staatsmann« vortragen lässt, »das Programm einer humanistischen Gesellschaft, die sich in einem einzigen Voll-Humanisten, dem Herrn der königlichen Hirtenkunst, verkörpert. Die Aufgabe dieses Über-Humanisten wäre keine andere als die Eigenschaftsplanung bei einer Elite, die eigens um des Ganzen willen gezüchtet werden muss.«[375]

Allerdings gibt Sloterdijk zu bedenken, dass der platonische Hirt ein glaubwürdiger Hüter der Menschen nur sein könne, weil er das irdische Abbild des einzigen ursprünglichen wahren Hirten verkörpere – »des Gottes, der in der Vorzeit, unter der Herrschaft des Kronos, die Menschen unmittelbar gehütet hatte«. Man dürfe nicht vergessen, dass auch bei Plato allein der Gott als ursprünglicher Hüter und Züchter des Menschen in Frage komme. Dann aber, da sich unter der Herrschaft des Zeus die Götter zurückgezogen und den Menschen die Sorge überlassen hätten, sich selbst zu hüten, bleibe als der würdigste Hüter und Züchter der Weise zurück, bei dem die Erinnerung an die himmlischen Schauungen des Besten am lebhaftesten sei. Für Plato bleibe ohne das Leitbild des Weisen die Pflege des Menschen durch den Menschen eine vergebliche Leidenschaft.[376]

Übergehend zur Gegenwart, »zweieinhalbtausend Jahre nach Platos Wirken«, scheint es für Sloterdijk in bescheidener Selbsterkenntnis, als hätten sich nicht nur die Götter, sondern auch die Weisen zurückgezogen »und uns mit unserer Unweisheit und unseren halben Kenntnissen in allem allein gelassen«. Was uns blieb, seien ihre Schriften in ihrer wachsenden Dunkelheit. Sie könnten noch immer gelesen werden, »wenn man nur wüsste, warum man sie noch lesen sollte«. Für ihn sind sie »Abbilder oder Trugbilder einer Weisheit, an die zu glauben den Zeitgenossen nicht mehr gelingt«. Sie würden sich in archivierte Objekte verwandeln, und alles deute darauf hin, »dass Archivare und Archivisten die Nachfolge der Humanisten angetreten haben«.[377]

Man kann Sloterdijk darin zustimmen, wenn er die Menschheit heute weitgehend von Göttern und Weisen verlassen und mit Unweisheit und halben Kenntnissen zurückgelassen empfindet. Die Unweisheit und die halben Kenntnisse hängen damit zusammen, dass die Menschen aus der heute vorherrschenden materialistischen Sichtweise die Realität des Seelisch-Geistigen als die tiefere Seite der Welterscheinungen nicht mehr zu schauen vermögen. Bei Sloterdijk zeigt sich dies darin, wie er Plato nur einseitig als Menschenzüchter interpretiert. Richtig ist, dass Plato in seinem »Staatsmann« den königlichen Herrscher mit dem Hirten einer Herde vergleicht. Das ist ein damals gebräuchliches Bild, das auch Jesus im Hinblick auf seine Jünger verwendet. Es trifft ferner zu, dass in der deutschen Übersetzung des »Politikos« von Friedrich Schleiermacher von »Herdenzucht« und von »Gemeinzucht« beziehungsweise »Gemeindezucht« die Rede ist.[378] Doch unterscheidet Plato ausdrücklich die »Herden*zucht*« von der »Herden*wartung*« und bezeichnet es als großen Fehler, dass er bis dahin den Herrscher und König nicht aus der damaligen Zeit beschrieben habe, sondern aus einem früheren Zeitlauf, indem er einen Gott statt eines Sterblichen als Hirten der damaligen menschlichen Herde beschrieben habe. Jetzt spricht Plato nicht von der menschen*züchtenden*, sondern von der menschen*hütenden* Kunst des Staatsmanns und Königs, den er auch mit dem Wagenführer vergleicht, dem die Zügel des Staates übergeben werden.[379] Als königliche Kunst bezeichnet er jetzt keine andere als die Besorgung der gesamten menschlichen Gemeinschaft und die über alle Menschen sich erstreckende Herrschaft, wobei er allerdings die »Zucht« von der gesamten Besorgung nicht ausschließt.[380] Hierbei muss jedoch berücksichtigt werden, dass das griechische Wort »trophé« nicht eigentlich »Zucht« im Sinne von züchten, sondern unter anderem Ernährung, Speisung, Pflege, Aufzucht und Erziehung bedeutet, und dass das Wort »trophos« im Griechischen einen Pfleger oder eine Amme bezeichnet. Der König oder Staatsmann ist somit für Plato in erster Linie der für die Erziehung und Ernährung der gesamten menschlichen Gemeinschaft Sorgende, das heißt, er hat für das seelisch-geistige und leibliche Wohl seiner Bürger zu sorgen. Dementsprechend spricht Plato im Hinblick auf den König von der »vorsorgenden Kunst« oder von der »menschlichen Vorsorgungskunst«.[381]

Wenn Sloterdijk meint, dass für Plato als eigentliche Staatskunst zurückbliebe »die freiwillige Herdenwartung [...] über freiwillige lebendige Wesen«[382], so übersieht er, dass dies nur eine Zwischenstufe bei seiner dialektischen Entwicklung des Begriffs des Königs und Staatsmannes darstellt. Denn Plato geht im weiteren Verlauf des Dialogs im »Staatsmann« auf die verschiedenen Staatsformen der Monarchie, der Aristokratie und der Demokratie sowie auf ihre Entartungsformen ein, wobei es ihm unter anderem nicht auf das Kriterium der Freiwilligkeit ankommt, sondern auf das der *Erkenntnis*, und zwar auf die Erkenntnis von der Beherrschung der Menschen, »die gewiss fast die schwierigste ist wie die wichtigste zu erwerben«. Für Plato ist die Menge im Staate nicht imstande, diese Erkenntnis zu erlangen. Die königliche Kunst des richtigen Regierens muss man »bei einem oder zweien oder überhaupt nur bei wenigen suchen«. Für Plato ist deshalb nicht die Demokratie, sondern die Monarchie die richtige Regierungsform.[383] Man muss hierbei berücksichtigen, dass die Philosophie erst im alten Griechenland entstanden ist und zu Sokrates' und Platos Zeiten die Menschen erst anfingen, das Denken zu erlernen und Selbstbewusstsein zu entwickeln, weshalb das Königtum noch die vorherrschende Regierungsform war. Die anfänglichen demokratischen Verfassungen, die in Athen versucht worden waren, konnten deshalb nicht richtig funktionieren und keineswegs überzeugend wirken.

Für Plato war der König, was Sloterdijk auch anspricht[384], nur dann der würdigste Hüter der Menschen, wenn er, nachdem sich die Götter von den Menschen zurückgezogen haben, durch wahre Erkenntnis ein

Weiser war. Für Plato setzt aber wahrhafte Erkenntnis und Weisheit eine Einweihung voraus, was Sloterdijk mit dem Hinweis auf die »Erinnerung an die himmlischen Schauungen des Besten« zwar andeutet, aber letztlich nicht berücksichtigt. Plato weist dabei auf das ägyptische Priesterkönigtum hin.[385] Für ihn ist die geistige Welt mit ihren Ideen noch eine wesenhafte Realität, was sie für Sloterdijk offensichtlich nicht ist.[386] So ist die Idee des Guten nach Platos Geist-Anschauung, wie er sie im Zusammenhang mit dem Höhlengleichnis in seinem Dialog »Der Staat« entwickelt, eine wesenhafte Idee, die nur zu allerletzt und mühsam durch »den Aufschwung der Seele in die nur durch die Vernunft erkennbare Welt« geschaut werden kann. In dieser Welt ist das Gute selbst Urprinzip. Es erzeugt das Licht und gewährt dem Menschen die objektive Wahrheit und die Möglichkeit der Vernunfteinsicht. Nach Platos Überzeugung muss ein jeder dieses Wesen des Guten erkannt haben, der in seinem eigenen Leben oder im Leben des Staates verständig handeln will.[387]

Somit ist im Sinne Platos nur derjenige ein Weiser und damit ein zur Leitung des Staates Berufener, der sich zu einer solchen Vernunfteinsicht in die Welt der geistig realen Ideen erheben und die Idee des Guten schauen kann. Hinzu kommt, dass für Plato die Lenkung eines Staates ähnlich wie die Tätigkeit eines Arztes oder die des Steuermanns eines Schiffes Kenntnisse voraussetzt, die schwierig zu erwerben sind und die nur wenige besitzen können.[388]

Dies ist zu berücksichtigen, wenn wir das Webergleichnis im »Staatsmann« richtig verstehen wollen. Auf dieses eingehend bezeichnet Plato als Staatskunst die über alle herrschende, die Gesetze und alles andere im Staate besorgende und alles auf das Richtigste zusammen*webende* Kunst. Auch spricht er von einer »königlichen Zusammen*flechtung*«.[389] Ausgehend von seiner Tugendlehre sagt er, dass die Tapferkeit und die Besonnenheit nicht nur verschieden voneinander sind, sondern in vielen Dingen auch in Feindschaft miteinander stehen. Wo es auf die Anordnung des gesamten Lebens ankomme, wie in der Staatskunst, seien die »ausgezeichnet Sanften« immer bemüht, auch mit anderen Staaten Frieden zu halten. Vermöge dieser Neigung würden sie unkriegerisch, wie sie auch die Jünglinge zu solchen machten. Daher würden sie jedem Angreifenden anheim fallen und in wenigen Jahren mit dem gesamten Staate aus Freien zu Knechten geworden sein. Umgekehrt würden die mehr zur Tapferkeit Neigenden ihren

Staat immer zu irgendeinem Kriege anreizen und ihn dadurch mit vielen und Mächtigen in Feindschaft verwickeln. Dadurch würden sie ihr Vaterland wohl gar in die Knechtschaft und Gewalt seiner Feinde bringen.[390]

So sieht Plato innerhalb des Staates zwei Menschengruppierungen, einerseits die Besonnenen und Sanften, andererseits die Mutigen und Kriegerischen, die beide, wenn sie einseitig zur Geltung kommen, dem Staate Gefahr bringen können. Deshalb geht es ihm darum, diese beiden Gruppen miteinander zu »verweben«. Dabei sieht er allerdings für die königliche Kunst auch Maßnahmen vor, die heute als autoritär und inhuman angesehen würden und als »Menschenzüchtung« aufgefasst werden können. So sagt er, die wahre Staatskunst werde »niemals gutwillig aus guten und schlechten Menschen irgendeinen Staat bilden«. Vielmehr werde sie die Menschen erst durch Erziehung prüfen und sie den gesetzlichen Erziehern und Lehrern unter ihrer Aufsicht übergeben. Diesen würde sie befehlen, allein darin zu unterrichten, dass eine der Mischung der beiden Naturen angemessene Gesinnung hervorgebracht wird. Diejenigen, welche nicht an tapferer und besonnener Gesinnung teilzunehmen vermögen, sondern durch eine bösartige Natur in Gottlosigkeit, Frevel und Ungerechtigkeit hineingestoßen werden, sollen durch die Todesstrafe oder durch Ausweisung ausgestoßen oder durch härteste Bestrafung gezüchtigt werden. Die übrigen aber, die fähig sind, durch die Erziehung zu dem Edleren gebildet zu werden und eine kunstmäßige Vermischung miteinander einzugehen, von denen versuche die Staatskunst, die mehr zur Tapferkeit und die anderen, mehr zum Sittsamen sich Hinneigenden miteinander zu verbinden und zu verflechten, »indem sie […] den ewigen Teil ihrer Seele durch ein göttliches Band vereinigt und nächst dem göttlichen auch den tierischen durch ein menschliches Band«. Das Göttliche im ewigen Teil der Menschenseelen nennt Plato hier »die wahrhaft wahre Vorstellung von dem Gerechten, Schönen und Guten und dessen Gegenteil, wenn sie wohlbegründet der Seele einwohnt«. Es sei Aufgabe des staatskundigen und guten Gesetzgebers allein, »mit Hilfe der Muse der königlichen Kunst ebendies denen einzubilden, welche einer richtigen Erziehung teilhaftig geworden«. Diesen allein würden diese Vorstellungen sich durch die Gesetze einbilden, und diese Vorstellungen würden das »kunstmäßige Heilmittel« und »das göttlichere Band sein für die von

Natur einander unähnlichen und entgegengesetzt fortstrebenden Teile der Tugend«.[391]

Wenn dieses göttliche Band vorhanden ist, dann sind für Plato »die übrigen Bande menschlicher Art« nicht schwer in Anwendung zu bringen. Plato geht davon aus, dass die Sittsamen und Bescheidenen ebenso wie die Tapferen immer nur ihresgleichen heiraten. Er will deshalb durch Ehegesetze und durch Verbindungen der Kinder und auch durch individuelle Verheiratungen dafür sorgen, dass die Menschen zur Kindererzeugung sich »richtig« verbinden. Diese Verbindungen sind nach Platos Überzeugung nicht schwer zu knüpfen, wenn nur beide Arten von Menschen über das Schöne und Gute dieselben Vorstellungen haben. Als Aufgabe der »königlichen Zusammenwebung« bezeichnet Plato, »dass sie niemals lasse die besonnene und die tapfere Gemütsart sich voneinander trennen«. Die richtige Verwebung dieser beiden will er einerseits durch Gleichgesinntheit und Ehre erreichen. Andererseits soll ein gewisser Druck durch »Schande und öffentliche Meinung und durch Geiseln, die sie einander geben« ausgeübt werden. Wenn dieses »Gewebe« verfertigt ist, sollen den beiden Gemütsarten gemeinschaftlich alle Gewalten in den Staaten überlassen werden. Wo nur ein Herrscher nötig ist, soll ein solcher ausgewählt werden, der beide in sich vereinigt; bei mehreren Herrschern sollen beide vermischt werden. Als die Vollendung des Gewebes der ausübenden Staatskunde sieht Plato an, »dass ineinander eingeschossen und verflochten werde der tapferen und der besonnenen Menschen Gemütsart«, dass »die königliche Kunst durch Übereinstimmung und Freundschaft beider Leben zu einem gemeinschaftlichen vereinigt und alle übrigen Freien und Knechte in den Staaten umfasst und unter diesem Geflechte zusammenhält«.[392]

Wenn Sloterdijk Platos Dialog »Der Staatsmann« ein Arbeitsgespräch unter Züchtern nennt, bei dem es darum gehe, ein *Staatsvolk* zu *züchten*[393], so widerspricht er sich selbst, wenn er an anderer Stelle sagt, dass die Aufgabe des königlichen Über-Humanisten keine andere sei, »als die Eigenschaftsplanung bei einer *Elite*, die eigens um des Ganzen willen gezüchtet werden muss«.[394] Plato geht es offensichtlich nicht um »Züchtung« eines Staats*volkes*, sondern um die »Zusammenflechtung« der beiden Tugenden und Charaktereigenschaften in einigen wenigen im Hinblick auf *einen* königlichen beziehungsweise auf *einige* aristokratische Herrscher.[395] Er denkt offensichtlich nicht nur daran,

Menschen die Leitung eines Staates zu übertragen, welche durch leibliche »Verwebung« die beiden Gemütsarten in sich vereinigen, sondern auch solche Menschen gemeinsam zu Staatsleitern zu berufen, von denen jeder nur eine der beiden Gemütsarten in sich trägt, die aber durch ein »göttliches Band« verbunden sind.

Indem Sloterdijk die Ausführungen Platos in Zusammenhang bringt mit seiner Sicht des evolutionären Horizonts, der sich für ihn zu »lichten« beginnt in Richtung einer künftigen Anthropotechnologie mit expliziter Merkmalsplanung des Menschen, vermischt er in einer einseitigen und unsachgemäßen Weise zwei unterschiedliche Sichtweisen. Plato geht es in erster Linie um eine Verbindung der unterschiedlichen Charaktere durch gleiche Gesinnung und durch ein »göttliches Band«. Richtig ist allerdings, dass Plato auch daran dachte, dass der weise königliche Gesetzgeber durch die erwähnten Maßnahmen auch für eine leibliche Verbindung von tapferen und besonnenen Naturen sorgen soll, damit deren Nachkommen zum Wohle des Staates beide Charaktere in sich vereinen. Dies würden wir heute als Menschenzüchtung mit Recht ablehnen. Indem Sloterdijk diese Gedanken Platos mit der heute möglich erscheinenden genetischen Merkmalsplanung des Menschen durch eine zukünftige Anthropotechnologie gleichsetzt und von einer »Provokation des Menschenwesens durch das *Unumgängliche*, das zugleich das Nichtbewältigbare ist«, spricht[396], so zeigt dies einerseits, dass er eine künftige Veränderung der menschlichen Eigenschaften durch eine Manipulation des menschlichen Genoms und auch durch pränatale Selektion nicht nur für möglich, sondern auch für unumgänglich hält, und dass er diese andererseits gleichsetzt mit der von Plato angedachten geschlechtlichen Verbindung von Menschen mit unterschiedlichen Charakteren, obwohl beides qualitativ völlig verschieden ist, indem Plato an einen *natürlichen* Vorgang denkt, während es sich bei den »Anthropotechniken«, die Sloterdijk kommen sieht, um *künstliche* Eingriffe in die menschliche Natur handelt. Offensichtlich hat Sloterdijk tendenziell nichts gegen Menschenzüchtung durch »Anthropotechnologie« einzuwenden. Wenn er sagt, dass Humanitas nicht nur die Freundschaft des Menschen mit dem Menschen beinhaltet, sondern auch immer impliziert, »dass der Mensch für den Menschen die höhere Gewalt darstellt«[397], so lässt dies angesichts seines Pessimismus hinsichtlich einer Bildungsfähigkeit des Menschen vermuten, dass er nur auf dem Wege einer künftigen genetischen Merkmalsplanung des Menschen eine Möglichkeit sieht, »der aktuellen Verwilderungstendenzen beim Menschen Herr zu werden« und dadurch »Humanität jenseits der humanistischen Harmlosigkeit« zu erzielen.[398]

Das Humanismus-Verständnis von Martin Heidegger

Nach den Gräueltaten, die im Laufe des zwanzigsten Jahrhunderts begangen worden sind, wurde Martin Heidegger (1889–1976) nach dem Ende des Zweiten Weltkrieges von einem jungen Franzosen namens Jean Beaufret, der sich für seine Philosophie begeistert hatte, brieflich unter anderem gefragt, wie man dem Wort »Humanismus« wieder einen Sinn geben kann. Darauf antwortete Heidegger im Jahre 1946 mit einem ausführlichen Brief, der dann 1949 unter dem Titel »Über den Humanismus« veröffentlicht wurde.[399] Angesichts des offenkundigen Unheils, das alle Titel dieser Art anrichten, wirft Heidegger die Frage auf, ob es nötig ist, »das *Wort* ›Humanismus‹« festzuhalten.[400] Doch bedeute dies nicht, dass er den Humanismus selbst aufgeben möchte. Ganz im Gegenteil geht es ihm um ein vertieftes Verständnis des *Wesens des Humanismus*. Dafür verwendet er das Wort Humanitas und bezeichnet diese als das Anliegen seines Denkens. Er möchte «den Menschen wieder in sein Wesen zurückbringen«, was für ihn bedeutet, »dass der Mensch (homo) menschlich (humanus) werde«. Und so ist für ihn Humanismus: »Sinnen und Sorgen, dass der Mensch menschlich sei und nicht un-menschlich, ›inhuman‹, das heißt, außerhalb seines Wesens«.[401]

Um sagen zu können, worin die Menschlichkeit des Menschen besteht, wirft Heidegger zunächst die Frage auf: »Woher und wie bestimmt sich das Wesen des Menschen?« Dazu blickt er zurück auf die Entwicklung des philosophischen Denkens und fragt nach dem Wesen des Denkens. So spricht er von einem *ursprünglichen* Denken, das die Griechen in ihrer großen Zeit hatten. Diese ursprünglichen Denker, mit denen Heidegger offensichtlich die Vorsokratiker meint, nannten das Denken nicht einmal »Philosophie«. Erst als dieses Denken zu Ende ging, kamen solche Namen wie »Logik«, »Ethik«, »Physik« auf. Mit Plato und Aristoteles beginne eine *technische* Interpretation des Denkens, die in der Logik und Grammatik zum Ausdruck komme. Das Denken gelte dort als ein Verfahren des Überlegens im Dienste des Tuns und Machens. Innerhalb der »technischen« Auslegung geschehe die Kennzeichnung des Denkens als Theorie und die Bestimmung des

Erkennens als des »theoretischen« Verhaltens, weshalb das Denken für sich genommen nicht »praktisch« sei. Das Bemühen der »Philosophie«, vor den »Wissenschaften« ihre Existenz zu rechtfertigen, indem sie sich selbst zum Range einer Wissenschaft erhebt, sei die Preisgabe des Wesens des Denkens. In der technischen Auslegung des Denkens sei das Sein als das Element des Denkens preisgegeben. In der Logik beurteile man das Denken nach einem ihm unangemessenen Maß. Diese Beurteilung gleiche dem Verfahren, das Wesen und Vermögen des Fisches danach abzuschätzen, wieweit er imstande sei, auf dem Trockenen des Landes zu leben. »Schon lange, allzu lang sitzt das Denken auf dem Trockenen.« Um das »Wesen des Denkens rein zu erfahren und das heißt zugleich zu vollziehen, müssen wir uns freimachen von der technischen Interpretation des Denkens«. So geht es Heidegger darum, »das Denken wieder in sein Element zu bringen«. Dann büße es seine Beweglichkeit nicht ein und könne die ihm eigene Mehrdimensionalität seines Bereiches innehalten, was in der schriftlichen Wiedergabe nur schwer möglich sei. Im Unterschied zu den Wissenschaften beruhe die Strenge des Denkens nicht bloß in der technisch-theoretischen Exaktheit der Begriffe, sondern darin, »dass das Sagen rein im Elemente des Seins bleibt und das Einfache seiner mannigfaltigen Dimensionen walten lässt«.[402]

Für Heidegger ist somit das Element des Denkens das Sein. Aus diesem Element her vermag das Denken ein Denken zu sein. Dieses Element ist das eigentlich Vermögende. »Es nimmt sich des Denkens an und bringt es so in dessen Wesen.« Er sieht das Denken in zweifacher Weise mit dem Sein verbunden: Einerseits wird es vom Sein bewirkt und andererseits denkt es das Sein. Erst das so sich ereignende Denken entspricht seinem eigentlichen Wesen. So sagt Heidegger: »Das Denken ist des Seins, insofern das Denken, vom Sein ereignet, dem Sein gehört. Das Denken ist zugleich Denken des Seins, insofern das Denken, dem Sein gehörend, auf das Sein hört. Als das hörend dem Sein gehörende ist das Denken, was es nach seiner Wesensherkunft ist.«[403]

Was Heidegger als »Sein« auffasst, spricht er in seinem Brief über den Humanismus nicht deutlich aus. Er gibt keine Definitionen des »Seins«. Das wäre für ihn metaphysisch gedacht. Die Metaphysik verharrt »in der Vergessenheit der Wahrheit des Seins«.[404] Das Denken soll erst dahin gelangen, das Sein in seiner Wahrheit zu sagen, statt es wie ein Seiendes aus Seiendem zu erklären. Deshalb sagt er, dass für die Sorgfalt des Denkens offen bleiben müsse, ob und wie das Sein ist.[405] Er will nicht *über* das Sein denken, sondern zu einem anfänglichen *Erleben* des Seins hinführen. So weist er von verschiedenen Gesichtspunkten aus nur hindeutend auf das Sein hin.

Das »Sein« unterscheidet er vom »Seienden«, worunter er zum Beispiel einen Fels, ein Tier, ein Kunstwerk, eine Maschine, aber auch einen Engel oder Gott versteht.[406] Oder er bezeichnet als »Seiendes« »eine schon feststehende Auslegung der Natur, der Geschichte, der Welt, des Weltgrundes«.[407] Er grenzt das Sein insofern vom Seienden ab, als er sagt, dass das »Sein« nicht Gott und nicht ein Weltgrund sei. »Es ist Es selbst.« Dies zu erfahren und zu sagen, müsse das künftige Denken lernen. Das Sein sei weiter denn alles Seiende und sei gleichwohl dem Menschen näher als jedes Seiende. Das Sein sei das Nächste. Doch das Nächste bleibe dem Menschen am weitesten.[408] So spricht er von der »Seinsvergessenheit« des Menschen.[409] »Der Mensch hält sich zunächst immer schon und nur an das Seiende. Wenn aber das Denken das Seiende als das Seiende vorstellt, bezieht es sich zwar auf das Sein. Doch es denkt in Wahrheit stets nur das Seiende als solches und gerade nicht und nie das Sein als solches.«[410] Für Heidegger ist das Einzige, was das Denken erlangen möchte, etwas Einfaches. Als dieses Einfache bleibe das Sein geheimnisvoll, »die schlichte Nähe eines unaufdringlichen Waltens. Diese Nähe west als die Sprache selber.«[411] Das Wesen des Seins ist ein Gebendes, ein seine Wahrheit Gewährendes. »Das Sichgeben ins Offene mit diesem selbst ist das Sein selber.«[412]

Ein auf das Wesen des Seins hindeutender Begriff ist für Heidegger die »Lichtung des Seins«. Das Sein hat für ihn somit etwas mit Licht, mit einem Hereinleuchten zu tun. Das Stehen in der Lichtung des Seins nennt er die Ek-sistenz des Menschen. »Die so verstandene Ek-sistenz ist nicht nur der Grund der Möglichkeit der Vernunft, ratio, sondern die Ek-sistenz ist das, worin das Wesen des Menschen die Herkunft seiner Bestimmung wahrt.«[413] So beruht das Wesen des Menschen in seiner Ek-sistenz.[414] »Die Ek-sistenz lässt sich nur vom Wesen des Menschen, das heißt, nur von der menschlichen Weise zu ›sein‹, sagen; denn der Mensch allein ist, soweit wir erfahren, in das Geschick der Ek-sistenz eingelassen.« Dadurch unterscheidet er sich von anderen Arten von Lebewesen, dass er »geschickt ist, das Wesen des Seins zu denken«.

Für Heidegger besteht das Wesen des Menschen nicht darin, ein animalischer Organismus zu sein. Diese unzureichende Wesensbestimmung lässt sich für ihn auch nicht dadurch beseitigen und ausgleichen, dass der Mensch mit einer unsterblichen Seele oder mit dem Vernunftvermögen oder mit dem Personcharakter ausgestattet wird. »Jedes Mal ist das Wesen und zwar auf dem Grunde desselben metaphysischen Entwurfs übergangen.«[415] Deshalb wendet er sich gegen die Auffassung des Menschen als »animal rationale«. Diese Wesensbestimmung sei nicht falsch, aber sie sei durch die Metaphysik bedingt, die nicht nach der Wahrheit des Seins selbst frage. Sie frage daher auch nie, »in welcher Weise das Wesen des Menschen zur Wahrheit des Seins gehört«.[416]

Um die Lichtung der Wahrheit des Seins erfahren zu können, bedarf es einer inneren Hinwendung zu ihr, eines Heraushebens aus dem Seienden und aus der ihm angehörenden Leiblichkeit des Menschen, was Heidegger mit dem Begriff Ekstase umschreibt. So bezeichnet er als Grundzug der Ek-sistenz das »ekstatische Innestehen in der Wahrheit des Seins« und spricht von einem »ekstatischen Bezug zur Lichtung des Seins«.[417]

Dieses ekstatische Innestehen in der Wahrheit des Seins muss aber erst entwickelt werden. Es ist dem Menschen nicht von selbst gegeben. So spricht Heidegger von einem »anderen, die Subjektivität verlassenden Denken«, das in zureichender Weise nach- und mit-vollzogen werden muss.[418] Dieses falle dem als Philosophie überlieferten Vorstellen so schwer, weil in diesem Denken etwas Einfaches zu denken sei. Das Schwierige bestehe nicht darin, »einem besonderen Tiefsinn nachzuhängen und verwickelte Begriffe zu bilden, sondern es verbirgt sich in dem Schritt zurück, der das Denken in ein erfahrendes Fragen eingehen und das gewohnte Meinen der Philosophie fallen lässt«.[419] Für Heidegger schreitet die Philosophie, wenn sie ihr Wesen achtet, überhaupt nicht fort. »Sie tritt auf der Stelle, um stets dasselbe zu denken.«[420] Als Weg, in die Nähe des Seins zu finden, gibt Heidegger an, dass der Mensch zuvor lernen müsse, im Namenlosen zu existieren. Er müsse, bevor er spricht, »erst vom Sein sich wieder ansprechen lassen auf die Gefahr, dass er unter diesem Anspruch wenig oder selten etwas zu sagen hat. Nur so werde dem Wort die Kostbarkeit seines Wesens, dem Menschen aber die Behausung für das Wohnen in der Wahrheit des Seins wiedergeschenkt.«[421]

Daraus geht hervor, dass Heidegger dem Wort und der Sprache eine wesentliche Bedeutung für die Erkenntnis des Seins beimisst. Die Sprache ist für ihn das Haus des Seins. »In ihrer Behausung wohnt der Mensch.« Die Wächter dieser Behausung sind die Denkenden und die Dichtenden. »Ihr Wachen ist das Vollbringen der Offenbarkeit des Seins, insofern sie diese durch ihr Sagen zur Sprache bringen und in der Sprache aufbewahren.« Wesentlich hierfür ist die Befreiung der Sprache aus der Grammatik in ein ursprünglicheres Wesensgefüge, das dem Denken und Dichten aufbehalten ist.[422] Er spricht dabei von einer »anfänglichen Zugehörigkeit des Wortes zum Sein«. Für ihn muss die Besinnung auf das Wesen der Sprache einen anderen Rang erlangen, wenn die Wahrheit des Seins dem Denken denk-würdig geworden ist. »Sie kann nicht mehr bloße Sprachphilosophie sein.« Auch weist er auf die Verödung der Sprache hin, die aus einer Gefährdung des Wesens des Menschen komme. Der Sprachverfall sei nicht der Grund, sondern eine Folge des Vorgangs, »dass die Sprache unter der Herrschaft der neuzeitlichen Metaphysik der Subjektivität fast unaufhaltsam aus ihrem Element heraus fällt. Die Sprache verweigert uns noch ihr Wesen: dass sie das Haus des Seins ist.« Sie überlässt sich »unserem bloßen Wollen und Betreiben als ein Instrument der Herrschaft über das Seiende«, das als das Wirkliche im Gewirk von Ursache und Wirkung erscheint.[423]

Wenn die Sprache wieder in ihr Element kommen und zum Haus des Seins werden soll, muss der Mensch wieder vom Sein angesprochen werden. Nur dann west er in seinem Wesen und hat er das gefunden, worin sein Wesen wohnt. »Nur aus diesem Wohnen ›hat‹ er ›Sprache‹ als die Behausung, die seinem Wesen das Ekstatische wahrt.«[424] Insofern ermöglicht die Sprache dem Menschen, sich in die Wahrheit des Seins zu erheben, weil sie selbst im Wesenhaften des Seins west. Das Denken in seinem Sagen bringt nur das unausgesprochene Wort des Seins zur Sprache. »Das Sein kommt, sich lichtend, zur Sprache. Es ist stets unterwegs zu ihr. Dieses Ankommende bringt das ek-sistierende Denken seinerseits in seinem Sagen zur Sprache. Diese wird so selbst in die Lichtung des Seins erhoben. Erst so *ist* die Sprache in jener geheimnisvollen und uns doch stets durchwaltenden Weise.« In diesem Zusammenhang spricht Heidegger von der »voll ins Wesen gebrachten Sprache«. Indem diese geschichtlich ist, »ist das Sein in das Andenken verwahrt«.[425] Für Heidegger ist Hölderlin ein Dichter, der das unausgesprochene Wort des Seins wenigstens anfänglich zur Sprache bringt. Er spricht von dem weltgeschichtlichen Denken Hölderlins im Gedicht »Andenken«, das wesentlich anfänglicher und deshalb zukünftiger als das bloße Weltbürgertum Goethes sei.[426]

Das unausgesprochene Wort des Seins steht für Heidegger in einem wesenhaften Zusammenhang mit dem Logos. Das Wesen des logos sei bei Plato und bei Aristoteles, dem Begründer der »Logik«, schon verschüttet worden und verloren gegangen. Die Besinnung auf das Sein selbst, und das heißt das Denken, das die Wahrheit des Seins denkt, trifft erst das anfängliche Wesen des Logos. Wenn Heidegger gegen die »Logik« als technisches Denken denkt, so will er nicht für das Unlogische eine Lanze brechen. Vielmehr will er »dem logos und seinem in der Frühzeit des Denkens erschienenen Wesen nachdenken«; dies heiße, »sich erst einmal um die Vorbereitung eines solchen Nach-denkens bemühen«. Es geht Heidegger somit um »eine Besinnung auf den logos und auf das in ihm gründende Wesen der ratio«[427], das heißt der menschlichen Vernunft.

Wesentlich für Heideggers Humanismus-Verständnis ist seine Auffassung vom Wesen des Handelns. Man kenne das Handeln sonst nur als das Bewirken einer Wirkung, deren Wirklichkeit nach ihrem Nutzen geschätzt wird. Für Heidegger hingegen ist das Wesen des Handelns das Vollbringen. Vollbringen heißt für ihn, »etwas in die Fülle seines Wesens entfalten, in diese hervorgeleiten, producere. Vollbringen ist deshalb eigentlich nur das, was schon ›ist‹, und das ist das Sein. Indem das Denken den Bezug des Seins zum Wesen des Menschen vollbringt, ermöglicht es somit das Vollbringen als das Wesen des Handelns.« Das Denken selbst ist bereits ein Handeln. Es wird nicht erst dadurch zur Aktion, »dass von ihm eine Wirkung ausgeht oder dass es angewendet wird. Das Denken handelt, indem es denkt.« So beruht für Heidegger alles Wirken im Sein und geht auf das Seiende aus.[428]

Auf dieser Auffassung von Denken und Handeln gründet Heideggers Ablehnung der Unterscheidung von Theorie und Praxis. So wendet er sich auch gegen die Unterscheidung von Ontologie und Ethik und sagt: »Das Denken, das nach der Wahrheit des Seins fragt und dabei den Wesensaufenthalt des Menschen vom Sein her und auf dieses hin bestimmt, ist weder Ethik noch Ontologie.«[429] Die Kennzeichnung des Denkens als Theorie und die Bestimmung des Erkennens als »theoretisches« Verhalten ist für ihn ein reaktiver Versuch, »auch das Denken noch in eine Eigenständigkeit gegenüber dem Handeln und Tun zu retten«.[430] Das Denken, das die Wahrheit des Seins bedenkt, ist weder theoretisch noch praktisch. »Es ereignet sich vor dieser Unterscheidung.«[431] Dementsprechend sagt Heidegger: »[...] das Tun des Denkens ist weder theoretisch noch praktisch, noch ist es die Verkoppelung der beiden Verhaltensweisen«.[432] Deshalb wendet er sich gegen theoretisch aufgestellte ethische Werte, Regeln und Gesetze für das menschliche Handeln. Sie bleiben für ihn »das Gemächte menschlicher Vernunft«. Wenn das Denken den Bezug des Seins zum Wesen des Menschen vollbringt, erhält dieses aus dem Sein die für das Handeln jeweils erforderlichen Hinweise. »Nur insofern der Mensch, in die Wahrheit des Seins ek-sistierend, diesem gehört, kann aus dem Sein selbst die Zuweisung derjenigen Weisungen kommen, die für den Menschen Gesetz und Regel werden müssen. [...] Wesentlicher als alle Aufstellung von Regeln ist, dass der Mensch zum Aufenthalt in die Wahrheit des Seins findet. Erst dieser Aufenthalt gewährt die Erfahrung des Haltbaren. Den Halt für alles Verhalten verschenkt die Wahrheit des Seins.«[433] Der Bereich der Wahrheit des Seins ist »das Freie, worin die Freiheit ihr Wesen spart«.[434] So spricht er von dem wesenhaften, nämlich freien Menschsein.[435]

Auch wendet er sich gegen die Kennzeichnung von etwas als »Wert«, weil »das so Gewertete seiner Würde beraubt wird«. Für ihn ist alles Werten, auch wo es positiv wertet, eine Subjektivierung. »Es lässt das Seiende nicht: sein, sondern das Werten lässt das Seiende lediglich als das Objekt seines Tuns – gelten.« Wenn man Gott als »den höchsten Wert« verkünde, so sei das eine Herabsetzung des Wesens Gottes. Das Denken in Werten sei die größte Blasphemie, die sich dem Sein gegenüber denken lasse. Gegen die Werte denken heißt nicht, für die Wertlosigkeit und Nichtigkeit des Seienden die Trommel rühren, sondern es bedeutet, »gegen die Subjektivierung des Seienden zum bloßen Objekt die Lichtung der Wahrheit des Seins vor das Denken bringen«. Heidegger spricht sich gegen das Aufstellen von »Werten« aus, weil diese für ihn ein metaphysisch gedachtes transzendentes Seiendes sind. Für dieses Denken gilt Gott als das höchste Seiende im Sinne der ersten Ursache von allem Seienden und damit als höchster »Wert«. So sagt er: »Das Transzendente ist das übersinnlich Seiende.«[436] Ihm geht es aber nicht darum, ein übersinnlich Seiendes metaphysisch zu denken, sondern das Wesenhafte des Seins wenigstens anfänglich zu erfahren.

Dieses Wesenhafte des Seins ist für Heidegger nicht ein jenseitiges, transzendentes, sondern es ist in der »Welt«. Unter »Welt« versteht er aber nicht ein Seiendes und keinen Bereich von Seiendem, »sondern die Offenheit des Seins«. In dieser Offenheit des Seins steht der Mensch. Es ist das Sein, das sich das Wesen des Menschen »in« die Offenheit des Seins und damit in »die Sorge« erworfen hat. So ist für Heidegger »Welt« »die Lichtung des Seins, in die der Mensch aus seinem geworfenen Wesen heraussteht«. Dies bedeutet, dass dem Menschen die »Welt« als Lichtung des Seins nicht von selbst gegeben ist, sondern dass er ein ekstatisches Innestehen in der Wahrheit des Seins erst entwickeln muss. Im Sinne Goethes würde man sagen: Das Sein ist im Seienden verborgen, aber es kann durch die Entwicklung der anschauenden Urteilskraft erkannt werden. Die »Offenheit des Seins« kann somit als gleichbedeutend mit Goethes Begriff des »offenbaren Geheimnisses« angesehen werden. Wilhelm von Humboldt spricht im gleichen Sinne davon, dass die Sinnlichkeit überall der erste Keim wie der lebendigste Ausdruck alles Geistigen ist.[437] So ist für Heidegger »Welt« von der Ek-sistenz her gedacht »in gewisser Weise gerade das Jenseitige innerhalb der und für die Ek-sistenz«.[438] Es geht ihm nicht darum, das Jenseitige zu leugnen und aller »Transzendenz« abzusagen, sondern es geht ihm um eine »Erhellung der Transzendenz«.[439]

Das Sein des Menschen und damit sein Wesen besteht für Heidegger im »In-der-Welt-Sein«. Darin sieht er »den Grundzug der Humanitas des Homo humanus«.[440] Das Wesen des »In-der-Welt-Seins« ist das Wohnen in der Wahrheit des Seins.[441] Er betont, dass mit dieser existentialen Bestimmung des Wesens des Menschen noch nichts über das »Dasein Gottes« oder sein »Nicht-Sein« und über die Möglichkeit oder Unmöglichkeit von Göttern entschieden sei. Gleichzeitig wendet er sich gegen die Behauptung, dass die Auslegung des Wesens des Menschen aus dem Bezug dieses Wesens zur Wahrheit des Seins Atheismus oder Indifferentismus sei. Ihm geht es darum, anfänglicher zu fragen, als die Metaphysik fragen kann. »Erst aus der Wahrheit des Seins lässt sich das Wesen des Heiligen denken. Erst aus dem Wesen des Heiligen ist das Wesen von Gottheit zu denken. Erst im Lichte des Wesens von Gottheit kann gedacht und kann gesagt werden, was das Wort ›Gott‹ nennen soll.« Heidegger geht es darum, nicht wie die Metaphysiker theoretisch über das Dasein Gottes zu spekulieren, sondern darum, durch ein sorgsames Verstehen und Hören der Worte »Heiliges« und

»Gottheit« als Mensch, das heißt als ek-sistentes Wesen einen Bezug des Gottes zum Menschen erfahren zu dürfen. Die Frage, ob der Gott sich dem Menschen nahe oder entziehe, könne allein gefragt werden, wenn der Mensch allererst in die Dimension des Heiligen hineindenkt. Diese Dimension des Heiligen und Heilen bleibe dem Menschen der gegenwärtigen Weltgeschichte verschlossen, »wenn nicht das Offene des Seins gelichtet und in seiner Lichtung dem Menschen nahe ist«. So sieht Heidegger als das vielleicht einzige Unheil dieses Weltalters die »Verschlossenheit der Dimension des Heilen«.[442]

Heidegger strebt somit an, in die Wahrheit des Seins und damit in die Dimension des Heiligen und Heilen hineinzudenken, aber angesichts der gegenwärtigen Verschlossenheit dieser Dimension lässt er es offen, ob es eine Gottheit gibt oder nicht. Für ihn kann das Denken, »das in die Wahrheit des Seins als das Zu-Denkende verweist«, so wenig theistisch wie atheistisch sein. Dies aber nicht aus einer gleichgültigen Haltung heraus, »sondern aus Achtung der Grenzen, die dem Denken als Denken gesetzt sind«. Heidegger will die Metaphysik überwinden, aber nicht dadurch, dass das Denken »sie, noch höher hinaufsteigend, übersteigt und irgendwohin aufhebt, sondern indem es zurücksteigt in die Nähe des Nächsten«, welches für ihn die Wahrheit des Seins ist. Insofern der Mensch sich in die Subjektivität verstiegen hat, ist der Abstieg jedoch schwieriger und gefährlicher als der Aufstieg. »Der Abstieg führt in die Armut des Homo humanus.«[443] So sagt er, dass das Denken, das in die Wahrheit des Seins vorzudenken versucht, in der Not des ersten Durchkommens nur ein Geringes der ganz anderen Dimension zur Sprache bringt. Eine wesentliche Hilfe ist ihm dabei das »phänomenologische Sehen«. Doch soll das Denken dabei »die ungemäße Absicht auf ›Wissenschaft‹ und ›Forschung‹ fallen lassen, weil durch diese die ›ganz andere Dimension‹ verfälscht würde«.[444]

Nach dem bisher Gesagten ist Heideggers Ethik somit nicht eine philosophische Lehre von sittlichen Werten und vom rechten Handeln des Menschen mit ihren entsprechenden Verhaltensregeln. Vielmehr sagt er von demjenigen Denken, »das die Wahrheit des Seins als das anfängliche Element des Menschen als eines ek-sistierenden denkt«, dass dieses schon in sich die ursprüngliche Ethik sei.[445] Hierbei knüpft er an einen Ausspruch Heraklits, »Ethos anthropo daimon«, an und bemerkt dazu, dass dieser Spruch so Einfaches sage, dass aus ihm das

Wesen des Ethos unmittelbar ans Licht komme. Dieser Spruch sage: »Der Mensch wohnt, insofern er Mensch ist, in der Nähe Gottes.«[446] Indem das Denken versucht, in die Wahrheit des Seins vorzudenken, trachtet es in den Wesensgrund zurück, aus dem das Denken der Wahrheit des Seins herkommt.[447] Dieser Wesensgrund ist der Bereich des Heilen und damit, wie gezeigt wurde, des Heiligen. So sagt Heidegger: »Das Denken geleitet die geschichtliche Ek-sistenz, das heißt die Humanitas des Homo humanus, in den Bereich des Aufgangs des Heilen.«[448] Aus diesem Bereich kommt dem Homo humanus seine Humanitas zu.

Selbstverständlich sieht Heidegger aber auch, dass es in der Welt das Böse gibt. So sagt er, dass in der Lichtung des Seins mit dem Heilen zumal das Böse erscheint. Das Wesen des Bösen besteht nicht in der bloßen Schlechtigkeit des menschlichen Handelns. Es beruht im »Bösartigen des Grimmes«, als in einem Wesenhaften außerhalb der menschlichen Subjektivität. Beide, das Heile und das Grimmige, wesen im Sein. Insofern ist das Sein selbst das »Strittige«. In ihm verbirgt sich die Wesensherkunft des »Nichtens«. Im Sein lichtet sich somit nicht nur das Heile, sondern auch das »Nichthafte« oder »Grimmige«. Beide stehen sich im Sein »strittig«, das heißt gegensätzlich, gegenüber, sind aber doch im Sein verbunden. Das »Nicht« hat seinen Ursprung nicht im Nein-Sagen der Negation. Das Nein-Sagen setzt nicht das »Nicht« als ein bloß Gedachtes. Vielmehr ist es das Da-Sein, das nichtet, »insofern es als das Wesen, worin der Mensch ek-sistiert, selbst zum Wesen des Seins gehört«. Alles Nein-Sagen ist nur die Bejahung des Nicht und beruht auf seiner Anerkennung. Das Nichten ist ebenso wenig wie das Sein eine »seiende Beschaffenheit, die sich am Seienden feststellen lässt«. Aber weil das Nichten im Sein west, ist es ebenso wie dieses »seiender als jegliches Seiende«.[449] Das Nichtende im Sein ist für Heidegger das Wesen des Nichts. Und indem das Denken das Sein denkt, denkt es auch das Nichts. Alles »Ja« und »Nein« ist schon ek-sistent in der Wahrheit des Seins. Sie sind »hörig« auf das Sein, das heißt alles Ja- und Nein-Sagen beruht auf einem Wesenhaften im Sein, dem es hörend folgt.[450]

Wie kann nun der Mensch ohne ethische Werte und Verhaltensregeln zu einem sittlichen und damit humanen Handeln kommen, wenn im Sein sowohl das Heile wie das Grimmige, das »Nichten« west? Heidegger sieht die Notlage der gegenwärtigen Menschheit, deren offenkundige wie auch ihre verhehlte Ratlosigkeit er ins Unmessbare sich steigern sieht. Angesichts dieser Not bejaht er es, die bestehenden ethischen Bindungen zu schonen und zu sichern, auch wenn diese das dem Massenwesen ausgelieferte Menschenwesen »noch so notdürftig und im bloß Heutigen zusammenhalten«. Doch entbindet diese Not das Denken nicht davon, das Sein zu denken, »nachdem dieses in langer Vergessenheit verborgen gelegen und zugleich im jetzigen Weltaugenblick sich durch die Erschütterung alles Seienden ankündigt«.[451]

Heidegger ist sich somit voll bewusst, dass der Mensch, wenn er denkend in die Wahrheit des Seins gelangt, nicht nur in die Dimension des Heilen, sondern auch in die des Bösen, des »Grimmigen« kommt. So sagt er, dass erst das Sein dem Heilen Aufgang in Huld und dem Grimm Andrang zu Unheil gewährt. Hier erhebt sich nun die Frage, wie der Mensch sich in seinem Denken und Handeln zu diesem »Strittigen« stellt. Folgt er den Impulsen des »Heilen« oder lässt er sich von denen des »Grimmigen« leiten? Auf diese Frage gibt Heidegger keine unmittelbare Antwort. Er weist jedoch, wie wir gesehen haben, darauf hin, dass dem Menschen, sofern er, in die Wahrheit des Seins ek-sistierend, diesem gehört, aus dem Sein selbst die Zuweisung derjenigen Weisungen kommen kann, die für ihn Gesetz und Regel werden müssen. Das griechische Wort nomos bedeute nicht nur Gesetz, sondern ursprünglicher »die in der Schickung des Seins geborgene Zuweisung«. Diese Zuweisung vermöge es, »den Menschen in das Sein zu verfügen«. Nur solche Fügung vermöge zu tragen und zu binden. »Den Halt für alles Verhalten verschenkt die Wahrheit des Seins.«[452]

Da nun aber in der Lichtung des Seins mit dem Heilen und Haltbaren auch das »Grimmige« erscheint und sich unheilvoll andrängt, bleibt die Frage bestehen, wie sich der Mensch diesem Andrang widersetzen kann. Indem das im Sein wesende »Grimmige« sich im Denken des Seins lichtet, kann der Mensch es erkennen und sich entscheiden, ob er diesem Andrang folgen und bösartige Handlungen vollbringen will oder ob er dem sich lichtenden Heilen und Heiligen und der Zuweisung seiner Weisungen folgen und diese zur Grundlage seines Verhaltens machen will. Wenn der Mensch in der Wahrheit des Seins ek-sistiert, handelt es sich um eine freie Entscheidung für das Heile und Gute oder für das Grimmige und Böse. Der Mensch wird durch das Sein nicht zum Guten und damit zur Humanitas gezwungen. Aber durch das Denken in die Wahrheit des Seins verfällt er dem Bösen nicht mehr unbewusst oder ungewollt, wie es oft der Fall ist, sondern kann dieses bewusst durchschauen. Indem sich ihm in der Wahrheit des Seins zugleich das in ihm wesende Heile und Gute lichtet, kann er sich bewusst für dieses entscheiden und Heil bringend in der Welt wirken.

Hinzu kommt, dass für Heidegger der Mensch heute deshalb unmenschlich, das heißt inhuman ist, weil er außerhalb seines Wesens ist. Er ist überzeugt, dass der Mensch menschlich ist, wenn er wieder in sein Wesen zurückgebracht wird.[453] Indem der Mensch in der Wahrheit des Seins ek-sistiert, findet er auch sich selbst in seinem wahren Wesen, das seiner Natur nach human, das heißt menschlich ist und das Gute will. Zu bedenken ist dabei allerdings, dass es Heidegger offensichtlich primär nicht um das äußere Handeln im Seienden, sondern in erster Linie um das Tun im Denken geht. Das Denken, das die Wahrheit des Seins bedenkt, ist weder theoretisch noch praktisch. »Es ereignet sich vor dieser Unterscheidung.« Es hat kein Ergebnis und keine Wirkung. »Es genügt seinem Wesen, indem es ist. Aber es ist, indem es seine Sache sagt.« Dieses Denken baut am »Haus des Seins«, aber es schafft dieses »Haus« nicht. Indem das Denken in die Wahrheit des Seins denkt, verfügt das Sein »je geschickhaft das Wesen des Menschen in das Wohnen in der Wahrheit des Seins«.[454] Dies bedeutet, dass sich diesem Denken im Laufe der Geschichte das Haus des Seins nach und nach offenbart, sodass der Mensch mit seinem Wesen in diesem Haus der Wahrheit des Seins mehr und mehr wohnhaft wird.

Das Denken des Seins übertrifft für Heidegger alles theoretische Betrachten, »weil es sich um das Licht sorgt, in dem erst ein Sehen als Theoria sich aufhalten und bewegen kann«. Zugleich ist dieses Denken ein Tun, das über aller Praxis steht, und zwar dadurch, dass es in seinem Sagen das ungesprochene Wort des Seins, das heißt den Logos, zur Sprache bringt. Es geht dabei nicht um ein äußeres erfolgreiches Leisten und Wirken, sondern darum, dass das Sein, sich lichtend, zur Sprache kommt. Darin besteht das »erfolglose« Vollbringen des Denkens. »Das Denken durchragt das Handeln und Herstellen nicht durch die Größe eines Leistens und nicht durch die Folgen eines Wirkens, sondern durch das Geringe seines erfolglosen Vollbringens.« Das durch das Denken sich lichtende Sein ist stets unterwegs zur Sprache. Das ek-sistierende Denken bringt dieses ankommende Sein in seinem Sagen zur Sprache. Dadurch wird die Sprache selbst in die Lichtung des Seins gehoben und damit voll in ihr Wesen gebracht.[455]

In diesem Zusammenhang spricht Heidegger von einem unscheinbaren Tun des Denkens, das er darin sieht, dass wir etwas Wesendes des Seins zur Sprache bringen, indem wir das zur Sprache gebrachte Gedachte »als künftig stets zu Denkendes in der Acht des Sagens behalten«. Das Befremdliche an diesem Denken des Seins sei das Einfache, das uns von ihm abhalte. »Durch sein einfaches Wesen macht sich das Denken des Seins für uns unkenntlich.« Andererseits steige der Verdacht auf, dass dieses Denken des Seins der Willkür verfalle, da es sich nicht an das Seiende halten kann. Demgegenüber weist Heidegger darauf hin, dass das Denken in seinem Suchen und Hinausfragen in das Ungedachte nicht nur ein Abenteuer sei, sondern dass das Denken in seinem Wesen als Denken des Seins von diesem in Anspruch genommen und auf dieses als das Ankommende bezogen ist. Insofern sei dieses Denken nicht willkürlich, sondern es ist in die Ankunft des Seins gebunden und bringt dieses zur Sprache. »Das Sein hat sich dem Denken schon zugeschickt.« Das »Geschick des Denkens« ist in sich geschichtlich und im Sagen der Denker und auch der Dichter schon zur Sprache gekommen. »Deshalb sagen die wesentlichen Denker stets dasselbe«, nicht das Gleiche, wenn man sich darauf einlässt, ihnen nachzudenken.[456]

Als erstes Gesetz des Denkens bezeichnet Heidegger nicht die Regeln der Logik, sondern das Achten auf die Schicklichkeit des denkenden Sagens vom Sein als dem Geschick der Wahrheit. Dies schließe nicht nur ein, sich auf das zu besinnen, »*was* vom Sein zu sagen und *wie* es zu sagen ist«. Gleich wesentlich bleibe es zu bedenken, »*ob* das zu Denkende, inwieweit es, in welchem Augenblick der Seinsgeschichte, in welcher Zwiesprache mit dieser und aus welchem Anspruch es gesagt werden darf.« Aus dem Gesetz der Schicklichkeit des seingeschichtlichen Denkens sei ein Dreifaches in seiner Zusammengehörigkeit bestimmt: »die Strenge der Besinnung, die Sorgfalt des Sagens, die Sparsamkeit des Wortes«. Nötig sei in der jetzigen Weltnot: »weniger Philosophie, aber mehr Achtsamkeit des Denkens, weniger Literatur, aber mehr Pflege des Buchstabens«. Heidegger beschließt seinen Brief »Über den Humanismus« mit dem bedeutsamen Hinweis, dass das künftige Denken nicht mehr Philosophie sei, »weil es ursprünglicher denkt als die Metaphysik, welcher Name das Gleiche sagt«. Damit will

Heidegger zum Ausdruck bringen, dass das Denken in die Wahrheit des Seins, aus welchem es selbst entspringt, dasselbe erstrebt wie die Metaphysik, die auch nach dem Sein hinter dem Seienden fragt, aber auf abstrakte Weise. Für Heidegger ist das Denken »auf dem Abstieg in die Armut seines vorläufigen Wesens. Das Denken sammelt die Sprache in das einfache Sagen.«[457]

Zusammenfassend können wir somit sagen, dass Heidegger das Wesen des Humanismus darin sieht, dass der Mensch wieder in sein wahres Wesen findet, was aber nur dadurch möglich ist, dass er sich in aller Bescheidenheit denkend bemüht, in die Lichtung der Wahrheit des Seins zu gelangen. Alles Aufstellen von ethischen Grundsätzen und Verhaltensregeln hingegen trägt nicht wesentlich zu einem humanen Verhalten bei.

Der Weg zum Menschentum bei Rudolf Steiner

Im vorangehenden Kapitel haben wir gesehen, wie für Martin Heidegger die Humanitas darin besteht, dass der Mensch in sein Wesen zurückfindet. Nach ihm hat das Unmenschliche, das Inhumane seinen Grund darin, dass der Mensch außerhalb seines Wesens ist. Seine Menschlichkeit ruht in seinem Wesen.[458] Hier stellt sich nun die Frage, worin dieses Wesen besteht und wie der Mensch in sein Wesen zurückfinden kann.

Wahres Menschentum setzt moralische Gesinnung und moralisches Handeln voraus. Eine solche Gesinnung und ein solches Handeln sind aber nicht zu begründen, wenn der Mensch, wie Sloterdijk es tut, als höheres, im Laufe der Evolution gezähmtes Tier vorgestellt wird. Von diesem Menschenbild ausgehend kann man keine Möglichkeit sehen, dass Menschen zu wahrem Menschentum gebildet werden oder sich selbst dazu bilden können. Dann kann man nur wie Sloterdijk an eine Überwindung der Bestialität des Menschen durch hemmende oder zähmende Einflüsse sowie an eine Höherentwicklung der Menschheit durch selektive und züchterische, das heißt künftig durch gentechnische Maßnahmen denken.

Moralität kann auch nicht begründet werden, wenn die gesamte Natur mit ihren vielfältigen, sinnvoll und weisheitsvoll gestalteten Dingen und Wesen als im Laufe der Entwicklung zufällig entstanden und nur aus materiellen Stoffen und Kräften bestehend gedacht wird. In einer so vorgestellten Welt kann keine Ehrfurcht vor dem Menschen und den Naturwesen entstehen, denn sie sind ja als Gattungswesen ersetzbar. Ein moralisches Verhalten kann sich dann nicht entwickeln. Man kann zwar Werte festlegen und moralische Verhaltensregeln aufstellen, die eine gewisse Bedeutung haben, doch erfahrungsgemäß nicht viel bewirken.

Moralische Gesinnung und moralisches Verhalten können nur begründet werden auf der Grundlage einer Welt-Anschauung, welche die Welt nicht nur aus materiellen Stoffen und Kräften bestehend vorstellt, sondern die zu einer Erkenntnis der Geistnatur der Welt vordringt. Ähnlich wie Heidegger das Sein vom Seienden unterscheidet, so unterscheidet Steiner die geistige, übersinnliche Welt von der materiellen, sinnlichen. Die geistige Welt ist für ihn aber keine bloß als seiend vorgestellte, metaphysisch abstrakt gedachte, sondern eine real erkannte und damit real existierende Welt.

So wie für Heidegger das Denken den Bezug des Seins zum Wesen des Menschen vollbringt, so erschließt sich für Steiner der Zugang zur übersinnlichen, zur Welt der realen Ideen und Wesenheiten zunächst durch die Entwicklung des Denkens. Er will wie Heidegger zum Erleben der Wahrheit des Seins, der realen geistigen Welt hinführen. Im Denken kann sich das wahre Sein, die Welt der Ideen und des Geistes offenbaren, denn es ist selbst, wie Heidegger sagt, »vom Sein ereignet«, das heißt es ist selbst geistiger Natur. Normalerweise leben wir mit unserem Denken in der sinnlichen Welt und bilden uns aus den Wahrnehmungen mit Hilfe von Begriffen Vorstellungen über sie. Das Denken selbst beobachten wir üblicherweise nicht, weil es auf die Außenwelt gerichtet ist. Dies ist der Zustand, den Heidegger die »Seinsvergessenheit« des Menschen nennt. Wenn wir lernen, unser Denken für gewisse Zeiten aus der Welt der Wahrnehmungen herauszulösen und rein im Elemente des Denkens zu leben, vollziehen wir eine von uns selbst bewirkte geistige Tätigkeit, die sich auf ein Geistiges hin orientiert. Dadurch kommen wir darüber hinaus, in unserem Denken nur Vorstellungen von äußeren Dingen zu bilden. Es wird erfahrbar, dass unser Denken kein bloß subjektives, sondern ein objektives, universelles Element ist, das uns intuitiv mit dem ideellen Inhalt der Welt verbindet.[459] Dies erfordert eine Umwendung des Willens, der sich normalerweise nur in äußeren Handlungen auslebt. Wenn wir lernen, unseren Willen auch nach innen auf unser Denken anzuwenden und reine, sinnlichkeitsfreie Gedanken zu denken, kommt das Denken, das schon allzu lang, wie Heidegger sagt, »auf dem Trockenen sitzt«, wieder in sein wahres, geistiges Element und wird allmählich lebendig. Auch kann dadurch die Fähigkeit der Vernunft bzw. der Intuition entwickelt werden, die dem Denken ermöglicht, die in den Dingen wirksamen Begriffe und Ideen zu erfassen, und zu erkennen, wie die Welt-Erscheinungen in einem inneren, geistigen Zusammenhang stehen. Steiner spricht von der »einigen Ideenwelt«.[460] Wir erfahren, was Humboldt die »Einheit der Wissenschaft« nennt. Wir kommen in die »Lichtung des Seins«. Steiner nennt dies in Übereinstimmung mit alten Weisheitslehren den Zustand der »Erleuchtung«, in welchem wir beginnen, die »Wahrheit des Seins« und somit geistig Wesenhaftes in seiner Realität zu erkennen. Es setzt dies voraus, dass es gelingt, zu gewissen Zeiten unabhängig vom Gehirn, das heißt leibfrei, zu denken. Indem Heidegger von einem »*ekstatischen* Innestehen in der Wahrheit des Seins« spricht, deutet er auch auf ein leibfreies Bewusstsein hin.[461]

So wie Heidegger sagt, dass wir »in die Wahrheit des Seins ek-sistierend« aus diesem die Zuweisung von Weisungen für unser Handeln bekommen, so weist Steiner darauf hin, dass wir aus der »einigen Ideenwelt« durch unser Intuitionsvermögen nicht nur unsere Erkenntnisbegriffe und -ideen schöpfen, sondern aus ihr auch moralische Intuitionen empfangen, die uns in individueller Weise gegenüber konkreten Situationen aufgehen. Darin besteht das Wesen der Freiheit oder, wie Heidegger sagt, das wesenhafte, nämlich freie Menschsein.[462] Freies moralisches Handeln kann somit letztlich nur begründet werden, wenn der Mensch in der geschilderten Weise sein Intuitionsvermögen entwickelt und aus der Ideenwelt, aus dem wahren geistigen Sein moralische Intuitionen empfängt.

Heidegger möchte allerdings bescheiden die Grenzen achten, »die dem Denken als Denken gesetzt sind«. Das Denken, das in die Wahrheit des Seins vorzudringen versucht, bringt »in der Not des ersten Durchkommens nur ein Geringes der ganz anderen Dimension zur Sprache«. Auch müsse das Denken dabei »die ungemäße Absicht auf ›Wissenschaft‹ und ›Forschung‹ fallen lassen«, weil durch diese die ganz andere Dimension verfälscht würde.[463] Steiner weist in ähnlicher Weise darauf hin, dass die Seele des Geistesschülers zunächst schwach ist »in Bezug auf alles das, was in der seelisch-geistigen Welt wahrzunehmen ist« und wie zur Geistesschulung unbedingt Geduld und Ausdauer gehören.[464] Heideggers Auffassung, dass durch eine wissenschaftliche Erforschung des wahren Seins deren ganz andere Dimension verfälscht würde, ist sicher berechtigt, soweit es sich wie heute üblich um ein wissenschaftliches Forschen mit Hilfe des Verstandes handelt. Sie ist jedoch unzutreffend, wenn durch die angedeutete willentliche Schulung des Denkens die Fähigkeit der Vernunft bzw. der Intuition entwickelt wird, die es ermöglicht, ideelle, geistige Zusammenhänge zu erfassen.[465] Steiner macht deshalb geltend, dass es prinzipiell keine Grenzen des Erkennens gibt, weil jeder Mensch durch entsprechende Entwicklung seiner Persönlichkeit und Schulung seiner Erkenntniskräfte zu einem Erfahren der geistigen Welt und damit zu einer Erweiterung seiner Erkenntnisse gelangen kann. So sagt er in seinem Werk »Wie erlangt man Erkenntnisse der höheren Welten?«, dass in jedem Menschen Fähigkeiten schlummern, durch die er sich Erkenntnisse über höhere Welten erwerben kann.[466] Steiner geht es darum, die geistige Welt und ihre Wesenheiten konkret zu erforschen und seine Forschungsergebnisse in wissenschaftlicher Form darzustellen, die dem gesunden Menschenverstand und vorurteilsfreiem Denken verstehbar und einsehbar sind. Deswegen nennt er die von ihm entwickelte »Anthroposophie« auch »Geisteswissenschaft«, wobei er das Wort «Anthroposophie« nicht mit »Weisheit vom Menschen«, sondern mit »Bewusstsein seines Menschentums« interpretiert sehen möchte.[467]

Durch das Studium der Geisteswissenschaft, welche die erforschten Tatsachen der höheren Welt in Ideenform darstellt, kann sich ein sinnlichkeitsfreies Denken entwickeln. Man wird gewahr, wie man im reinen Denken bereits in einer geistigen Realität lebt. »In dem Gedanken selbst«, so Steiner, »liegt nämlich schon eine innere Wesenheit, welche im Zusammenhang steht mit der übersinnlichen Welt.« Man lernt erkennen, »wie die Gedankenwelt inneres Leben hat, wie man sich, indem man wirklich denkt, im Bereiche einer übersinnlichen lebendigen Welt schon befindet«. Entsprechendes sagt Steiner auch von seinen philosophischen Schriften »Erkenntnistheorie der Goethe'schen Weltanschauung« und »Philosophie der Freiheit«: »Wer diese Schriften auf seine ganze Seele wirken lässt, der steht schon in der geistigen Welt; nur dass sich ihm diese als Gedankenwelt gibt.«[468]

Wenn man die genannten philosophischen Schriften Steiners und insbesondere jene, welche geisteswissenschaftliche Forschungsergebnisse schildern, nicht nur mit dem Verstand studiert, sondern sie innerlich empfindend durchlebt, kommt man in eine reale Verbindung mit der übersinnlichen Welt. So kann man sich mit Wesenheiten der geistigen Welt real verbinden, wenn man sich ihnen in dieser Weise denkend annähert. Heidegger lässt es offen, ob es göttliche Wesenheiten gibt oder nicht. Doch geht er von der Existenz einer Dimension des Heiligen und Heilen aus, deren Verschlossenheit er »als das vielleicht einzige Unheil dieses Weltalters« ansieht. Er hält es jedoch offensichtlich für möglich, dass sich dem Menschen diese Dimension eröffnen und er Aussagen darüber machen kann, wenn er in diese Dimension hineindenkt und »als ek-sistentes Wesen einen Bezug des Gottes zum Menschen erfahren« darf.[469] Steiner hat in diese Dimension erkennend hineingeschaut, sodass ein Studium seiner geisteswissenschaftlichen Forschungsergebnisse ermöglicht, sich mit dem »Heiligen und Heilen« zu verbinden.

Worin besteht nun das Heilige und das Heile? Steiner schildert in seiner Lebensbeschreibung »Mein Lebensgang«, dass er vor der Wende des 19. zum 20. Jahrhundert einer starken inneren Prüfung ausgesetzt war und in dieser Prüfungszeit nur weiterkommen konnte, wenn er sich mit seiner Geist-Anschauung die Entwicklung des Christentums vergegenwärtigte. Dies führte zu seinem Buch »Das Christentum als mystische Tatsache«, in welchem er schildert, dass in Jesus eine Individualität von hoher Geistigkeit erschienen ist, die fähig wurde, durch die Johannestaufe im Jordan den Christus als hohes göttliches Wesen in die eigene Seele aufzunehmen. »Seit dieser Aufnahme ist das ›Ich‹ des Jesus von Nazareth der Christus, und die äußere Persönlichkeit ist der Träger des Logos.«[470] Damit bestätigt Steiner die Aussage im Prolog des Johannes-Evangeliums, wonach das Wort, der Logos, Fleisch geworden ist.

Auch Heidegger erstrebt eine Verbindung mit dem Logos, indem er »dem logos und seinem in der Frühzeit des Denkens erschienenen Wesen nachdenken« will. Es geht ihm um eine »Besinnung auf den logos«[471]. Das Wesen des Logos, des Wortes offenbart sich für ihn in der Sprache, insofern diese im Wesenhaften des Seins west und damit voll ins Wesen gebracht ist. Auch spricht er von der »anfänglichen Zugehörigkeit des Wortes zum Sein«.[472] Heidegger weist somit ahnend auf die Göttlichkeit des Logos hin, vermochte aber noch nicht zu erkennen, dass dieser als göttliches Wesen, als Christus in Jesus Mensch geworden ist und in diesem sich das Heilige, das Göttliche verkörpert und mit der Menschheit verbunden hat.

Und worin besteht nun das Heile? Im Johannes-Evangelium wird dargestellt, dass der Täufer Johannes schaute, wie der Geist gleich einer Taube vom Himmel auf Jesus herniederstieg und mit ihm verbunden blieb. Auch heißt es darin, dass Jesus es ist, der mit dem Heiligen Geiste tauft, und er bezeugt, dass dieser der Sohn Gottes ist.[473] Dadurch, dass Jesus zum Träger des Christus und des Heiligen Geistes wurde, konnte er die zahlreichen Heilungen und Dämonenaustreibungen, die in den Evangelien beschrieben werden, vollbringen. Er ist der Träger des Heilen und des Heiles. Rudolf Steiner hat aufgrund seiner Forschungen gezeigt, dass die Christus-Wesenheit dadurch, dass sie sich in Jesus als begnadetem Menschen inkarniert hat, diesen bis in den physischen

Leib hinein durchgeistigt hat, sodass er nach drei Tagen den Tod überwinden und mit einem immateriellen Leib auferstehen konnte.[474]

Aufgrund der Auferstehung des Christus Jesus ist es möglich, sich innerlich denkend und empfindend mit im zu verbinden und damit sein heiliges und heilendes Wesen in sich aufzunehmen, was zu einer Läuterung der Seele und zu einer allmählichen Überwindung der »Erbsünde« führen kann. Dies ist keine Selbstsucht und kein Hochmut, wie Weinstock meint, sondern eine freie Hin- und Rückwendung zum Göttlichen, das von uns erwartet, dass wir unsere Vernunft und unseren Willen und damit unser Vermögen der Willensfreiheit als »göttliche Mitgift« dazu verwenden, uns wieder mit dem Göttlichen zu verbinden.

Nun hat Heidegger dargestellt, dass sich dem Menschen in der Dimension des wahren Seins nicht nur das Heilige und das Heile offenbart, sondern auch das »Bösartige des Grimmes«, also ein wesenhaft Böses, das wie das Heile und Heilige im Sein west und sich im »Nichten« offenbart. Beide stehen sich in der Wahrheit des Seins »strittig«, das heißt gegensätzlich, gegenüber.[475] Steiner hat erkannt, dass uns das Böse in zweifacher Gestalt entgegentritt. Einerseits sind es »luziferische« Wesenheiten, die bewirkten, dass die Menschen von den Offenbarungen der höheren Welten abgeschnitten wurden und somit dem Irrtum und dem Bösen verfallen konnten, die aber dem Menschen dadurch auch die Möglichkeit der freien Selbstbestimmung brachten.[476] Andererseits tritt das Böse in Form von mephistophelischen Wesenheiten auf, die er als »ahrimanische« bezeichnet, welche die Menschen dazu bringen, die sinnliche Welt als die einzig reale anzusehen. Sie bewirken den Materialismus, während die luziferischen die Menschen zur Selbstsucht und zur Weltflucht verführen.[477] Ihr Zusammenwirken kann die Bestialität des Menschen auslösen, von der Sloterdijk spricht.

Der Mensch kann sich jedoch frei für das Gute und gegen das Böse entscheiden, weil sich ihm in der Wahrheit des Seins neben dem Heilen und Guten auch das Böse »lichtet« und er dieses zu erkennen vermag, so dass er ihm nicht mehr unbewusst verfällt.[478] Indem er sich mit dem in Jesus Mensch gewordenen Christus als göttlicher Wesenheit und Bringer des Heilen und Guten innerlich verbindet, erlangt er durch diesen auch die innere Kraft, dem Bösen zu widerstehen.

Worin besteht nun unser wahres Wesen? In der Goethezeit hatte man noch eine Ahnung von dem höheren Wesen des Menschen und davon, wie man es ausbilden kann. Humboldt spricht von einer *geistigen Individualität* als eigentümlicher Geisteshaltung, die ewig und unvergänglich ist und zu der der Mensch sich zu gestalten vermag, zu der aber nicht jeder gelangt. Auch betrachtet er die Erde als *Prüfungs- und Bildungsort* zu *Höherem* und *Besserem* und sagt, dass man hier die Kraft gewinnen muss, das Überirdische, also die Welt des Geistes, zu fassen.[479] Schiller sagt im vierten seiner »Briefe über die ästhetische Erziehung des Menschen« – wobei er sich zugleich auf Fichtes »Vorlesungen über die Bestimmung des Gelehrten« bezieht –: »Jeder individuelle Mensch [...] trägt, der Anlage und Bestimmung nach, einen *reinen idealischen Menschen* in sich, mit dessen unveränderlicher Einheit in allen seinen Abwechslungen übereinzustimmen die große Aufgabe seines Daseins ist.« Steiner nennt diese geistige Individualität des Menschen auch das *wahre Selbst* oder das *wahre Ich.* Es ist unbewusst in den Tiefen einer jeden Menschenseele vorhanden, gehört aber zugleich als reales geistiges Wesen einer höheren Welt an, die er auch die »übergeistige Welt« nennt. Ein unmittelbares Wissen von seinem wahren Ich kann der Mensch somit nur auf einer sehr hohen übersinnlichen Erkenntnisstufe erlangen.[480]

Da die Seele in einem physisch-sinnlichen Leibe lebt, ist in ihr ein starkes Ich-Gefühl vorhanden. Dieses ist notwendig für ein Sich-Behaupten in derjenigen übersinnlichen Welt, mit welcher es sich zu verbinden sucht. Wird dieses Ich-Gefühl in der Sinneswelt nicht abgedämpft, macht sich der Egoismus geltend. Dann können sich keine sittlich-moralischen Vorstellungen und Triebe entwickeln. Dazu ist vielmehr notwendig, dass der Mensch das Mitgefühl als »die edelste sittliche Kraft« in sich ausbildet, welche in ihm die Frucht der Liebe hervorbringt. Von der Liebe sagt Steiner, dass sie »ein Erleben des andern in der eigenen Seele« ist. Gefühle des Hasses, der Lieblosigkeit, unsittliche Triebe stellen sich nach dem Eintritt in die übersinnliche Welt wie lebendig gewordene Vorwürfe, wie grässliche Bilder vor die Seele hin. Zu einer Vorbereitung für ein gesundes Eintreten in die übersinnliche Welt gehören deshalb »wahre Liebefähigkeit, die Neigung für echtes menschliches Wohlwollen und Mitgefühl«.[481] Als Verkörperung göttlichen Mitleids und göttlicher Liebe schenkt uns der Christus Jesus die Kraft, wahres Mitgefühl und wahre Liebefähigkeit zu entwickeln. Als Verkörperung alles wesenhaft Guten ist er auch die Quelle der moralischen Intuitionen und Impulse. So kommen wir in unser wahres Wesen und damit zu wahrem Menschentum, wenn wir uns innerlich mit dem Christus verbinden.

Wir sehen somit, dass der Humanismus mit seinem Streben nach wahrer Menschlichkeit keineswegs überholt, sondern angesichts der großen Herausforderungen durch das Böse notwendiger denn je ist. Wir sehen aber auch, dass wahres Menschentum sich nicht von selbst ergibt und auch nur nach und nach entwickelt werden kann, indem jeder Einzelne durch freien Entschluss immer wieder danach strebt. Dies bedeutet zugleich, dass nicht alle Menschen diesen Weg gehen werden und wir uns somit weiterhin mit dem Wirken des Bösen in der Menschheit auseinandersetzen müssen. Wahres Menschentum wird sich nur in dem Maße entwickeln, wie sich mehr und mehr Menschen wieder der geistigen Welt als Quelle des ewig Wahren und Guten zuwenden.

Anhang

Der Königsberger und der Litauische Schulplan

A. Über die mit dem Königsbergischen Schulwesen vorzunehmende Reformen

1.
Wie vielerlei Arten von Schulen soll es geben? Wie viele von jeder Art? Und welche?

Man ist sowohl in dem Möllerschen als Hoffmannschen Plane, die beide viele zweckmäßige Vorschläge enthalten, davon ausgegangen, dass es, außer den Elementar- und gelehrten Schulen, noch Mittelschulen geben solle.

Diese Frage ist daher zuerst zu erörtern. Ich bin dagegen.

Mittelschulen sollen entweder den Übergang von den Elementar- zu den gelehrten Schulen ausmachen, sodass die letzteren gar keine sogenannten Bürgerklassen mehr haben; oder als eine eigne Art der Schulen für diejenigen bestimmt sein, welche auf eigentlich wissenschaftliche Bildung und besonders auf Universitätstudium Verzicht tun oder endlich beide Zwecke zugleich erfüllen.

Die Trennung der Bürgerklassen von den gelehrten zwei verschiedenen Anstalten stört offenbar die so notwendige Einheit des Unterrichts, der in der Wahl der Lehrgegenstände, in der Methode und der Behandlung der Schüler von dem Augenblick an, wo das Kind die ersten Elemente gefasst hat, bis zu der Zeit, wo der Schulunterricht aufhört, in einem so ununterbrochenen Zusammenhange stehen muss, dass Klasse auf Klasse und halbes Jahr auf halbes Jahr berechnet sei. Die Mittelschulen bei dieser Anordnung könnten, indem sie nach vollendetem Elementarunterricht anfingen, und bei dem Beginnen des höheren gelehrten aufhören sollten, schlechterdings nur ein Stück des Unterrichts, und zwar ein, wenigstens in Absicht der Grenze nach oben, willkürlich abgeschnittenes behandeln. Es liegt nun aber in der Natur der Sache, dass eine Anstalt, die ganz dasselbe mit einer andern, dies aber nur bis zu einem gewissen Punkte treiben soll, also so, dass sie ihr Komplement immer ganz außer sich sieht, auch innerhalb des bestimmten Punktes schlecht werde.

Es gibt, philosophisch genommen, nur drei Stadien des Unterrichts:

Elementarunterricht
Schulunterricht
Universitätsunterricht

Der Elementarunterricht soll bloß in Stand setzen, Gedanken zu vernehmen, auszusagen, zu fixieren, fixiert zu entziffern, und nur die Schwierigkeit überwinden, welche die *Bezeichnung* in allen ihren Hauptarten entgegenstellt. Er ist noch nicht sowohl Unterricht, als er zum Unterricht vorbereitet und ihn erst möglich macht. Er hat es also eigentlich nur mit Sprach-, Zahl- und Maß-Verhältnissen zu tun und bleibt, da ihm die Art des Bezeichneten gleichgültig ist, bei der Muttersprache stehen. Wenn man, und mit Recht, noch anderen Unterricht geographischen, geschichtlichen, naturhistorischen hinzufügt, so geschieht es teils, um die durch den Elementarunterricht entwickelten und zu ihm selbst nötigen Kräfte durch mannigfaltigere Anwendung mehr zu üben, teils, weil man für diejenigen, welche aus diesen Schulen unmittelbar ins Leben übergehen, den bloßen Elementar-Unterricht überschreiten muss.

Der Zweck des Schulunterrichts ist die Übung der Fähigkeiten und die Erwerbung der Kenntnisse, ohne welche wissenschaftliche Einsicht und Kunstfertigkeit unmöglich ist. Beide sollen durch ihn vorbereitet; der junge Mensch soll in Stand gesetzt werden, den Stoff, an welchen sich alles eigne Schaffen immer anschließen muss, teils schon jetzt wirklich zu sammeln, teils künftig nach Gefallen sammeln zu können und die intellektuell-mechanischen Kräfte auszubilden. Er ist also auf doppelte Weise, einmal mit dem Lernen selbst, dann mit dem Lernen des Lernens beschäftigt. Aber alle seine Funktionen sind nur relativ, immer einem Höheren untergeordnet, nur Sammeln, Vergleichen, Ordnen, Prüfen u.s.f. Das Absolute wird nur angeregt, wo es, wie es gar nicht fehlen kann, selbst in einem Subjekte zur Sprache kommt. Der Schulunterricht teilt sich in linguistischen, historischen und mathematischen; der Lehrer muss immer beobachten, bei welchem von diesen dreien der Schüler mit vorzüglicher Aufmerksamkeit verweilt, allein auch streng darauf sehen, dass der Kopf für alle drei zugleich gebildet werde. Denn die Schule soll eng verbinden, damit die Universität, zu besserer Verfolgung des Einzelnen, ohne Schaden eilen könne. Der Schüler ist reif, wenn er so viel bei andern gelernt hat, dass er nun für sich selbst zu lernen im Stande ist. Sein Sprachunterricht z.B. ist auf der Schule geschlossen, wenn er dahin gekommen ist, nun mit eigner Anstrengung und mit dem Gebrauche der vorhandenen Hilfsmittel jeden Schriftsteller, insoweit er wirklich verständlich ist, mit Sicherheit zu verstehen und sich in jede gegebene Sprache, nach seiner allgemeinen Kenntnis vom Sprachbau überhaupt, leicht und schnell hinein zu studieren.

Wenn also der Elementarunterricht den Lehrer erst möglich macht, so wird er durch den Schulunterricht entbehrlich. Darum ist auch der Universitätslehrer nicht mehr Lehrer, der Studierende nicht mehr Lernender, sondern dieser forscht selbst, und der Professor leitet seine Forschung und unterstützt ihn darin. Denn der Universitätsunterricht setzt nun in Stand, die Einheit der Wissenschaft zu begreifen und hervorzubringen, und nimmt daher die schaffenden Kräfte in Anspruch. Denn auch das Einsehen der Wissenschaft als solcher ist ein, wenn gleich untergeordnetes Schaffen. Daher hat der Universitätsunterricht keine Grenze nach seinem Endpunkt zu, und für die Studierenden ist, streng genommen, kein Kennzeichen der Reife zu bestimmen. Ob, wie lange und in welcher Art derjenige, der einmal im Besitze tüchtiger Schulkenntnisse ist, noch mündlicher Anleitung bedarf, hängt allein vom Subjekt ab. Das Kollegienhören selbst ist eigentlich nur zufällig; das wesentlich Notwendige ist, dass der junge Mann zwischen der Schule und dem Eintritt ins Leben eine Anzahl von Jahren ausschließend dem wissenschaftlichen Nachdenken an einem Orte widme, der viele, Lehrer und Lernende, in sich vereinigt.

So wie es nun bloß diese drei Stadien des Unterrichts gibt, jedes derselben aber unzertrennt ein Ganzes macht, so kann es auch nur drei Gattungen *auf einander folgender* Anstalten geben, und ihre Grenzen müssen mit den Grenzen dieser Stadien zusammenfallen, nicht dieselben in der Mitte zerschneiden.

Auch ist die Idee zur Absonderung wohl nur daher entstanden, dass man sich unter Mittelschulen eine eigne Gattung von Schulen, die auf andre Kenntnisse als die gelehrten Rücksicht nehmen, gedacht und nun besorgt hat, die gelehrten durch Verbindung beider zu verwickelt zu machen. Allein auch in dieser zweiten Absicht, dass die Mittelschulen für diejenigen, die auf höheren Unterricht Verzicht leisten, bestimmt sein sollen, bestreite ich dieselben.

Da, um dies nur vorläufig zu bemerken, die Bestimmung eines Kindes oft sehr lange unentschieden bleibt, so bringen sie den Nachteil hervor, dass leicht Verwechslungen vorgehen, der künftige Gelehrte zu lange in Mittelschulen, der künftige Handwerker zu lange in gelehrten verweilt, und daraus Verbildungen entstehen.

Aber ich leugne auch die Möglichkeit, ihnen auf eine zweckmäßige Weise eine wesentlich verschiedene Einrichtung zu geben, und es ist leicht zu zeigen, dass die durch ihren Mangel entstehende Lücke vollkommen durch andre Einrichtungen ausgefüllt werden kann.

Der Unterschied zwischen den Mittel- und gelehrten Schulen soll entweder in der Wahl der Lehrgegenstände oder in der Methode bestehen. Man hat überdies in beider Hinsicht bei ihnen eine doppelte Klasse von Menschen im Auge, einmal die ärmere, die darum höherer Bildung entsagen muss, dann diejenige, welche sich nicht dem Universitätsstudium widmet. Allein beide lassen sich nach gleichen Grundsätzen beurteilen.

Bei der Wahl der Lehrgegenstände schließt man einige aus, und dies Los trifft dann gewöhnlich beide alte Sprachen oder eine derselben, nimmt andre auf, wie mehr neuere Sprachen, Technologie und Statistik u.s.f. und macht die zur Hauptsache, die man sich in den gelehrten Schulen als Nebensache denkt, wie Geographie, Geschichte, Physik u.s.f.

Allein man vermischt auf diese Weise immer auf eine klägliche Weise die vom Schulunterricht allemal zu fordernde allgemeine Übung der Hauptkräfte des Geistes und die Einsammlung der künftig notwendigen Kenntnisse, welche zum wirklichen Leben vorbereitet, da es hingegen allgemeiner Grundsatz sein sollte:

Die Übung der Kräfte auf jeder Gattung von Schulen allemal vollständig und ohne irgend einen Mangel vorzunehmen, alle Kenntnisse aber, die sie überhaupt wenig oder zu einseitig befördern, wie notwendig sie auch sein mögen, vom Schulunterricht auszuschließen und dem Leben die speziellen Schulen vorzubehalten.

Auch würden diese Realschulen (und je besser und vornehmer sie wären, je mehr) nach und nach alle Disziplinen der gelehrten an sich reißen; viele Schüler würden Lateinisch, manche Griechisch lernen wollen, nur würde eigentliche Gelehrsamkeit vermieden werden, man würde Griechisch und Lateinisch wie Französisch und Englisch gleichsam aus dem Gebrauch und kursorisch lernen, viele Sprachen gewissermaßen besitzen, und von keiner einen eigentlichen Begriff haben. Denn es ist sicher ein Vorurteil, dass, wenn man (und kaum die) einige Kleinigkeiten (wie z.B. im Griechischen die Akzentuation) abrechnet, ein künftiger Kritiker im Anfange auf andre Weise Griechisch lernen müsse als jeder andre. Beide sollen mit Sicherheit verstehen, nicht raten; und in der bestimmten Sprache die Sprache überhaupt anschauen. Ihre Wege gehen allerdings, aber immer erst spät, aus einander.

Ebensowenig lässt sich ein wesentlicher Unterschied in der Methode denken. Die Betrachtung der Länge oder Kürze der Jahre, welche in der Mittel- und in der gelehrten Schule dem Unterricht gewidmet wird, rechtfertigte einen solchen noch am meisten. Allein auch da lässt sich bei den Fundamenten nichts tun; nicht abkürzen, denn man bestimmt ja in jeder Disziplin die Menge des aufzunehmenden Stoffs im Verhältnis zu der Kraft, die er üben und die ihn verarbeiten soll; nicht übereilen, denn die Entwicklung erfordert ihre natürliche Weile. Das Einzige, was hier geschehen könnte, wäre, wieder dem Leben vorgreifen; man könnte nämlich, was in der gelehrten Schule nach Gründen gezeigt wird, in der Mittelschule mechanisch beibringen, z.B. chemische Mischungen, Rechnungsformeln u.s.f. Allein dies hieße durchaus die Grenzen des Schulunterrichts verlassen, die zur Bildung bestimmte Zeit zur Abrichtung missbrauchen und die Köpfe verderben. Alle den gelehrten als solchen entgegengesetzte Mittelschulen sind also im besten Sinne Verbindungen allgemeiner Schulen mit speziellen, woraus, meiner Ansicht nach, immer Missgeburten entstehen.

Um dagegen alle Nachteile, um derentwillen man sie einführen will, zu vermeiden, muss man nur überhaupt und bei den gelehrten für folgende Dinge sorgen.

1. dass es wenigstens in jeder größeren Stadt eine oder einige so vorzügliche Elementarschulen gebe, dass es für keinen Nachteil angesehen werden kann, wenn auch viele Bürger allein sie und nie eine andere Schule besuchen. Und wenn man bedenkt, dass der Elementarunterricht, wie er jetzt hier genommen wird, alles in sich fasst, wovon die Klarheit und Bestimmtheit der Begriffe abhängt, worauf, wie auf einem Fundament, die höchste Mathematik ruht, und was die Einbildungskraft zu den beiden Hauptgattungen der Kunst, der bildenden, und musikalischen, anregt, und dass dies alles auf eine die Empfindung stark bewegende Weise behandelt wird, so dürfte man gewiss in Versuchung geraten, diese Erziehung der auf manchen unsrer jetzt berühmten Gymnasien vorzuziehen.

2. dass für die Güte der unteren oder Bürgerklassen der gelehrten Schulen ebensosehr als für die der höheren gesorgt werde, man aber den eigentlichen Elementarunterricht von ihnen absondere. Nehmen sie diesen auch nur einigermaßen mit auf, so werden die eigentlichen Elementarschulen bald als Volksschulen im verächtlichen Sinne des Worts angesehen, was ihrer Verbesserung sehr nachteilig ist. Folgen diese gut organisierten unteren Klassen auf gute Elementarschulen, so lässt sich für sehr viele Zwecke des Lebens der Unterricht sehr gut bei ihnen beschließen.

3. dass die gelehrten Schulen nicht bloß lateinische seien, sondern der historische und mathematische Unterricht gleich gut und sorgfältig mit dem philologischen behandelt werde. Gegenwärtig, wo es sehr oft hieran mangelt, entsteht der Nachteil, dass derjenige, welcher für Sprachunterricht weniger Sinn hat, entweder die Schule zu früh verlassen oder unnütz auf derselben verweilen muss.

4. dass der Sprachunterricht wirklich Sprachunterricht und nicht, wie jetzt so oft, eine mit Altertums und historischen Kenntnissen verbrämte und hauptsächlich auf Übung gestützte Anleitung zum Verständnis der klassischen Schriftsteller sei. Denn die Kenntnis der Sprache ist immer, als den Kopf aufhellend und Gedächtnis und Phantasie übend, auch unvollendet nützlich, die Kenntnis der Literatur hingegen bedarf, um es zu werden, einer gewissen Vollständigkeit und anderer günstiger Umstände.

5. dass die Klassenabteilung nicht durchweg, sondern nach den Hauptzweigen der Erkenntnis gehe, und die Lehrer erlauben und begünstigen, dass der Schüler, wie ihn seine Individualität treibt, sich des einen hauptsächlich, des andern minder befleißige, wofern er nur keinen ganz vernachlässigt. Eine Verschiedenheit der intellektuellen Richtung auf Sprachstudium, Mathematik und Erfahrungskenntnisse ist einmal unleugbar vorhanden, und es wäre ebenso wunderbar, nur Eine begünstigen, als, sie in verschiedene Anstalten verweisend, sie noch mehr spalten zu wollen. Bloß die Letztere muss man nie dulden, ohne sie fest an eine der andern zu knüpfen, da sie sonst nach und nach auch die Möglichkeit wahrer Wissenschaft in einem Kopfe zerstört.

6. dass es viele Spezialschulen gebe und kein bedeutendes Gewerbe des bürgerlichen Lebens eine entbehre. Was man in Bürgerschulen in Technologie lehrt, ließe sich sehr gut mit den Kunstschulen, in denen ja viele Handwerker schon jetzt unterrichtet werden, verbinden.

Außerdem könnten sie, wie in Berlin geschieht, technische und chemische Vorlesungen hören, und da viele doch wandern und reisen, so schadete es nichts, wenn diese nur an einigen Orten der Monarchie zu finden wären. Ackerbau- Handels- Steuermannsschulen gibt es schon jetzt. Ebenso Anstalten für nicht wissenschaftlich gebildete Ärzte u.s.f.

Auf diese Weise sehe ich keinen Mangel, dem durch eine Mittelschule abgeholfen werden müsste. Der ganz Arme schulte seine Kinder in die wohlfeilsten oder unentgeltlichen Elementarschulen; der weniger Arme in die besseren, oder wenigstens teureren. Wer noch mehr anwenden könnte, besuchte die gelehrten Schulen, bliebe bis zu den höheren Klassen oder schiede früher aus, triebe mehr Sprachunterricht oder mehr gemeinhin realen genannten. Auf diesen Schulunterricht folgten die Universität, eine Spezialschule oder der Eintritt in das bürgerliche Leben selbst. Jeder, auch der Ärmste, erhielte eine vollständige Menschenbildung, jeder überhaupt eine vollständige, nur da, wo sie noch zu weiterer Entwicklung fortschreiten könnte, verschieden begrenzte Bildung, jede intellektuelle Individualität fände ihr Recht und ihren Platz, keiner brauchte seine Bestimmung früher als in seiner allmählichen Entwicklung selbst zu suchen, die meisten endlich hätten, auch indem sie die Schule verließen, noch einen Übergang vom bloßen Unterricht zu der Ausführung in den Specialanstalten.

Nur noch ein Paar Winke jetzt über die Erlernung der alten Sprachen. Von dem Grundsatz ausgehend, einmal, daß die Form einer Sprache als Form sichtbar werden muss, und dies besser an einer toten, schon durch ihre Fremdheit frappierenden, als an der lebendigen Muttersprache geschieht, dann, dass Griechisch und Lateinisch sich beide gegenseitig unterstützen müssen, würde ich festsetzen:

dass alle Schüler, ohne Ausnahme, beide in der untersten Klasse jede schlechterdings lernen müssten, es sei nun, dass sie beide zugleich, oder eine, und welche? zuerst anfingen, damit keinen, wenn er nachher Lust erhält, die ersten Fundamente aufhalten, und auch keinen etwas ganz Unbekanntes zurückstößt;

dass, nach absolvierter untersten Klasse, es zwar von jedem abhängt, mit Zustimmung seiner Eltern oder Vormünder, eine aufzugeben, er aber die andere notwendig forttreiben muss, auch wenn er nicht das Studium beider verbindet, niemals, welche Fortschritte er auch mache, in Rücksicht auf Sprachstudium eine Prämie oder Auszeichnung erhalten könne.

In Absicht des Hebräischen muss allerdings mehr Freiheit stattfinden. Allein es müsste gleichfalls sehr befördert werden, nicht bloß der Theologen wegen, sondern auch, weil sein grammatischer und lexikalischer Bau auf den ersten Anblick sehr von dem des Griechischen abweicht, nah verwandt ist mit dem Bau der Sprachen wilder Völker und daher den Begriff von der Sprachform überhaupt nach einer sonst fast unbekannt bleibenden Seite hin erweitert.

Nach dieser allgemeinen Erörterung würde ich daher hier nur Elementar- oder Bürger- und gelehrte Schulen bestehen lassen. Da indes die Bürgerschulen notwendig von sehr verschiedener Güte, einige sehr beschränkt, andere sehr gut und vollständig sein würden, so können diese letzteren gewissermaßen für das gehalten werden, was man mit den Mittelschulen abgezweckt hat.

Die Zahl der gelehrten Schulen muss nun aber vermehrt werden, weil sich alle Kinder, welche über die Mittelschule hinausgehen, in ihnen vereinigen. Dennoch halte ich drei für hinreichend:

die Altstädtische,
das Collegium Fridericianum,
die reformierte, und selbst ob ich hierin nicht zu viel

nehme, bleibt noch zu untersuchen übrig. Zu bloßen Bürgerschulen, mit der Beschränkung, aber auch mit der Vollständigkeit, welche Elementarschulen haben müssen,

die Kneiphöfische,
die Löbenichtsche.

Die gelehrten Schulen ließen niemand zu, der nicht fest in den Elementarkenntnissen und wenigstens neun Jahr alt wäre. Sie hätten fünf Klassen, die Bürgerschulen zwei.

Die gelehrten Schulen hätten jede sechs Lehrer und zwei Kollaboratoren; die Bürgerschulen jede einen Lehrer.

Der Unterricht in den Bürgerschulen umfasste

Lesen, Schreiben,
die Zahl- und Maßverhältnisse Sprechübungen,
die nötigsten und ersten Begriffe von der Beschaffenheit des Menschen und des menschlichen Geschlechts, des Erdbodens, der Gesellschaft,

Musik, Zeichnen,

Geographie, Geschichte, Naturgeschichte, insofern sie Stoff hergeben können, an dem sich der Verstand innerhalb der ihm hier angewiesenen Sphäre üben kann.

Der Religionsunterricht ist minder Lehren als Anregung des Gefühls

Die beiden sehr vollständig organisierten Bürgerschulen führen natürlich diese Kenntnisse, vorzüglich die Zahl- und Maßverhältnisse weiter fort, als die andern Elementarschulen es können, und vermehren dann auch in den sogenannten Realkenntnissen den Stoff nach Maßgabe der größeren Erweiterung der Verstandeskräfte. Bei ihrer näheren Organisation wäre vorzüglich auf diejenige Rücksicht zu nehmen, welche Zeller dem Waisenhause geben wird, und zu bestimmen, in welchem Zweckverhältnis sie mit dieser Anstalt stehen sollten.

2.

Welche Fonds sind zur Erhaltung dieser Schulen notwendig? und woher werden sie genommen?

Ich bin mit Herrn Staatsrath Hoffmann der Meinung, dass eine Stadt wie Königsberg ihre Lehrer gut besolden muss.

Ich schlüge daher folgenden Etat vor, nehme ihn als Maximum, Herrn Möllers Vorschläge, aber nach der hier verlangten Lehrerzahl erweitert, als Minimum an.

I. für eine gelehrte Schule:

1.	Rector *maximum*	800 Rth.	*minimum*	600 Rth.	Holz 5 Achtel
2.–6.	Fünf Lehrer ——— zu 600 Rth.	3000 Rth.	———	1900 Rth. nämlich 2 zu 500 Rth. 2 zu 400 Rth. 1 zu 100 Rth.	——— 20 ———
7. 8.	zwei Kollaboratoren zu 200 Rth. ———	400 Rth.	*minimum*	200 Rth.	——— 4 ———
	Zu Schulbedürfnissen	200 Rth.	———	———	———
	Fünf Klassenstuben und eine zu außerordentlichen Bedürfnissen, Teilung von Klassen u.s.f. ———				6 ———
	Summa: Maximum	4.400 Rth.	Minimum	2.700 Rth.	35 Achtel

II. für eine Bürgerschule:

1.	Der Rektor *maximum*	600 Rth.	*minimum*	350 Rth.	Holz 5 Achtel
2.	Drei Lehrer zu 400 Rth.	——— 1.200 Rth.	———	650 Rth. nämlich zu 300 Rth. 250 Rth. 100 Rth.	——— 12 ———
	Zu Schulbedürfnissen	——— 100 Rth.			
	Zwei Klassenstuben und eine zu außerordentlichen Bedürfnissen	———	———	———	3 ———
Summa:	Maximum	1.900 Rth.	Minimum	1000 Rth.	Holz 20 Achtel

Freie Wohnung können alle Lehrer haben. An den Magistratischen Schulen sind jetzt 15 Lehrerwohnungen, und hiernach hätten diese Schulen künftig nur 14 ordentliche Lehrer. Das Collegium Fridericianum und die reformierte Schule haben eigne Gebäude.

Auf diese Weise kosteten die Hauptschulen der Stadt zusammen

3 gelehrte	maximum	13.200 Rth.	minimum	8.100 Rth.	Holz 105 Achtel
2 Bürgerschulen	———	3.800 Rth.	———	2.000 Rth.	——— 40 ———
Summa:	Maximum	17.000 Rth.	minimum	10.100 Rth.	Holz 145 Achtel
			(und 3000 Rth. Pensionsfonds, dazu gerechnet nach dem höchsten Anschlag)		
		20.000 Rth.			und Holz 145 Achtel

Diese Einkünfte würden beschafft
durch die bisherigen der Schulen,
das Schulgeld,
einen Zuschuss der Stadt.

Von den bisherigen müsste jedoch alles gleich abgezogen werden, was irgend unsicher ist. Hierzu fehlen mir die Lokaldata.

Das Schulgeld bliebe zur Hälfte den Lehrern; zu $^1/_4$ käme es zum gewöhnlichen zur Auszahlung der Gehalte bestimmten; je $^1/_4$ zum außerordentlichen Schulfonds. Ohne diese letzte Anordnung setzt man sich in Gefahr, auch die Gehalte ungewiss werden zu sehen.

Jede Schule hat einen der Hälfte ihres Gehaltsquanti gleichen eisernen Bestand, welcher gesammelt wird durch das letzte $^1/_4$ des Schulgeldes und angegriffen nur zu Gehaltszahlungen. Er wird im letzteren Falle sogleich wieder hergestellt, und dies letzte $^1/_4$ des Schulgeldes wird bis dahin zu nichts anderem verwandt. Nachher zu Praemia und Schulbedürfnissen.

Das Schulgeld könnte, meines Erachtens, betragen:

für die Bürgerschulen	1 Rth. ____
für die 3 unteren, Klassen der gelehrten ____________	1 Rth. 15 gr.
für die 2 oberen der gelehrten ____________________	2 Rth.

Aus Armut der Schüler darf die Schule gar kein Schulgeld verlieren, sondern sie muss immer die Früchte der Frequenz, die ihr Verdienst ist, rein und ungeschmälert gemessen. Den nach Wahrscheinlichkeit beim Schulgeld zu berechnenden Ausfall schlage man zum Zuschuss der Stadt, da er nie viel betragen kann. Über den Anspruch darauf verfüge das Consilium der Lehrer, seine Verfügung sei aber nachher dem Ausspruch der Armenvorsteher unterworfen. So werden die Eltern zu Aufbringung des Schulgeldes die äußersten Anstrengungen machen, und dazu muss man sie bewegen. Das Schulgeld werde von keinem der Lehrer, sondern von einer Rechnungsbehörde des Magistrats eingenommen, und, wo nicht Erlasse erlangt sind, mit äußerster Strenge beigetrieben.

Die beiden Kollaboratoren und der jüngste ordentliche Lehrer bei den gelehrten Schulen haben gar keinen Anteil am Schulgeld. Der Rektor empfängt $^1/_6$ jeder der andern 4 ältesten Lehrer $^1/_{12}$ desselben.

Ebenso empfängt der jüngste Lehrer der Bürgerschulen nichts vom Schulgeld, der Rector $^1/_4$, jeder der andern 2 ältesten Lehrer $^1/_8$.

Da die Frequenz einer Schule bei weitem mehr von der Beschaffenheit des Rektors als der übrigen Lehrer abhängt, so rechtfertigt sich dadurch sein vorzüglicher Anteil.

Über die Baukosten der Schulen und ihre Herbeischaffung ist nach der Lokalverfassung besonders nachzudenken.

Der Zuschuss der Stadt muss durch einen allgemeinen Beitrag erlangt, und daher an die allgemeinste Bürgerabgabe geknüpft werden. Er muss so festgesetzt werden, dass gewiss eher mehr als weniger einkommt, und es muss $^1/_3$ mehr, als der zu den jetzt verbesserten Schulen nötige Aufwand verlangt, ausgeschrieben werden, um von diesem $^1/_3$, zu welchem das über den Anschlag herauskommende hinzugefügt wird, die übrigen Elementarschulen der Stadt noch danach verbessern zu können.

Wieviel dieser Zuschuss betragen müsse, beruht auf *datis*, die noch nicht gehörig ausgemittelt sind.

Zuerst entsteht die Hauptfrage: Soll die Stadt nur für ihre jetzigen drei Schulen oder auch für das Collegium Fridericianum und die reformierte Schule sorgen?

Ich bin für das Letztere, jedoch rnuss der Staat den beiden letzteren Anstalten lassen, was er ihnen einmal verliehen hat, oder noch gibt. Indes, auch so vermehrt sich der Zuschuss der Stadt ansehnlich.

Nur begreife ich nicht, wie auf einem andern Wege das Collegium Fridericianum und die reformierte Schule gehoben werden können, und da es für Schulen ein Maximum der Frequenz gibt, das nicht überschritten werden darf, so muss die übermäßige der Altstädtischen Schule, die ein wahres Übel ist, durch die Verbesserung jener beiden Anstalten vermindert werden. Die Güte der magistratischen Schulen steht daher mit der der anderen in sehr genauer Verbindung.

Ersparungen am Lehrergehalt wären sehr schlimm. Dagegen ist noch wohl zu überlegen, ob, wie ich angenommen habe, die Anzahl der zu versorgenden Schüler drei gelehrte Schulen notwendig macht. Ist dies nicht der Fall, so könnte, meines Bedünkens, das Fridericianum aufhören, die reformierte Schule, die schon jetzt auch Lutherische Lehrer hat, in das Gebäude desselben verlegt und mit seinen Einkünften im Gebäude der reformierten, wozu sie mehr als hinreichen, eine Bürgerschule errichtet werden. Mit dem Fridericianum als einer ganz Königlichen Anstalt lässt sich am leichtesten schalten, und die Vorurteile der Reformierten würden dadurch, und dass man dem reformierten Prediger die Aufsicht über den Religionsunterricht ließe, geschont. Alsdann sorgte die Stadt nur für 2 gelehrte und 2 Bürgerschulen und erhielte zu ihren jetzigen Fonds die der reformierten Schule hinzu. Schiene das zu verwickelt, so würde die reformierte Schule zur Bürgerschule, oder, was aber freilich schlimm wäre, bliebe ganz aus dem jetzigen Verbesserungsplan ausgeschlossen und ihrem Schicksal überlassen.

Alles dies vorausgeschickt, wären nunmehr an *fonds* vorhanden:

1. Die bisherigen der 3 magistratischen Schulen nach Herrn Möller und Hoffmann ________ 5652 Rth. 17 gr.
   Diese Angabe ist aber wohl zu prüfen. Herr p. Weiss gibt nur 4658 Rth. 77 g. $3\,{}^{10}/_{13}$ pf. an,

scheint aber das Leichengeld und andere Akzidenzien nicht gerechnet zu haben.

2.	die des Collegii Fridericiani[482]	2120 — 60 —
3.	die der reformierten Schule	1409 — 36 —

4. $^1/_4$ des Schulgeldes.

Gegenwärtig sind auf den hiesigen 6 gelehrten Schulen, (die deutschen Klassen des Collegii Fridericiani nicht mitgerechnet), 843 Schüler, von welchen 83 gar nicht und 72 nicht voll bezahlen, (die Freischüler der reformierten Schule sind mir unbekannt und also nicht hierunter begriffen.) Von diesen Schülern (wenn man die der reformierten Schule als alle bezahlend annimmt, das unbedeutende Schulgeld des Waisenhauses aber gar nicht mitrechnet) kommt, nach der Angabe im gegenwärtigen Augenblick, jährlich die Summe von 6622 Rth. ein. Bei der neuen Einrichtung der Schule könnte man mehr bezahlende Schulkinder rechnen, da viele derselben von der Löbenichtschen und Kneiphöfischen Schule in die gelehrten Schulen übergehen und also in beiden suksessive bezahlen werden. Sollte aber auch die Zahl wegen des erhöhten Schulgeldes abnehmen, glaube ich doch mit Sicherheit für die 3 gelehrten Schulen wenigstens 600, für die Bürgerschulen 300 Schüler rechnen zu können. Von den 850 Schülern sitzen $^2/_3$ in den 3 unteren, $^1/_3$ in den zwei höheren Klassen. Dies gibt von

300 Schülern in der Bürgerschule zu 1 Rth.	3600 Rth.	
400 in den unteren Klassen der gelehrten zu $1^1/_2$ Rth.	7.200 Rth.	
200 in den oberen zu 2 Rth. monatlich	4.800 Rth.	
Summa:	15.600 Rth.	
Wovon das Viertel hier in Rechnung kommt		3.900 Rth. —
Summa:		13.082 Rth. 23 gr.

Mithin wäre zu 20.000 Rth. nur ein Zuschuss von 7.000 Rth. nötig	
Schlägt man zu diesen	7.000 Rth.
noch $^1/_6$ des Schulgeldes für Freischüler mit	2.600 Rth.
und für die übrigen Elementarschulen der Stadt	3.400 Rth.
so beträgt der ganze Zuschuss	13.000 Rth.

Um aber recht hoch zu gehen, wollen wir ihn einmal auf 16 000 Rth. setzen. Angenommen nun, dass Königsberg auch nur 8000 Familienhäupter hätte, die überhaupt, ohne gedrückt zu werden, Abgaben bezahlen können, und diese in drei Klassen zwei zu 3000 und eine zu 2000 verteilt, würde die dürftigste Klasse, um jene Summe zusammenzubringen, nur $6^2/_3$ hiesige Groschen, die reichste aber 1 fl. monatlich beitragen müssen.

Wäre aber auf diese Weise einmal ein allgemeiner Schulfonds der Stadt vorhanden, so würde er hernach auch durch Geschenke, Vermächtnisse und selbst durch die Freigebigkeit des Staats vermehrt werden.

Ich glaube nicht, das Schulgeld zu hoch angenommen zu haben. Wenn man Herrn Staatsrath Hoffmanns und Herrn Möllers Rechnungen so macht, dass jeder Schüler, wie ich annehme, voll bezahlt, so schlägt der Erstere das Schulgeld an

1.	für 90 Schüler der gelehrten Schule auf	3.240	Rth.
2.	480 der Mittelstufen	11.520	–
	zusammen auf	14.760	Rth.

der Letztere

1.	für 120 der gelehrten auf	2.880	Rth.
2.	388 der Mittelstufen auf	6.204	–
	zusammen auf	9.084	Rth.

Ich rechne fast noch einmal so viel Schüler als sie. Allein, wenn 850 Schüler in den jetzigen gelehrten Schulen sind, so rechne ich gewiss mit 900 für 2 Bürger- und 3 gelehrte noch zu wenig, um so mehr als, nach meinem Plan, das Schulgeld nicht einmal so, wie nach dem von Herrn Möller erhöht wird. Denn der ganze Unterricht bis zur Universität würde, nach meiner Annahme, für ein Kind nur circa 650 Rth. kosten, wenn der Vater es 12 Jahre die Schule besuchen ließe, nämlich 4 die Bürger-, 5 die unteren Klassen und 3 die oberen der gelehrten

Schule, und wenn man, was schon wohl mehr ist, als gewöhnlich geschieht, auf Schulbedürfnisse, außer dem Schulgeld, im ersten Stadium ebensoviel, im zweiten doppelt und im dritten dreifach soviel jährlich, als das Schulgeld ausmacht, rechnete.

Auf die sogenannten deutschen Klassen des Collegii Fridericiani habe ich gar keine Rücksicht genommen. Sie müssten, als zu dieser Anstalt gehörig, ganz untergehen und eine eigne Elementarschule ausmachen, die besonders von der Stadt dotiert würde; oder man ließe ihnen vor, den Einkünften des Fridericiani, was sie jetzt davon ziehen, und erhöhte um so viel den Zuschuss der Stadt zur jetzigen Reform.

3.
Notwendigkeit eines allgemeinen Schulreglements.

Es ist natürlich hier nur von einem für Königsberg, aber für alle Schulen die Rede.

Ich erwähne nur einzelne Punkte, die mir gerade, als vorzüglich wesentlich, hier aufgefallen sind.

Alle sogenannte Winkelschulen müssen aufhören, keiner kann Schule halten, der nicht bei der geistlichen und Schuldeputation geprüft ist, und jetzt gleich muss eine allgemeine Visitation vorgenommen werden, um die nützlichen der bisherigen Schulen dieser Art förmlich zu genehmigen, die anderen zu unterdrücken. Das Policei Directorium muss hernach angewiesen werden, zu wachen, dass nicht neue ohne vorhergängige Bestätigung entstehen.

Die Besorgnis, die ich äußern hörte, dass diese Anordnung die öffentlichen Schulen mit Kindern überfüllen würde, ist ungegründet. Je kleiner die Zahl dieser Privatschulen wird, desto mehr Schüler werden die übrigbleibenden bestätigten haben.

Die gelehrten Schulen müssen niemals Kinder annehmen als beim Anfange eines neuen Lehrsemesters. Da alle Kinder, die sie erhalten, immer schon aus einem öffentlichen oder Privatunterricht zu ihnen kommen, so schadet es nie, wenn sie einige Monate länger in demselben bleiben.

Die Bürgerschulen nehmen zwar, um die Kinder nicht herumlaufen zu lassen, in jedem Monat, doch immer nur mit dem 1ten, auf, aber beschäftigen die in der Mitte des halben Jahres kommenden Kinder, die sonst nur stumm der unteren Klasse beiwohnen, abgesondert einige

Stunden täglich, was sehr füglich angeht, weil hier bei 2 Klassen auf 4 Lehrer und auf eine Stube mehr, außer den Klassenstuben, gerechnet ist.

Keine Schule dringt einem Schüler mehr als 36 Schulstunden, was das Maximum ist, und einem Lehrer mehr als 24 wöchentlich auf. Der Rektor gibt nur 12. Mit noch mehr verringerter Stundenzahl den gleichen Zweck zu erreichen, steht frei, und ist, wenn der Hausfleiß befördert wird, lobenswert.

Der Übergang aus der Bürgerschule in die gelehrte, und in beiden aus einer Klasse in die andre, geschieht immer nach vorgängigem Examen, aber, wenn es die Lehrer wollen, und wo es die Natur des Lehrgegenstandes erlaubt, auch mitten im halben Jahr.

Bei der Aufnahme in die gelehrte Schule geschieht die Prüfung durch den jüngsten Lehrer in Gegenwart des ReKtors, und bei geteilter Meinung ist die zurückweisende Stimme die entscheidende.

Die Versetzung aus einer Klasse in die andre geschieht nach einer Prüfung des dimittierenden und des aufnehmenden Lehrers in Gegenwart des Rektors, und der Rector entscheidet, wenn beide uneins sind.

Bei Entwerfung des Lektionsplans wird möglichst genau bestimmt, was die Reife in jeder Klasse für jede Disziplin bezeichnen soll.

Keine höhere Klasse lehrt je, sondern wiederholt nur, fragend, das Pensum der nächst vorhergehenden. Ist ein Subjekt ihr nicht gewachsen, so kann es, ungeachtet des Rezeptionsexamens, jedoch nur nach nochmaliger Prüfung, zu jeder Zeit zurückgewiesen werden.

Die Bürgerschule entlässt nie als nach vorgängiger Prüfung und es sei denn zum Übergang in eine andre Bürgerschule, erlangter Reife oder anerkannter Unfähigkeit des Kindes, je weiter vorzurücken. Eltern, die ihre Kinder früher wegnehmen wollen, kommen in die Kategorie derer, welche sie nicht zur Schule schicken.

Die gelehrte Schule muss zwar zu jeder Zeit entlassen; ohne bei der geistlichen und Schuldeputation nachzusuchende Dispensation tut sie es aber nur am Ende eines Schulsemesters und nie anders als nach vorhergängigem Examen, dessen Zweck aber nur ist, dem jungen Menschen eine Erklärung mitzugeben, wie viel oder wenig Fortschritte er gemacht hat. Von dieser Erklärung bleibt, von der 3. Klasse an, Abschrift bei der Schule.

Ein Maturitätszeugnis zur Universität gibt die Schule, welches auch der Grad der Fähigkeiten und Kenntnisse sein möchte, nie als nach vollendetem 18. Jahre.

Das Schulgeld wird zwar monatlich bezahlt, läuft aber, bis das Kind aus der Schule gesetzlich genommen werden kann und genommen wird, ununterbrochen fort. Nur bei Krankheitsfällen wird es sistiert; doch nur gegen ein Zeugnis des Arztes.

Es wird praenumeriert, und der angefangene Monat gilt, auch bei Krankheiten, für einen ganzen.

B. Unmaßgebliche Gedanken über den Plan zur Einrichtung des Litthauischen Stadtschulwesens

Wenn ich, mit Vorbeilassung aller Details, gleich auf das Wesentliche des Plans gehe, so weicht er in den Hauptgesichtspunkten weit von den bisherigen Grundsätzen der Sektion ab; in der Ausführung nach der örtlichen Lage würde diese Abweichung größtenteils wieder verschwinden. Allein es ist dennoch ebenso notwendig, als mit denkenden Männern erfreulich, auch über die Grundsätze zu diskutieren. Von ihnen hängt der Geist ab, in dem auch auf demselben Wege gewirkt wird, und dieser macht offenbar durch seine innere Kraft durchaus verschieden, was, den äußeren Einrichtungen nach, eins und dasselbe scheint.

Die Abweichung nun liegt in dem Begriffe der Bürgerschulen, welche in dem Plane als eine eigne, ihrem Begriff und Zweck nach abgegrenzte Gattung von Schulen, und selbst wo sie das nicht sind, (für den Gelehrten) als ein besonderes Stadium des Unterrichts betrachtet werden.

Die durch die wirkliche Ausführung wieder herbeigeführte Übereinstimmung würde daraus entstehen, dass doch nur in Lyk Bürger- und Gelehrtenschule getrennt sein sollten, sonst aber nah und enge verbunden wären.

Die Frage über die Zulässigkeit abgesonderter Bürger- oder Realschulen scheint weitläufig und schwierig zu erörtern. Sie hat zwei verschiedene Systeme hervorgebracht, wovon man das realistische neulich, in Bayern, so weit getrieben hat, dass man beinahe Realuniversitäten aufstellt.

Alle Schulen aber, deren sich nicht ein einzelner Stand, sondern die ganze Nation oder der Staat für diese annimmt, müssen nur allgemeine Menschenbildung bezwecken. – Was das Bedürfnis des Lebens oder eines Einzelnen seiner Gewerbe erheischt, muss abgesondert und nach vollendetem allgemeinen Unterricht erworben werden. Wird beides vermischt, so wird die Bildung unrein, und man erhält weder vollständige Menschen noch vollständige Bürger einzelner Klassen.

Denn beide Bildungen – die allgemeine und die spezielle – werden durch verschiedene Grundsätze geleitet. Durch die allgemeine sollen die Kräfte, d. h. der Mensch selbst gestärkt, geläutert und geregelt werden; durch die spezielle soll er nur Fertigkeiten zur Anwendung erhalten. Für jene ist also jede Kenntnis, jede Fertigkeit, die nicht durch vollständige Einsicht der streng aufgezählten Gründe oder durch Erhebung zu einer allgemeingültigen Anschauung (wie die mathematische und ästhetische) die Denk- und Einbildungskraft, und durch beide das Gemüt erhöht, tot und unfruchtbar. Für diese muss man sich sehr oft auf in ihren Gründen unverstandene Resultate beschränken, weil die Fertigkeit da sein muss und Zeit oder Talent zur Einsicht fehlt. So bei unwissenschaftlichen Chirurgen, vielen Fabrikanten u.s.f. Ein Hauptzweck der allgemeinen Bildung ist so vorzubereiten, dass nur für wenige Gewerbe noch unverstandene, und also nie auf den Menschen zurück wirkende Fertigkeit übrigbleibe.

Die Organisation der Schulen bekümmert sich daher um keine Kaste, kein einzelnes Gewerbe, allein auch nicht um die gelehrte – ein Fehler der vorigen Zeit, wo dem Sprachunterricht der übrige geopfert, und auch dieser – mehr der Qualität als Quantität nach – zum äußern Bedarf (in Erlangung der Fertigkeit des Exponierens und Schreibens) nicht zur wahren Bildung, (in Kenntnis der Sprache und des Altertums) getrieben wurde.

Der allgemeine Schulunterricht geht auf den Menschen überhaupt, und zwar

als gymnastischer
ästhetischer
didaktischer und in dieser letzteren Hinsicht wieder

als mathematischer
philosophischer, der in dem Schulunterricht nur durch die Form der Sprache rein, sonst immer historisch-philosophisch ist, und
historischer

auf die Hauptfunktionen seines Wesens.

Dieser gesamte Unterricht kennt daher auch nur ein und dasselbe Fundament. Denn der gemeinste Tagelöhner und der am feinsten Ausgebildete muss in seinem Gemüt ursprünglich gleich gestimmt werden, wenn jener nicht unter der Menschenwürde roh, und dieser nicht unter der Menschenkraft sentimental, chimärisch, und verschroben werden soll.

Eher könnte es scheinen, dass bei der allmählich fortschreitenden Bildung die Methode insofern verschieden sein müsste, als sich das Ziel derselben durch Unterricht als weit oder nahe gesteckt voraussehen lässt. Allein auch hier scheint mir der Unterschied nicht bedeutend. Bleibt man fest dabei stehen, Zahl und Beschaffenheit der Unterrichtsgegenstände nach der Möglichkeit der allgemeinen Bildung des Gemüts in jeder Epoche zu bestimmen und jeden Gegenstand immer so zu behandeln, wie er am meisten und besten auf das Gemüt zurückwirkt, so muss eine ziemliche Gleichheit herauskommen. Auch Griechisch gelernt zu haben könnte auf diese Weise dem Tischler ebenso wenig unnütz sein, als Tische zu machen dem Gelehrten. Indes lässt kleine Verschiedenheiten allerdings die Wahl des Stoffes, da jede Form nur an einem Stoffe geübt werden kann, zu, und auf diese wird in der Folge auch Rücksicht genommen werden. Auch können die grellen Kontraste immer vermieden werden, und es braucht nie dahin zu kommen, dass ein Handwerker Griechisch, kaum lateinisch gelernt habe.

Die Grenze des Unterrichts, da wo derselbe nicht seinen Endpunkt, die Universität, als die Emanzipation vom eigentlichen Lehren (da der Universitätslehrer nur von fern das eigene Lernen leitet) erreicht, kann nun durch nichts anderes bestimmt werden als durch die zu allem Unterricht nötigen Bedingungen Kraft und Zeit. Soweit der Schüler das eine hergibt, und zum andern Mittel hat, so weit kann der Lehrer ihn führen, und soweit muss der Staat dafür sorgen, dass er gebracht werden könne.

Die Pflicht der Schulbehörde bei der Organisation des Schulwesens ist nun, zu verhüten, dass der Schüler einen Weg mache, der ihm unnütz sein würde, wenn er ihn nun nicht auch noch weiter verfolgte. Leider aber ist dies fast immer jetzt bei unseren Schulen der Fall, wenn einer in *tertia* oder *secunda* stecken bleibt. Es wird aber nie statthaben, wenn man (wie auf den sehr guten Schulen schon jetzt geschieht) beim Unterricht nicht auf das Bedürfnis des Lebens, sondern rein auf ihn selbst, auf die Kenntnis als Kenntnis, auf die Bildung des Gemüts und im Hintergrunde auf die Wissenschaft sieht. Denn im Gemüt und in der Wissenschaft (die nur sein von allen Seiten vollständig gedachtes Objekt ist) steht jeder einzelne Punkt mit allen vorigen und künftigen in Kontact, ist kein Anfang und kein Ende, ist alles Mittel und Zweck zugleich, und also jeder Schritt weiter Gewinn, auch wenn unmittelbar dahinter eherne Mauern gezogen würden.

Sind diese Grundsätze richtig und kommt man nun von ihnen auf die verschiedenen Gattungen der Schulen (Spezialschulen immer ganz abgesondert), so ist wieder das erste und wichtigste Prinzip die Einheit und Kontinuität des Unterrichts in seinen natürlichen Stadien, da jede Teilung der Anstalt da, wo der Unterricht keine natürliche Teilung kennt, seine Folge zerreißt, Verschiedenheit in der Behandlung und dem Geiste derselben herhervorbringt, und selbst die Lehrer, die nur bis zu einem willkürlich angenommenen Punkt führen sollen, ungewiss und verwirrt macht.

Als natürliche Stadien aber kann ich nur anerkennen:

den Elementarunterricht
den Schulunterricht
den Universitätsunterricht

Der Elementarunterricht umfasst bloß die Bezeichnung der Ideen nach allen Arten und ihre erste und ursprüngliche Klassification, kann aber ohne Nachteil in dem Stoff zu dieser Form in Natur- und Erdkenntnis mehr oder minder Gegenstände mit aufnehmen. Er macht es erst möglich, eigentlich Dinge zu lernen, und einem Lehrer zu folgen.

Der Schulunterricht führt den Schüler nun in Mathematik, Sprach- und Geschichtskenntnis bis zu dem Punkte, wo es unnütz sein würde, ihn noch ferner an einen Lehrer und eigentlichen Unterricht zu binden, er macht ihn nach und nach vom Lehrer frei, bringt ihm aber alles bei, was ein Lehrer beibringen kann.

Der Universität ist vorbehalten, was nur der Mensch durch und in sich selbst finden kann, die Einsicht in die reine Wissenschaft. Zu diesem Selbstaktus im eigentlichsten Verstand ist notwendig Freiheit und hilfreiche Einsamkeit, und aus diesen beiden Punkten fließt zugleich die ganze äußere Organisation der Universitäten. Das Kollegienhören ist nur Nebensache, das Wesentliche, dass man in enger Gemeinschaft mit Gleichgestimmten und Gleichaltrigen, und dem Bewusstsein, dass es am gleichen Ort eine Zahl schon vollendet Gebildeter gebe, die sich nur der Erhöhung und Verbreitung der Wissenschaft widmen, eine Reihe von Jahren sich und der Wissenschaft lebe.

Übersieht man diese Laufbahn von den ersten Elementen bis zum Abgang von der Universität, so findet man, dass, von der intellektuellen Seite betrachtet, der höchste Grundsatz der Schulbehörde (den man aber selten aussprechen muss) der ist: die tiefste und reinste Ansicht der Wissenschaft an sich hervorzubringen, indem man die ganze Nation, möglichst mit Beibehaltung aller individuellen Verschiedenheiten, auf den Weg bringt, der, weiter verfolgt, zu ihr führt, und zu dem Punkte, wo sie und ihre Resultate nach Verschiedenheit der Talente und Lagen, verschieden geahndet, begriffen, angeschaut und geübt werden können, und also den Einzelnen durch die Begeisterung, die durch reine Gesamtstimmung geweckt wird, zu Hilfe kommt.

Nicht überall aber kann der eigentliche Schulunterricht in *einer* Anstalt vollendet dargestellt werden. Da indes diese Hindernisse nur zufällig sind, so ist auch, nach meiner Einsicht, jeder andere Unterschied, außer dem oben angegebenen, nur ein zufälliger und nur als solcher zu behandeln.

Hieraus fließt nun für die Schulbehörde der praktische Grundsatz:

> an Orten, wo es gelehrte Schulen (d.h. solche, welche den Schulunterricht bis zu seinem Endpunkte führen) geben kann, müssen keine abgesonderte Bürger- sondern nur Elementarschulen sein;
>
> an Orten hingegen, wo dies nicht möglich ist, kann und muss es Bürgerschulen geben, welche indes dann nur die unteren Klassen der von ihnen abgesonderten gelehrten sind.

Wie es aber Pflicht jedes praktischen Verfahrens ist, dafür zu sorgen, dass die Einheit des Prinzips nicht die wohltätige Mannigfaltigkeit der Wirklichkeit verschlinge, so können in dem ersten Falle Elementarschulen eine solche Ausdehnung erhalten, dass sie den Zögling gewiss weiter bringen als die Bürgerschulen von einer Klasse des Plans. Nur müssen sie nie als denn ins Gebiet der gelehrten Schulen mit Unterricht im Lateinischen eingreifen. Sonst zerreißen sie die Einheit dieses Unterrichts. Auch in Geschichte müssen sie bei Grenzpunkten stehen bleiben. In der Mathematik aber können nur in solchem Fall die Talente des Lehrers und Schülers und die Zeit die Grenzen setzen. Es ist ein abgesondertes Fach, in dem der Begriff der Wissenschaft leichter errungen werden und daher allgemeiner gewährt werden kann.

Aus gleichen Akkommodationsmaximen muss im zweiten Fall die sogenannte Bürgerschule sich bequemen, in Mathematik weiter zu gehen, als sonst die unteren Klassen der gelehrten tun würden, auch mehr bloß historische Kenntnisse aufzunehmen.

Trete ich nunmehr dem vorliegenden Plane näher, so finde ich vorzüglich folgende Hauptwidersprüche mit den hier entwickelten Grundsätzen:

1. die aufgestellte Maxime, dass es nur zu dulden sei, Bürger- und gelehrte Schule in *einer* Anstalt zu verbinden, an sich aber das Gegenteil wünschenswert. Sehr bedenklich ist schon in dieser Hinsicht der Grundsatz, dass für jene die Stadt, für diese die Provinz sorgen soll, woraus sogar, nach dem Plan, zwiefache Aufsichtsbehörde entsteht. Hierbei scheint es mir durchaus unmöglich, eine gute gelehrte Schule zu haben. Denn wie genau auch die geistliche Deputation die Städte angehen möge, so kann sie doch für die wahre Güte der Bürgerschulen, und vorzüglich für ihre Angemessenheit zu Vorbereitungsschulen zu den gelehrten nicht mehr einstehen. Mir schiene daher besser

a. entweder die Königlichen *fonds* zwar nur den Städten, wo gelehrte Schulen sind, zu geben, aber da mit den städtischen zusammenzuwerfen und zu machen, was sich nun damit machen lässt; oder

b. die gelehrten Schulen ganz von ihrer untersten Klasse an auf Königliche Kosten zu übernehmen, und die Städte, die dadurch erleichtert werden, dagegen zu nötigen, verhältnismäßig gleichviel, als andre Städte auf Elementar- und Bürgerschulen zugleich wenden, bloß für ihre Elementarschulen zu geben. Ungleichheiten sind das Wesen der Welt, und dass etwas besser sei als anderes, ist leicht zu dulden;

2. kommt mir die Klasseneinteilung bei weiteren zu dürftig vor. Eine Bürgerschule mit *1* Klasse kann schwerlich mehr als jede Elementarschule leisten. Für eine Bürgerschule, die Vorbereitungsschule zugleich sein soll, sind noch 2 Klassen zu wenig. Trotz aller Anstrengungen könnten die gelehrten Schulen nichts leisten, wenn ihnen Schüler aus fremden Schulen von 1 oder 2 Klassen zukämen und sie selbst nur notdürftig 3 hätten. Man würde bald aufs neue teilen, kombinieren u.s.f. müssen.

Schon bei einer Elementarschule muss selbst 1 Lehrer, wenn er ordentlich unterrichten will, wenigstens manchmal die Stunden teilen. Sehr vollständige und gute Elementarschulen müssten also 2 Klassen haben, obgleich die Regel 1 sein könnte.

Sogenannte Bürgerschulen (besser Stadtschulen) müssen, unnachlässlich 2 Klassen, oder, wo möglich, drei haben, und doch sehr streng nie Schüler, die im Elementarunterricht nicht ganz fest wären, aufnehmen. Sonst muss eine 3te oder 4te Klasse hinzukommen.

Gelehrte (besser hier Provinzialschulen, die also die Bürgerschule des Plans mit sich vereinigen) können sich mit 5 Klassen begnügen;

3. scheint noch im Plan eine gewisse Tendenz zu liegen, in den Bürgerschulen sich selbst von der Möglichkeit künftiger Wissenschaft zu entfernen und aufs naheliegende Leben zu denken. Warum soll z.B. Mathematik nach Wirth und nicht nach Euclides, Lorenz oder einem andern strengen Mathematiker gelehrt werden? Mathematischer Strenge ist jeder an sich dazu geeignete Kopf, und die meisten sind es, auch ohne vielseitige Bildung fähig, und will man in Ermangelung von Spezialschulen aus Not mehr Anwendungen in den allgemeinen Unterricht mischen, so kann man es gegen das Ende besonders tun. Nur das Reine lasse man rein. Selbst bei den Zahlverhältnissen liebe ich nicht zu häufige Anwendungen auf Carolinen, Dukaten u.s.f. Je tiefer der Mensch, der nicht höher gebildet werden kann, leider ins Leben eintauchen muss, desto sorgfältiger halte man ihn bei dem wenigen Formellen, was er rein zu fassen im Stande ist. Gerade dies hat auf Moralität durch die Strenge des Pflichtbegriffs, der, wo man gar keine andern reinen Begriffe kennt, nur als Zwang erscheint, und auf Religion durch das Abziehen vom sinnlichen Stoff sehr wesentlichen Einfluss.

Dies ist ungefähr, was es mir gut schien, im Ganzen voraus zu erinnern, da es im Zusammenhang überlegt sein will und sich für eine Konferenz mit der Deputation nicht passt. Übrigens, diese bestrittenen Punkte abgerechnet, in denen auch die Sektion, wenn ich auch vielleicht nicht über ihre Meinung hinausginge, irren kann, ist ein trefflicher Geist in dem ganzen Plan; sehr viel Einzelnes stimmt ganz mit dem System der Sektion überein, andre Kleinigkeiten wie, dass die Lehrer noch viel zu sehr mit Lektionen überhäuft bleiben, lassen sich mündlich besprechen.

Gumbinnen, den 27. September 1809 Humboldt

Über die innere und äußere Organisation der höheren wissenschaftlichen Anstalten in Berlin

Der Begriff der höheren wissenschaftlichen Anstalten als des Gipfels, in dem alles, was unmittelbar für die moralische Kultur der Nation geschieht, zusammenkommt, beruht darauf, dass dieselben bestimmt sind, die Wissenschaft im tiefsten und weitesten Sinne des Wortes zu bearbeiten und als einen nicht absichtlich, aber von selbst zweckmäßig vorbereiteten Stoff der geistigen und sittlichen Bildung zu seiner Benutzung hinzugeben.

Ihr Wesen besteht daher darin, innerlich die objektive Wissenschaft mit der subjektiven Bildung, äußerlich den vollendeten Schulunterricht mit dem beginnenden Studium unter eigener Leitung zu verknüpfen, oder vielmehr den Übergang von dem einen zum anderen zu bewirken. Allein der Hauptgesichtspunkt bleibt die Wissenschaft. Denn sowie diese rein dasteht, wird sie von selbst und im Ganzen, wenn auch einzelne Abschweifungen vorkommen, richtig ergriffen.

Da diese Anstalten ihren Zweck indes nur erreichen können, wenn jede, soviel als immer möglich, der reinen Idee der Wissenschaft gegenübersteht, so sind Einsamkeit und Freiheit die in ihrem Kreise verwaltenden Prinzipien. Da aber auch das geistige Wirken in der Menschheit nur als Zusammenwirken gedeiht, und zwar nicht bloß, damit Einer ersetze, was dem Anderen mangelt, sondern damit die gelingende Tätigkeit des Einen den Anderen begeistere und allen die allgemeine, ursprüngliche, in den Einzelnen nur einzeln oder abgeleitet hervorstrahlende Kraft sichtbar werde, so muss die innere Organisation dieser Anstalten ein ununterbrochenes, sich immer selbst wieder belebendes, aber ungezwungenes und absichtsloses Zusammenwirken hervorbringen und unterhalten.

Es ist ferner eine Eigentümlichkeit der höheren wissenschaftlichen Anstalten, dass sie die Wissenschaft immer als ein noch nicht ganz aufgelöstes Problem behandeln und daher immer im Forschen bleiben, da die Schule es nur mit fertigen und abgemachten Kenntnissen zu tun hat und lernt. Das Verhältnis zwischen Lehrer und Schüler wird daher durchaus ein anderes als vorher. Der Erstere ist nicht für die Letzteren, beide sind für die Wissenschaft da; sein Geschäft hängt mit an ihrer

Gegenwart und würde ohne sie nicht gleich glücklich vonstatten gehen; er würde, wenn sie sich nicht von selbst um ihn versammelten, sie aufsuchen, um seinem Ziele näher zu kommen durch die Verbindung der geübten, aber eben darum auch leichter einseitigen und schon weniger lebhaften Kraft mit der schwächeren und noch parteiloser nach allen Richtungen mutig hinstrebenden.

Was man daher hohere wissenschaftliche Anstalten nennt, ist, von aller Form im Staate losgemacht, nichts anderes als das geistige Leben der Menschen, die äußere Muße oder inneres Streben zur Wissenschaft und Forschung hinführt. Auch so würde Einer für sich grübeln und sammeln, ein anderer sich mit Männern gleichen Alters verbinden, ein Dritter einen Kreis von Jüngern um sich versammeln. Diesem Bilde muss auch der Staat treu bleiben, wenn er das in sich unbestimmte und gewissermaßen zufällige Wirken in eine festere Form zusammenfassen will. Er muss dahin sehen,

1. die Tätigkeit immer in der regsten und stärksten Lebendigkeit zu erhalten;
2. sie nicht herabsinken zu lassen, die Trennung der höheren Anstalt von der Schule (nicht bloß der allgemeinen theoretischen, sondern auch der mannigfaltigen praktischen besonders) rein und fest zu erhalten.

Er muss sich eben immer bewusst bleiben, dass er nicht eigentlich dies bewirkt noch bewirken kann, ja, dass er vielmehr immer hinderlich ist, sobald er sich hineinmischt, dass die Sache an sich ohne ihn unendlich besser gehen würde, und dass es sich eigentlich nur so damit verhält:

dass, da es nun einmal in der positiven Gesellschaft äußere Formen und Mittel für jedes irgend ausgebreitete Wirken geben muss, er die Pflicht hat, diese auch für die Bearbeitung der Wissenschaft herbeizuschaffen;

dass etwa nicht bloß die Art, wie er diese Formen und Mittel beschafft, dem Wesen der Sache schädlich werden kann, sondern der Umstand selbst, dass es überhaupt solche äußere Formen und Mittel für etwas ganz Fremdes gibt, immer notwendig nachteilig einwirkt und das Geistige und Hohe in die materielle und niedere Wirklichkeit herabzieht;

und dass er daher nur darum vorzüglich wieder das innere Wesen vor Augen haben muss, um gut zu machen, was er selbst, wenngleich ohne seine Schuld, verdirbt oder gehindert hat.

Ist dies auch nichts als eine andere Ansicht desselben Verfahrens, so muss sich doch der Vorteil dann auch im Resultat ausweisen, da der Staat, wenn er die Sache von dieser Seite betrachtet, immer bescheidener eingreifen wird, und im praktischen Wirken im Staat auch überhaupt eine theoretisch unrichtige Ansicht, was man immer sagen möge, nie ungestraft bleibt, da kein Wirken im Staat bloß mechanisch ist.

Dies vorausgeschickt, sieht man leicht, dass bei der inneren Organisation der höheren wissenschaftlichen Anstalten alles darauf beruht, das Prinzip zu erhalten, die Wissenschaft als etwas noch nicht ganz Gefundenes und nie ganz Aufzufindendes zu betrachten, und unablässig sie als solche zu suchen.

Sobald man aufhört, eigentlich Wissenschaft zu suchen, oder sich einbildet, sie brauche nicht aus der Tiefe des Geistes heraus geschaffen, sondern könne durch Sammeln extensiv aneinandergereiht werden, so ist alles unwiederbringlich und auf ewig verloren; verloren für die Wissenschaft, die, wenn dies lange fortgesetzt wird, dergestalt entflieht, dass sie selbst die Sprache wie eine leere Hülse zurücklässt, und verloren für den Staat. Denn nur die Wissenschaft, die aus dem Innern stammt und ins Innere gepflanzt werden kann, bildet auch den Charakter um, und dem Staat ist es ebenso wenig als der Menschheit um Wissen und Reden, sondern um Charakter und Handeln zu tun.

Um nun auf immer diesen Abweg zu verhüten, braucht man nur ein dreifaches Streben des Geistes rege und lebendig zu erhalten:

einmal alles aus einem ursprünglichen Prinzip abzuleiten (wodurch die Naturerklärungen, z.B. von mechanischen zu dynamischen, organischen und endlich psychischen im weitesten Verstande gesteigert werden);
ferner alles einem Ideal zuzubilden;
endlich jenes Prinzip und dies Ideal in *eine* Idee zu verknüpfen.

Allerdings lässt sich das geradezu nicht befördern, es wird aber auch niemand einfallen, dass unter Deutschen dies erst befördert zu werden brauchte. Der intellektuelle Nationalcharakter der Deutschen hat von selbst diese Tendenz, und man braucht nur zu verhüten, dass sie nicht, sei es mit Gewalt oder durch einen sich freilich auch findenden Antagonismus, unterdrückt werde.

Da jede Einseitigkeit aus den höheren wissenschaftlichen Anstalten verbannt sein muss, so werden natürlich auch viele in denselben tätig sein können, denen dies Streben fremd, einige, denen es zuwider ist; in voller und reiner Kraft kann es überhaupt nur in wenigen sein; und es braucht nur selten und nur hier und da wahrhaft hervorzutreten, um weit umher und lange nachher zu wirken; was aber schlechterdings immer herrschend sein muss, ist Achtung für dasselbe bei denen, die es ahnen, und Scheu bei denen, die es zerstören möchten.

Philosophie und Kunst sind es, in welchen sich ein solches Streben am meisten und abgesondertsten ausspricht. Allein nicht bloß, dass sie selbst leicht entarten, so ist auch von ihnen nur wenig zu hoffen, wenn ihr Geist nicht gehörig oder nur auf logisch oder mathematisch formale Art in die anderen Zweige der Erkenntnis und Gattungen der Forschung übergeht.

Wird aber endlich in höheren wissenschaftlichen Anstalten das Prinzip herrschend, Wissenschaft als solche zu suchen, so braucht nicht mehr für irgend etwas anderes einzeln gesorgt zu werden. Es fehlt alsdann weder an Einheit noch Vollständigkeit, die eine sucht die andere von selbst und beide setzen sich von selbst, worin das Geheimnis jeder guten wissenschaftlichen Methode besteht, in die richtige Wechselwirkung.

Für das Innere ist alsdann jede Forderung befriedigt.

Was nun aber das Äußere des Verhältnisses zum Staat und seine Tätigkeit dabei betrifft, so hat er nur zu sorgen für Reichtum (Stärke und Mannigfaltigkeit) an geistiger Kraft durch die Wahl der zu versammelnden Männer und für Freiheit in ihrer Wirksamkeit. Der Freiheit droht aber nicht bloß Gefahr von ihm, sondern auch von den Anstalten selbst, die, wie sie beginnen, einen gewissen Geist annehmen und gern das Aufkommen eines anderen ersticken. Auch den hieraus möglicherweise entstammenden Nachteilen muss er vorbeugen.

Die Hauptsache beruht auf der Wahl der in Tätigkeit zu setzenden Männer. Bei diesen wird sich ein Korrektiv, eine mangelhafte zu verhüten, erst bei der Einteilung der Gesamtanstalt in ihre einzelnen Teile angeben lassen.

Nach ihr kommt es am meisten auf wenige und einfache, aber tiefer als gewöhnlich eingreifende Organisationsgesetze an, von denen eben wiederum nur bei den einzelnen Teilen die Rede sein kann.

Endlich müssen die Hilfsmittel in Betracht gezogen werden, wobei nur im Allgemeinen zu bemerken ist, dass ja nicht die Anhäufung toter Sammlungen für die Hauptsache zu halten, vielmehr ja nicht zu vergessen ist, dass sie sogar leicht beitragen, den Geist abzustumpfen und herabzuziehen, weshalb auch ganz und gar nicht die reichsten Akademien und Universitäten immer diejenigen gewesen sind, wo die Wissenschaften sich der tiefsten und geistvollsten Behandlung erfreuten. Was aber in Absicht der Tätigkeit des Staates von den höheren wissenschaftlichen Anstalten auch in ihrer Gesamtheit gesagt werden kann, betrifft ihr Verhältnis als höhere Anstalten zur Schule und als wissenschaftliche zum praktischen Leben.

Der Staat muss seine Universitäten weder als Gymnasien noch als Spezialschulen behandeln und sich seiner Akademie nicht als einer technischen oder wissenschaftlichen Deputation bedienen. Er muss im Ganzen (denn welche einzelnen Ausnahmen hiervon bei den Universitäten stattfinden müssen, kommt weiter unten vor) von ihnen nichts fordern, was sich unmittelbar und geradezu auf ihn bezieht, sondern die innere Überzeugung hegen, dass, wenn sie ihren Endzweck erreichen, sie auch seine Zwecke, und zwar von einem viel höheren Gesichtspunkte aus, erfüllen, von einem, von dem sich viel mehr zusammenfassen lässt und ganz andere Kräfte und Hebel angebracht werden können, als er in Bewegung zu setzen vermag.

Auf der anderen Seite aber ist es hauptsächlich Pflicht des Staates, seine Schulen so anzuordnen, dass sie den höheren wissenschaftlichen Anstalten gehörig in die Hände arbeiten. Dies beruht vorzüglich auf einer richtigen Einsicht ihres Verhältnisses zu denselben und der fruchtbar werdenden Überzeugung, dass nicht sie als Schulen berufen sind, schon den Unterricht der Universitäten zu antizipieren, noch die Universitäten ein bloßes, übrigens gleichartiges Komplement zu ihnen, nur eine höhere Schulklasse sind, sondern dass der Übertritt von der Schule zur Universität ein Abschnitt im jugendlichen Leben ist, auf den die Schule im Falle des Gelingens den Zögling so rein hinstellt, dass er physisch, sittlich und intellektuell der Freiheit und Selbsttätigkeit überlassen werden kann und, vom Zwange entbunden, nicht zu Müßiggang oder zum praktischen Leben übergehen, sondern eine

Sehnsucht in sich tragen wird, sich zur Wissenschaft zu erheben, die ihm bis dahin nur gleichsam von fern gezeigt war.

Ihr Weg, dahin zu gelangen, ist einfach und sicher. Sie muss nur auf harmonische Ausbildung aller Fähigkeiten in ihren Zöglingen sinnen; nur seine Kraft in einer möglichst geringen Anzahl von Gegenständen an, so viel möglich, allen Seiten üben und alle Kenntnisse dem Gemüt nur so einpflanzen, dass das Verstehen, Wissen und geistige Schaffen nicht durch äußere Umstände, sondern durch seine innere Präzision, Harmonie und Schönheit Reiz gewinnt. Dazu und zur Vorübung des Kopfes zur reinen Wissenschaft muss vorzüglich die Mathematik, und zwar von den ersten Übungen des Denkvermögens an gebraucht werden.

Ein so vorbereitetes Gemüt nun ergreift die Wissenschaft von selbst, da gleicher Fleiß und gleiches Talent bei anderer Vorbereitung sich entweder augenblicklich oder vor vollendeter Bildung in praktisches Treiben vergraben und sich dadurch auch für dieses unbrauchbar machen oder sich, ohne das höhere wissenschaftliche Streben, mit einzelnen Kenntnissen zerstreuen.

Von dem Einteilungsgrunde der höheren wissenschaftlichen Anstalten und den verschiedenen Arten derselben

Gewöhnlich versteht man unter höheren wissenschaftlichen Anstalten die Universitäten und Akademieen der Wissenschaften und Künste. Es ist nicht schwer, diese zufällig entstandenen Institute wie aus der Idee entstanden abzuleiten; allein teils bleibt in solchen, seit Kant sehr beliebten Ableitungen immer etwas Schiefes zurück, teils ist das Unternehmen selbst unnütz.

Sehr wichtig dagegen ist die Frage, ob es wirklich noch der Mühe wert ist, neben einer Universität eine Akademie zu errichten oder zu erhalten, und welchen Wirkungskreis man jeder abgesondert und beiden. gemeinschaftlich anweisen muss, um jede auf eine, nur ihr mögliche Art in Tätigkeit zu setzen.

Wenn man die Universität nur dem Unterricht und der Verbreitung der Wissenschaft, die Akademie aber ihrer Erweiterung bestimmt erklärt, so tut man der ersteren offenbar Unrecht. Die Wissenschaften sind gewiss ebenso sehr und in Deutschland mehr durch die Universitätslehrer als durch die Akademiker erweitert worden, und diese

Männer sind gerade durch ihr Lehramt zu diesen Fortschritten in ihren Fächern gekommen. Denn der freie mündliche Vortrag vor Zuhörern, unter denen doch immer eine bedeutende Zahl selbst mitdenkender Köpfe ist, feuert denjenigen, der einmal an diese Art des Studiums gewöhnt ist, sicherlich ebenso sehr an als die einsame Muße des Schriftstellerlebens oder die lose Verbindung einer akademischen Genossenschaft. Der Gang der Wissenschaft ist offenbar auf einer Universität, wo sie immerfort in einer großen Menge, und zwar kräftiger, rüstiger und jugendlicher Köpfe herumgewälzt wird, rascher und lebendiger. Überhaupt lässt sich die Wissenschaft als Wissenschaft nicht wahrhaft vortragen, ohne sie jedesmal wieder selbsttätig aufzufassen, und es wäre unbegreiflich, wenn man nicht hier, sogar oft, auf Entdeckungen stoßen sollte. Das Universitätslehren ist ferner kein so mühevolles Geschäft, dass es als eine Unterbrechung der Muße zum Studium und nicht vielmehr als ein Hilfsmittel zu demselben gelten müsste. Auch gibt es auf jeder großen Universität immer Männer, die, indem sie wenig oder gar nicht lesen, nur einsam für sich studieren und forschen. Sicherlich könnte man daher die Erweiterung der Wissenschaften den bloßen Universitäten, wenn diese nur gehörig angeordnet wären, anvertrauen, und zu diesem Endzweck der Akademien entraten.

Der gesellschaftliche Verein, der allerdings unter Universitätslehrern als solchen nicht notwendig gleich regelmäßig vorhanden ist, dürfte auch schwerlich ein hinreichender Grund sein, so kostbare Institute zu gründen. Denn einesteils ist dieser Verein auch auf den Akademien selbst locker genug, andernteils dient er nur vorzüglich in denjenigen Beobachtungs- und Experimentalwissenschaften, wo schnelle Mitteilung einzelner Tatsachen nützlich ist. Endlich entstehen in diesen Fächern ohne Schwierigkeit, immer auch ohne Zutun des Staats Privatgesellschaften.

Geht man der Sache genauer nach, so haben Akademien vorzüglich im Auslande geblüht, wo man die Wohltat deutscher Universitäten noch jetzt entbehrt, und kaum nur anerkennt, in Deutschland aber vorzugsweise an Orten, denen Universitäten mangelten, und in Zeiten, wo es diesen noch an einem liberaleren und vielseitigeren Geiste fehlte. In neueren Zeiten hat sich keine sonderlich ausgezeichnet, und an dem eigentlichen Emporkommen deutscher Wissenschaft und Kunst haben die Akademien wenig oder gar keinen Anteil gehabt.

Um daher beide Institute in lebendiger Tätigkeit zu erhalten, ist es notwendig, sie dergestalt miteinander zu verbinden, dass, obgleich ihre Tätigkeit abgesondert bleibt, doch die einzelnen Mitglieder nicht immer bloß ausschließend der einen oder andern gehören. In dieser Verbindung lässt sich nun das abgesonderte Bestehen beider auf eine neue und treffliche Art benutzen.

Dieser Nutzen beruht aber alsdann viel weniger auf der Eigentümlichkeit der Tätigkeit beider Institute (denn in der Tat kann durch Universitätslehrer, ohne Einrichtung einer eigenen Akademie, vollkommen erreicht werden, was man durch diese bezweckt, vorzüglich da, was noch immer sehr verschieden von einer eigentlichen Akademie ist, diese letzteren wieder, wie in Göttingen, eine eigne gelehrte Gesellschaft bilden können), sondern auf der Eigentümlichkeit ihrer Form und ihrem Verhältnis zum Staate.

Die Universität nämlich steht immer in engerer Beziehung auf das praktische Leben und die Bedürfnisse des Staates, da sie sich immer praktischen Geschäften für ihn, der Leitung der Jugend, unterzieht; die Akademie aber hat es rein nur mit der Wissenschaft an sich zu tun. Die Lehrer der Universität stehen untereinander in bloß allgemeiner Verbindung über Punkte der äußeren und inneren Ordnung der Disziplin; allein über ihr eigentliches Geschäft teilen sie sich gegenseitig nur, insofern sie eigene Neigung dazu führet, mit; indem sonst jeder seinen eigenen Weg geht. Die Akademie dagegen ist eine Gesellschaft, wahrhaft dazu bestimmt, die Arbeit eines jeden der Beurteilung aller zu unterwerfen.

Auf diese Weise muss die Idee einer Akademie als die höchste und letzte Freistätte der Wissenschaft und die vom Staat am meisten unabhängige Korporation festgehalten werden, und man muss es einmal auf die Gefahr ankommen lassen, ob eine solche Korporation durch zu geringe oder einseitige Tätigkeit beweisen wird, dass das Rechte nicht immer am leichtesten unter den günstigsten äußeren Bedingungen zu Stande kommt oder nicht. Ich sage, man muss es darauf ankommen lassen, weil die Idee in sich schön und wohltätig ist, und immer ein Augenblick eintreten kann, wo sie auch auf eine würdige Weise ausgefüllt wird.

Dabei entsteht nunmehr zwischen der Universität und Akademie ein Wetteifer und Antagonismus und eine solche Wechselwirkung, dass, wenn man in ihnen einen Exzess und einen Mangel an Tätigkeit besorgen muss, sie sich gegenseitig von selbst ins Gleichgewicht bringen werden.

Zuerst bezieht sich dieser Antagonismus auf die Wahl der Mitglieder beider Korporationen. Jeder Akademiker muss nämlich das Recht haben, auch ohne weitere Habilitation Vorlesungen zu halten, ohne jedoch dadurch Mitglied der Universität zu werden. Mehrere Gelehrte müssen füglich Universitätslehrer und Akademiker sein, aber beide Institute müssen auch andere besitzen, die nur jedem allein angehören.

Die Ernennung der Universitätslehrer muss dem Staat ausschließlich vorbehalten bleiben, und es ist gewiss keine gute Einrichtung, den Fakultäten darauf mehr Einfluss zu verstatten, als ein verständiges und billiges Kuratorium von selbst tun wird. Denn auf der Universität ist Antagonismus und Reibung heilsam und notwendig, und die Kollision, die zwischen den Lehrern durch ihr Geschäft selbst entsteht, kann auch unwillkürlich ihren Gesichtspunkt verrücken. Auch ist die Beschaffenheit der Universitäten zu eng mit dem unmittelbaren Interesse des Staates verbunden.

Die Wahl der Mitglieder der Akademie aber muss ihr selbst überlassen und nur an die Bestätigung des Königs gebunden sein, die nicht leicht entsteht. Denn die Akademie ist eine Gesellschaft, in der das Prinzip der Einheit bei weitem wichtiger ist, und ihr rein wissenschaftlicher Zweck liegt dem Staat als Staat weniger nahe.

Hieraus entsteht nun aber das oben erwähnte Korrectiv bei den Wahlen zu den höheren wissenschaftlichen Anstalten. Denn da der Staat und die Akademie ungefähr gleichen Anteil daran nehmen, so wird sich bald der Geist zeigen, in welchem beide handeln, und die öffentliche Meinung selbst wird beide, wo sie sich verirren sollten, auf der Stelle unparteiisch richten. Da aber nicht leicht beide zugleich, wenigstens nicht auf dieselbe Weise fehlen werden, so droht wenigstens nicht allen Wahlen zugleich Gefahr, und das Gesamtinstitut ist vor Einseitigkeit sicher.

Vielmehr muss die Mannigfaltigkeit der bei demselben in Tätigkeit kommenden Kräfte groß sein, da zu den beiden Klassen der vom Staate Ernannten und der von der Akademie Gewählten noch die Privatdozenten hinzukommen, welche wenigstens Anfangs bloß der Beifall ihrer Zuhörer hebt und trägt.

Eine ihr ganz eigentümliche Tätigkeit außer ihren akademischen Arbeiten aber kann die Akademie auch durch Beobachtungen und

Versuche gewinnen, welche sie in systematischer Reihe anstellt. Von diesen müssten einige ihr freigestellt sein, andere aber ihr aufgetragen werden, und auf diese Aufgetragenen müsste wiederum die Universität Einfluss ausüben, so dass dadurch eine neue Wechselwirkung entstände.

Außer der Akademie und der Universität gehören zu den höheren wissenschaftlichen Anstalten noch die leblosen Institute.

Diese müssen abgesondert zwischen beiden, unmittelbar unter Aufsicht des Staates stehen. Allein beide, Akademie und Universität, müssen nicht bloß, nur unter gewissen Modifikationen, die Benutzung, sondern auch die Kontrolle darüber haben.

Jedoch können sie die Letzteren nur dergestalt üben, dass sie ihre Erinnerungen und ihre Verbesserungsvorschläge nicht unmittelbar, sondern beim Staate anbringen.

Die Akademie gewinnt bei den Instituten durch die Universität, dass sie nun auch solche benutzen kann, die, wie das anatomische und zootomische Theater, sonst mit keiner Akademie verbunden waren, weil man dieselben von dem beschränkten Gesichtspunkte der Medizin und nicht von dem weiteren der Naturwissenschaft aus ansah.

Akademie, Universität und Hilfsinstitute sind also drei gleich unabhängige und integrante Teile der Gesamtanstalt.

Alle stehen, allein die beiden Letzteren mehr, die Ersteren weniger, unter Leitung und Oberaufsicht des Staates.

Akademie und Universität sind beide gleich selbstständig; allein insofern verbunden, dass sie gemeinsame Mitglieder haben, dass die Universität alle Akademiker zu dem Recht, Vorlesungen zu halten, zulässt, und die Akademie diejenigen Reihen von Beobachtungen und Versuchen veranstaltet, welche die Universität in Vorschlag bringt.

Die Hilfsinstitute benutzen und beaufsichtigen beide, jedoch das Letztere, wo es auf die Ausübung ankommt, nur mittelbar durch den Staat.

Anmerkungen

1 Vergleiche Wilhelm von Humboldt, Werke, Band 1, Seite 64
2 Vergleiche den Abschnitt »Die Fachschulung dringt in die Universität« in: Helmut Schelsky, Einsamkeit und Freiheit, Seite 156 ff.
3 Ein solches Grundstudium wurde in den Jahren 1978 bis 1996 am Freien Hochschulkolleg in Stuttgart durchgeführt, das sich sehr bewährt hat, aber leider aus finanziellen Gründen eingestellt werden musste. Etwas Ähnliches findet seit langer Zeit am Leibniz-Kolleg in Tübingen statt.
4 Zitiert aus »Mehr Autonomie für die Hochschulen. Zur Deregulierung im Hochschulrecht des Bundes und der Länder«. Dokumente zur Hochschulreform 77/1992, herausgegeben von der Hochschulrektorenkonferenz, Seite 12
5 Vergleiche »Mehr Autonomie für die Hochschulen«, Seite 9 ff., 16
6 Vergleiche »Mehr Autonomie für die Hochschulen. Seite 33 f.
7 Vergleiche »7 Thesen zur Hochschulreform. Strategien einer ganzheitlichen Hochschulentwicklung in Deutschland«. Herausgeber: Der Minister für Wissenschaft, Forschung und Kunst Baden-Württemberg, Professor Dr. Peter Frankenberg, Stuttgart 2004², Seite 20 ff.
8 Diesem Kapitel liegt ein Aufsatz zugrunde, der anlässlich des 150. Todestages von Wilhelm von Humboldt in: Die Drei, 1985, S. 263 ff. erschienen ist.
9 Friedrich Schaffstein, Wilhelm von Humboldt. Ein Lebensbild, Seite 2
10 Über die Einzelheiten vergleiche man den Abschnitt »Die Abwendung von der Aufklärung« in Spitta, »Die Staatsidee Wilhelm von Humboldts«, Seite 14 ff.
11 Vergleiche Spitta, Die Staatsidee Wilhelm von Humboldts, Seite 18 ff.
12 Zitiert nach Schaffstein, Wilhelm von Humboldt, Seite 39
13 Vergleiche »Wilhelm und Caroline von Humboldt in ihren Briefen«, herausgegeben von Anna von Sydow, 7 Bände, Berlin 1906 bis 1916
14 Zitiert nach Schaffstein, Wilhelm von Humboldt, Seite 35
15 Man vergleiche hierzu Spitta, Die Staatsidee Wilhelm von Humboldts, Seite 24 ff.
16 An Caroline (22. Dez. 1790), Band 1, S. 343, 344
17 An Caroline (22. Dez. 1790), Band 1, S. 345
18 Albert Leitzmann, Georg und Therese Forster und die Brüder Humboldt, Seite 74.
19 Werke, Band 1, Seite 105
20 Albert Leitzmann, Georg und Therese Forster und die Brüder Humboldt, Seite 70
21 Humboldt, Werke, Band 1, Seite 64
22 An Wolf, Seite 25 f.
23 Humboldt, Werke, Band 1, Seite 64 f.
24 Werke, Band 1, Seite 65
25 Werke, Band 1, Seite 350

26 Werke, Band 1, Seite 354
27 Werke, Band 1, Seite 380
28 Werke, Band 1, Seite 605
29 Zitiert nach Schaffstein, Wilhelm von Humboldt, Seite 96
30 Vergleiche Menze, Die Bildungsreform Wilhelm von Humboldts, Seite 59 f.
31 Über die Einzelheiten berichtet Clemens Menze, Zu Wilhelm von Humboldts römischer Zeit, Seite 1014 ff.
32 Humboldt, Werke, Band 2, Seite 25 ff., 73 ff., 628, 629.
33 Zitiert nach Schaffstein, Wilhelm von Humboldt, Seite 177.
34 Menze, Die Bildungsreform Wilhelm von Humboldts, Seite 65, 66
35 Abgedruckt im Anhang, Seite 171 ff.
36 Über die Einzelheiten vergleiche man Rudolf Köpke, Die Gründung der Universität zu Berlin
37 Vergleiche hierzu das Kapitel »Die Gestalt der Universität und ihr Verhältnis zum Staat«, insbesondere oben, Seite 65 ff.
38 Diese ist ebenfalls im Anhang, Seite 194 ff. abgedruckt.
39 Über die Einzelheiten vergleiche man Spitta, Die Staatsidee Wilhelm von Humboldts, S. 170 ff.
40 Humboldt, Werke, Band 5, Seite 7 f.
41 Werke, Band 2, Seite 58 f.
42 Vergleiche u.a. Herbert Scurla, Wilhelm von Humboldt, Seite 431ff.; ferner das Nachwort zu Humboldt, Werke, Band 3, Seite 757 ff.
43 Vergleiche Scurla, Seite 434
44 Vergleiche Anhang, Seite 191 f.
45 Diesem Kapitel liegt ein Aufsatz zugrunde, der anlässlich des 125. Todestages von Wilhelm von Humboldt in »Die Drei«, Heft 2/1960, Seite 89 ff.erschienen ist. Vergleiche hierzu: Eckhard Behrens, »Ordnungspolitische Wende in der Schulpolitik« in: Fragen der Freiheit, Heft 255, Seite 3 ff.
46 Vergleiche Werke, Band 1, Seite 64 ff.
47 Vergleiche Werke, Band 1, Seite 105 ff. – Diese Tendenz setzte sich bereits zu Lebzeiten Humboldts weitgehend durch, nachdem er 1810 die Leitung der Sektion des Kultus und des öffentlichen Unterrichts aufgegeben hatte; vergleiche Menze, Die Bildungsreform Wilhelm von Humboldts, Seite 365 ff.
48 Werke, Band 1, Seite 105
49 Werke, Band 1, Seite 106
50 Werke, Band 1, Seite 73
51 Werke, Band 1, Seite 108
52 Werke, Band 1, Seite 108
53 Werke, Band 1, Seite 92
54 Vergleiche Gebhardt, Humboldt als Staatsmann, Band 1, Seite 95 ff.; Spranger, Humboldt und die Reform des Bildungswesens, Seite 133 ff.; Müsebeck, Das preußische Kultusministerium vor 100 Jahren, Seite 77 ff.; Köpke, Die Gründung der Universität zu Berlin, Seite 61 ff.; Harnack, Geschichte der Akademie der Wissenschaften zu Berlin, Band 1, zweite Hälfte, Seite 579 ff.
55 Humboldt, Werke, Band 4, Seite 97 f.

56 Werke, Band 4, Seite 47.
57 Gesammelte Schriften, Band 16, Seite 110
58 Goethes Briefwechsel mit Wilhelm und Alexander von Humboldt, Seite 223 f.
59 Humboldt, Werke, Band 4, Seite 234, 239 f.
60 Wilhelm und Caroline von Humboldt in ihren Briefen, Band 3, Seite 106
61 Briefe von Wilhelm von Humboldt an Georg Heinrich Ludwig Nicolovius, Seite 6
62 Vergleiche die Anträge auf Errichtung der Universität Berlin vom 12. Mai bzw. vom 24. Juli 1809, Werke, Band 4, Seite 33 f., 117 ff.
63 Werke, Band 4, Seite 33
64 Vergleiche hierzu den Königsberger Schulplan, Anhang, Seite 171 ff.
65 Vergleiche Werke, Band 4, Seite 220 f.
66 Werke, Band 4, Seite 279
67 Werke, Band 4, Seite 135, 283 f.
68 Werke, Band 4, Seite 284
69 Werke, Band 4, Seite 284
70 Dieses Thema wurde ursprünglich in einem Aufsatz in der Zeitschrift »Erziehungskunst«, 1961, Seite 161 ff. behandelt.
71 Wilhelm und Caroline von Humboldt in ihren Briefen, Band 3, Seite 344
72 Die beiden Denkschriften sind abgedruckt im Anhang, Seite 177 ff., 187 ff.
73 Aus der Formulierung »oder der Staat für diese« geht hervor, dass Humboldt das Schulwesen an sich als eine Angelegenheit der Nation ansieht und der Staat nur eine treuhänderische Funktion im Schulwesen ausübt, bis die Nation bereit und in der Lage ist, das Schulwesen mehr und mehr selbst in die Hand zu nehmen. Man vergleiche hierzu das vorige Kapitel, oben, Seite 33 ff.
74 Vergleiche Anhang, Seite 187 f.
75 Anhang, Seite 188
76 Vergleiche Knoll/Siebert, Wilhelm von Humboldt. Politik und Bildung, S. 49
77 Vergleiche Anhang, Seite 189
78 So Knoll/Siebert, Wilhelm von Humboldt, a. a. O., Seite 37
79 Vergleiche Gesammelte Schriften, Band 10, Seite 205 f. bzw. Werke, Band 4, Seite 218; vergleiche auch Gesammelte Schriften, Band 10, Seite 256 bzw. Werke, Band 4, Seite 261
80 Vergleiche Gesammelte Schriften, Band 10, Seite 202 bzw. Werke, Band 4, Seite 218 f.
81 Dies verkennt Eberhard Kessel, Wilhelm von Humboldt, Seite 214, 227
82 Anhang, Seite 188; vergleiche auch Seite 172, 176
83 Anhang, Seite 188 f.
84 Vergleiche Anhang, Seite 189
85 Anhang, Seite 176, vergleiche auch Anhang, Seite 172 sowie Werke, Band 4, Seite 220
86 Anhang, Seite 190; vergleiche auch Anhang, Seite 173
87 Anhang, Seite 172 f.
88 Anhang, Seite 173; vergleiche auch Anhang, Seite 190 f.
89 Anhang, Seite 175

90 Anhang, Seite 175
91 Anhang, Seite 176
92 Anhang, Seite 176
93 Anhang, Seite 177 f.
94 Anhang, Seite 175
95 Anhang, Seite 173
96 Anhang, Seite 171; vergleiche auch Seite 187 f.
97 Anhang, Seite 171
98 Anhang, Seite 173 f.
99 Anhang, Seite 174
100 Anhang, Seite 175
101 Anhang, Seite 191
102 Anhang, Seite 189 f.
103 Anhang, Seite 177
104 So Knoll/Siebert. Wilhelm von Humboldt. Politik und Bildung, Seite 37, 39
105 Dieses Thema wurde früher in der Zeitschrift »Erziehungskunst«, 1978, Seite 485 ff. behandelt.
106 Werke, Band 1, Seite 72, 73 bzw. Wilhelm von Humboldt, Ideen zu einem Versuch, die Grenzen der Wirksamkeit des Staates zu bestimmen. Stuttgart 1962, Seite 28, 29
107 Werke, Band 1, Seite 105 bzw. die Ausgabe Stuttgart 1962, Seite 59
108 Albert Leitzmann, Georg und Therese Forster und die Brüder Humboldt, S. 90
109 Humboldt, Werke, Band 1, Seite 64 f. bzw. die Ausgabe Stuttgart 1962, Seite 21
110 Vergleiche Werke, Band 4, Seite 62 bzw. Gesammelte Schriften, Band 13, Seite 259
111 Vergleiche den Königsberger Schulplan, Anhang, Seite 178
112 Vergleiche Werke, Band 4, Seite 63 bzw. Gesammelte Schriften, Band 13, Seite 259
113 Anhang, Seite 172, 173
114 Anhang, Seite 194
115 Die erkenntnistheoretische Begründung dieser Auffassung der Wirklichkeit unternahm Rudolf Steiner in seinen Schriften »Grundlinien einer Erkenntnistheorie der Goethe'schen Weltanschauung«, »Wahrheit und Wissenschaft« und »Die Philosophie der Freiheit«.
116 Humboldt, Werke, Band 1, Seite 136 bzw. die Ausgabe Stuttgart 1962, Seite 88; man vergleiche hierzu den Abschnitt »Die Abwendung von der Aufklärung« in Dietrich Spitta, Die Staatsidee Wilhelm von Humboldts, Seite 14 ff.
117 Man vergleiche z. B. Humboldts Briefe an seine Braut Caroline vom 4. August 1789 und 4. Dezember 1790 in: Wilhelm und Caroline von Humboldt in ihren Briefen, Band 1, Seite 49, 305
118 Vergleiche Goethes Briefwechsel mit Wilhelm und Alexander von Humboldt, Seite 2 f., 9
119 Werke, Band 1, Seite 14
120 Gesammelte Schriften, Band 14, Seite 157; vgl. auch Werke, Band 1, Seite 136
121 Vergleiche Anhang, Seite 196; vgl. auch Seite 194

122 Anhang, Seite 196
123 Anhang, Seite 196
124 Anhang, Seite 196
125 Humboldt kannte diese Schrift Schellings, wie aus seinem Brief an Brinkmann vom 31. März 1804 in: Wilhelm von Humboldts Briefe an Karl Gustav von Brinkmann, Seite 167, hervorgeht.
126 Vergleiche Werke, Band 2, Seite 366
127 Man vergleiche hierzu Humboldts Brief an Schiller vom 13. Februar 1796, Neue Briefe Wilhelm von Humboldts an Schiller, Seite 28 ff., insbesondere Seite 33 ff. sowie Rudolf Steiner, Methodische Grundlagen der Anthroposophie 1884 bis 1901, GA 30, Dornach 1989[3], Seite 23 ff.
128 Goethes Werke, Hamburger Ausgabe, Band 1, Seite 367
129 Anhang, Seite 197
130 Vergleiche Werke, Band 1, Seite 585 ff.
131 Anhang, Seite 197
132 Anhang, Seite 196 f.
133 Anhang, Seite 197
134 Anhang, Seite 198 f.
135 Anhang, Seite 190
136 Anhang, Seite 173
137 Anhang, Seite 194
138 Anhang, Seite 199
139 Anhang, Seite 198 f.
140 Anhang, Seite 197
141 An Caroline, Band 1, Seite 394
142 Vergleiche Anhang, Seite 172 f.; ferner Seite 189, 190 f.
143 Vergleiche Anhang, Seite 190; ferner Seite 194
144 Schelsky, Einsamkeit und Freiheit, Seite 55 f.
145 Vergleiche Anhang, Seite 190 f., vgl. auch Seite 194
146 Anhang, Seite 173
147 Anhang, Seite 194 f.
148 Über Humboldts Ideen zur Neuordnung der Akademie der Wissenschaften zu Berlin vergleiche man Clemens Menze, Die Bildungsreform Wilhelm von Humboldts, Seite 328 ff.; ferner Anhang, Seite 202 f.
149 Vergleiche Anhang, Seite 202
150 Anhang, Seite 200
151 Vergleiche Werke, Band 4, Seite 220; ferner Anhang, Seite 186
152 Vergleiche Anhang, Seite 173
153 Anhang, Seite 197
154 Anhang, Seite 202
155 Anhang, Seite 202
156 Anhang, Seite 199 ff., 202
157 Anhang, Seite 201
158 Vergleiche das Kapitel »Die Freiheit des Bildungswesens vom Staat«, insbesondere oben, Seite 39

159 Schelsky, Einsamkeit und Freiheit, Seite 155
160 Anhang, Seite 195 f. (Hervorhebungen vom Verfasser)
161 Anhang, Seite 196 sowie oben, Seite 39
162 Schelsky, Einsamkeit und Freiheit, Seite 141
163 Vergleiche Werke, Band 1, Seite 92
164 Anhang, Seite 198
165 Die Gründung der Universität Witten-Herdecke und ihr Betrieb ist dadurch ermöglicht worden.
166 Vergleiche oben, Seite 40
167 Vergleiche Köpke, Die Gründung der Universität zu Berlin, Seite 225, sowie Spitta, Die Staatsidee Wilhelm von Humboldts, Seite 60
168 So stellt z. B. Helmut Schelsky in der 2. Auflage seines Buches »Einsamkeit und Freiheit« das Ende der mit dem Namen Wilhelm von Humboldts verbundenen Epoche der deutschen Universitätsidee und -wirklichkeit fest, was er in einem »Nachtrag 1970« im Einzelnen begründet.
169 Dieses Kapitel beruht auf einem Aufsatz, der in »Die Drei«, Heft 11/1985, Seite 836 ff. erschienen ist.
170 Vergleiche Karl Heyer, Sozialimpulse des deutschen Geistes im Goethe-Zeitalter, Seite 12 ff.; ferner »Die französische Revolution in Deutschland. Zeitgenössische Texte deutscher Autoren«, Stuttgart 1989
171 Zitiert nach Karl Heyer, Sozialimpulse des deutschen Geistes im Goethe-Zeitalter, Seite 37 ff.
172 Über die Entstehungsgeschichte von Humboldts Ideen von den Staatsgrenzen vergleiche man »Die Ausbildung der eigenen Staatsidee« in: Dietrich Spitta, Die Staatsidee Wilhelm von Humboldts, Seite 28 ff.
173 Vergleiche Werke, Band 1, Seite 56 ff.
174 Vergleiche oben, Seite 21 ff.
175 Werke, Band 1, Seite 36
176 Werke, Band 1, Seite 108
177 Werke, Band 1, Seite 105, 109
178 Werke, Band 1, Seite 58
179 Werke, Band 1, Seite 64
180 Werke, Band 1, Seite 64
181 Werke, Band 1, Seite 71 ff., 225
182 Werke, Band 1, Seite 61 f.
183 Werke, Band 1, Seite 92 ff.; ferner den Abschnitt »Die Grenzen der Wirksamkeit des Staates« in: Dietrich Spitta, Die Staatsidee Wilhelm von Humboldts, Seite 75 ff., insbesondere Seite 83 ff.
184 Vergleiche Rudolf Steiner, Aufsätze über die Dreigliederung des sozialen Organismus und zur Zeitlage 1915–1921, GA 24, Dornach 1959[2], Seite 339 ff. sowie das Nachwort des Verfassers zu Wilhelm von Humboldt, Ideen zu einem Versuch, die Grenzen der Wirksamkeit des Staates zu bestimmen, 1962, Seite 170 ff.; ferner unten, Seite 92 ff.
185 Vergleiche Ernst Rudolf Huber, Dokumente zur deutschen Verfassungsgeschichte, Band 1, Stuttgart 1961, Seite 42 bzw. Stuttgart 1978, Seite 88

186 Vergleiche Ernst Rudolf Huber, Dokumente zur deutschen Verfassungsgeschichte, Seite 56f., 141ff., 156ff. und 170ff. bzw. Stuttgart 1978, Seite 61f., 155ff., 171ff. und 187ff.

187 Vergleiche Bruno Gebhardt, Wilhelm von Humboldt als Staatsmann, Band 2, Seite 307 und 393

188 Vergleiche Werke, Band 4, Seite 413 und Gesammelte Schriften, Band 12, Seite 434f.

189 Gesammelte Schriften, Band 12, Seite 533

190 Man vergleiche hierzu den Aufsatz von Dietrich Spitta, »Korporative Bürgerbeteiligung am Staatsleben« in »Die Drei« 1981, Seite 673ff. bzw. seine Schrift »Die Staatsidee Wilhelm von Humboldts«, Seite 170ff.

191 Werke, Band 4, Seite 436

192 Werke, Band 4, Seite 441f.

193 Werke, Band 4, Seite 434; vergleiche auch Gesammelte Schriften, Band 12, Seite 534

194 Werke, Band 4, Seite 374; vergleiche auch Dietrich Spitta, Die Staatsidee Wilhelm von Humboldts, Seite 229ff.

195 Vergleiche Werke, Band 4, Seite 318, 331 sowie Gesammelte Schriften, Band 11, Seite 263, 265; ferner Dietrich Spitta, Die Staatsidee Wilhelm von Humboldts, Seite 243ff., insbesondere Seite 254ff.

196 Vergleiche Bruno Gebhardt, Wilhelm von Humboldt als Staatsmann, Band 2, Seite 163

197 Werke, Band 1, Seite 36

198 Werke, Band 4, Seite 317

199 Werke, Band 1, Seite 35f.

200 Werke, Band 1, Seite 36

201 Werke, Band 1, Seite 215, 216

202 Werke, Band 1, Seite 222, 223

203 Vergleiche Rudolf Steiner, Zeitgeschichtliche Betrachtungen, zweiter Teil, GA 174, Dornach 1983², Seite 110ff.

204 Vergleiche Roman Boos, Rudolf Steiner während des Weltkrieges, Seite 58f., sowie Christoph Lindenberg, Rudolf Steiner 1915 bis 1925, Seite 614ff.

205 Vergleiche Rudolf Steiner, Aufsätze über die Dreigliederung des sozialen Organismus und zur Zeitlage 1915–1921, Seite 370ff.; Roman Boos, a.a.O., Seite 66ff.

206 Vergleiche Rudolf Steiner, Aufsätze über die Dreigliederung des sozialen Organismus und zur Zeitlage 1915–1921, Seite 351ff.; Roman Boos, Rudolf Steiner während des Weltkrieges, Seite 86ff.

207 Vergleiche Rudolf Steiner, a.a.O., Seite 354; Roman Boos, a.a.O., Seite 88

208 Man vergleiche hierzu Rudolf Steiner, Die Kernpunkte der sozialen Frage in den Lebensnotwendigkeiten der Gegenwart und nächsten Zukunft, Seite 138f.

209 Vergleiche Rudolf Steiner, Die Kernpunkte der sozialen Frage, Seite 56ff.

210 Vergleiche Rudolf Steiner, Die Kernpunkte der sozialen Frage, Seite 15ff.; ferner: Sozialwissenschaftliches Forum, Band 2, Die wirtschaftlichen Assoziatio-

nen. Beiträge zur Brüderlichkeit im Wirtschaftsleben, herausgegeben von Stefan Leber, Stuttgart 1987

211 Ausgehend von den Kursen »Erziehungskunst. Methodisch-Didaktisches« und »Erziehungskunst. Seminarbesprechungen und Lehrplanvorträge« für die ersten Lehrer zur Begründung der Freien Waldorfschule in Stuttgart hat Rudolf Steiner diese Pädagogik in zahlreichen gedruckt vorliegenden Kursen und Vorträgen (GA 296-311) weiter ausgestaltet. Außerdem gibt es eine große Anzahl von Büchern, Schriften und Aufsätzen anderer Autoren über die Waldorfpädagogik.

212 Diese Dreigliederung des physischen Menschen und ihren Zusammenhang mit dem Seelischen und Geistigen des Menschen hat Steiner erstmals skizzenhaft dargestellt im Kapitel »Die physischen und geistigen Abhängigkeiten der Menschen-Wesenheit« seines Buches »Von Seelenrätseln«, GA 21, Dornach 1983[5]

213 Der Kurs »Allgemeine Menschenkunde als Grundlage der Pädagogik«, GA 293, Dornach 1984[4] wurde ebenfalls für die ersten Lehrer zur Begründung der Freien Waldorfschule in Stuttgart gehalten.

214 Eine ausführliche Darstellung dieses Menschenbildes gibt Clemens Menze in seinem Buch: Wilhelm von Humboldts Lehre und Bild vom Menschen.

215 Man vergleiche hierzu zum Beispiel in »Allgemeine Menschenkunde« den Schluss des 4. Vortrages vom 25. August 1919, Seite 74 ff.; ferner den 6. Vortrag vom 27. August 1919 in »Erziehungskunst. Methodisch-Didaktisches«.

216 Vergleiche hierzu unter anderem den Kurs von Rudolf Steiner »Erziehungskunst. Methodisch-Didaktisches«, insbesondere die Vorträge vom 28. und 29. August 1919.

217 Mit der sehr unterschiedlichen Kritik an den Waldorfschulen und der ihrer Pädagogik zugrunde liegenden anthroposophischen Geisteswissenschaft von erziehungswissenschaftlicher Seite setzt sich das Buch von Ernst-Michael Kranich/Lorenzo Ravagli, »Waldorfpädagogik in der Diskussion. Eine Analyse erziehungswissenschaftlicher Kritik« auseinander. Auf kritische Darstellungen von kirchlicher Seite über Anthroposophie und Waldorfpädagogik geht das von Günter Altehage herausgegebene Buch »Im Vorfeld des Dialogs« ein. Mit dem Versuch, die Waldorfschule als Weltanschauungsschule zu denunzieren, setzt sich Stefan Leber in seinem Buch »Weltanschauung, Ideologie und Schulwesen. Ist die Waldorfschule eine Weltanschauungsschule?« auseinander.

218 Vergleiche Rudolf Steiner, »Hochschule und öffentliches Leben. Aufsätze zu Fragen des Schul- und Hochschulwesens«, Dornach 1970, Seite 20 f. bzw. »Gesammelte Aufsätze zur Kultur- und Zeitgeschichte 1887–1901«, GA 31, Dornach 1989[3], Seite 312 f.

219 Vergleiche Rudolf Steiner, »Hochschule und öffentliches Leben, Seite 19 bzw. »Gesammelte Aufsätze zur Kultur- und Zeitgeschichte 1887–1901«, Seite 311

220 Vergleiche »Hochschule und öffentliches Leben«, Seite 14 f., 19 f. bzw. »Gesammelte Aufsätze zur Kultur- und Zeitgeschichte 1887–1901«, Seite 307, 311 f.

221 Vergleiche »Hochschule und öffentliches Leben«, Seite 21 bzw. »Gesammelte Aufsätze zur Kultur- und Zeitgeschichte 1887–1901«, Seite 313

222 Vergleiche »Hochschule und öffentliches Leben«, Seite 31 bzw. »Gesammelte Aufsätze zur Kultur- und Zeitgeschichte 1887–1901«, Seite 328

223 Vergleiche oben, Seite 66 f.
224 Vergleiche »Hochschule und öffentliches Leben«, Seite 29 f. bzw. »Gesammelte Aufsätze zur Kultur- und Zeitgeschichte 1887–1901«, Seite 238 f.
225 Vergleiche oben, Seite 20 f., 25 f.
226 Vergleiche »Hochschule und öffentliches Leben. Seite 36 f. bzw. »Gesammelte Aufsätze zur Kultur- und Zeitgeschichte 1887–1901«, Seite 341
227 Vergleiche »Hochschule und öffentliches Leben«, Seite 35 bzw. »Gesammelte Aufsätze zur Kultur- und Zeitgeschichte 1887–1901«, Seite 339 ff.; man vergleiche hierzu auch die Ausführungen Rudolf Steiners in seinem Vortrag vom 1. Juni 1919 in: Geisteswissenschaftliche Behandlung sozialer und pädagogischer Fragen, GA 192, Dornach 1991[2], Seite 130 ff., insbesondere Seite 132 f. sowie seine Ausführungen über Philosophie und Logik in: Die Beantwortung von Welt- und Lebensfragen durch Anthroposophie, GA 108, Dornach 1982[2], Seite 169 ff.
228 Man vergleiche hierzu Rudolf Steiner, »Grundlinien einer Erkenntnistheorie der Goethe'schen Weltanschauung«, »Wahrheit und Wissenschaft« und »Die Philosophie der Freiheit«
229 Vergleiche »Hochschule und öffentliches Leben«, Seite 35 bzw. »Gesammelte Aufsätze zur Kultur- und Zeitgeschichte 1887–1901«, Seite 339 f.
230 Vergleiche oben, Seite 21, 25 f.
231 Vergleiche oben, Seite 65
232 Vergleiche oben, Seite 25 f.
233 Man vergleiche hierzu insbesondere die Kapitel »Die Weltentwickelung und der Mensch« sowie »Gegenwart und Zukunft der Welt- und Menschheitsentwicklung« seines Buches »Die Geheimwissenschaft im Umriss«, GA 13, Dornach 1989[30]
234 Vergleiche oben, Seite 58 f.
235 Vergleiche oben, Seite 62
236 Diese Methoden hat Rudolf Steiner u.a. dargelegt in seinem Buch »Wie erlangt man Erkenntnisse der höheren Welten?« GA 10, Dornach 1993[24] sowie in dem Kapitel »Die Erkenntnis der höheren Welten (Von der Einweihung oder Initiation)« seines Buches »Die Geheimwissenschaft im Umriss«.
237 Vergleiche Wilhelm von Humboldt, Gesammelte Schriften, Band 1, Seite 169 bzw. Werke, Band 1, Seite 136
238 Vergleiche u.a. Rudolf Steiner, »Die Ergänzung heutiger Wissenschaften durch Anthroposophie«, Rudolf Steiner Gesamtausgabe (GA), Band 73, Dornach 1987[2]; »Die befruchtende Wirkung der Anthroposophie auf die Fachwissenschaften«, GA, Band 76, Dornach 1977[2]; »Die Aufgabe der Anthroposophie gegenüber Wissenschaft und Leben. Darmstädter Hochschulkurs«, GA, Band 77 a, Dornach 1997; »Erneuerungsimpulse für Kultur und Wissenschaft. Berliner Hochschulkurs«, GA, Band 81, Dornach 1994; »Damit der Mensch ganz Mensch werde. Die Bedeutung der Anthroposophie im Geistesleben der Gegenwart. Haager Hochschulkurs«, GA, Band 82, Dornach 1994[2]; »Geisteswissenschaftliche Impulse zur Entwicklung der Physik. Erster Naturwissenschaftlicher Kurs: »Licht, Farbe, Ton – Masse, Elektrizität, Magnetismus«, GA, Band 320, Dornach

2000[4]; »Geisteswissenschaftliche Impulse zur Entwicklung der Physik«; Zweiter naturwissenschaftlicher Kurs: »Die Wärme auf der Grenze zwischen positiver und negativer Materialität«, GA, Band 321, Dornach 2000[4]; »Grenzen der Naturerkenntnis. Acht Vorträge im Ersten Anthroposophischen Hochschulkurs«, GA, Band 322, Dornach 1981[5]; »Das Verhältnis der verschiedenen naturwissenschaftlichen Gebiete zur Astronomie«; Dritter naturwissenschaftlicher Kurs: »Himmelskunde in Beziehung zum Menschen und zur Menschenkunde«, GA, Band 323, Dornach 1997[3]; »Naturbeobachtung, Experiment, Mathematik und die Erkenntnisstufen der Geistesforschung«, GA, Band 324, 1991[3]

239 Vergleiche den Abschnitt »Die Konstitution der Freien Hochschule für Geisteswissenschaft und ihre Gliederung in Sektionen« in: Rudolf Steiner, Die Konstitution der Allgemeinen Anthroposophischen Gesellschaft und der Freien Hochschule für Geisteswissenschaft, GA 260a, Dornach 1987[2], Seite 87 ff.

240 Weinstock, Die Tragödie des Humanismus, Heidelberg 1967[5]

241 Weinstock, Seite 199

242 Weinstock, Seite 186

243 Weinstock, Seite 193 f.

244 Weinstock, Seite 187, 197, 250

245 Weinstock, Seite 180

246 Weinstock, Seite 176

247 Weinstock, Seite 205

248 Weinstock, Realer Humanismus, Seite 34

249 Weinstock, Die Tragödie des Humanismus, Seite 205

250 Weinstock, a.a.O., Seite 206

251 Weinstock, Seite 178

252 Weinstock, Seite 223

253 Weinstock, Seite 235

254 Weinstock, Seite 240

255 Litt, Das Bildungsideal der deutschen Klassik und die moderne Arbeitswelt, Seite 11 f.

256 Litt, Seite 13

257 Litt, Seite 14

258 Litt, Seite 16 ff., 19, 21

259 Litt, Seite 22 ff.

260 Litt, Seite 25 ff.

261 Litt, Seite 28

262 Litt, Seite 28 ff.

263 Litt, Seite 31 ff., 36

264 Litt, Seite 16, 27, 37

265 Litt, Seite 36 ff., 40 ff., 44

266 Litt, Seite 45

267 Litt, Seite 46 f.

268 Vergleiche Goethes Werke, Hamburger Ausgabe, Band 8, »Wilhelm Meisters Wanderjahre«, Zweites Buch, elftes Kapitel, Seite 281 f.

269 Goethes Werke, Band 8, a.a.O., Erstes Buch, viertes Kapitel, Seite 37

270 Goethes Werke, a.a.O., Erstes Buch, zwölftes Kapitel, Seite 144 ff., 148
271 Goethes Werke, a.a.O., Zweites Buch, erstes Kapitel, Seite 154
272 Goethes Werke, a.a.O., Zweites Buch, erstes Kapitel, Seite 154 ff., 157
273 Goethes Werke, a.a.O., Zweites Buch, achtes Kapitel, Seite 249 ff., 258 f.
274 Goethes Werke, a.a.O., Zweites Buch, erstes Kapitel, Seite 151 ff., Zweites Buch, achtes Kapitel, Seite 247 f.
275 Goethes Werke, a.a.O, Zweites Buch, erstes Kapitel, Seite 155 ff.
276 Goethes Werke, a.a.O., Zweites Buch, zweites Kapitel, Seite 163 f.
277 Goethes Werke, a.a.O., Zweites Buch, achtes Kapitel, Seite 246 f.
278 Goethes Werke, a.a.O., Zweites Buch, achtes Kapitel, Seite 247 ff., 249
279 Goethes Werke, a.a.O., Zweites Buch, achtes Kapitel, Seite 252 f.
280 Vergleiche Litt, Das Bildungsideal der deutschen Klassik und die moderne Arbeitswelt, Seite 47
281 Litt, Seite 62
282 Litt, Seite 61 f.
283 Eberhard Kessel, Wilhelm von Humboldt. Idee und Wirklichkeit, Seite 8 ff., urteilt über die Schrift von Kaehler, dass er Humboldt einseitig psychoanalytisch charakterisiert und dabei die erotische und sexuelle Sphäre bei Humboldt zur Grundlage seiner Wesensdeutung gemacht hat. Auch spricht er auf Seite 14 im Hinblick auf dieses Buch von einer »in ihren Ergebnissen so völlig verfehlten Arbeit«.
284 Litt, Seite 57
285 Litt, Seite 58 f.
286 Litt, Seite 59 ff.
287 Vergleiche W.v. Humboldt, Werke, Band 1, Seite 64, sowie das Kapitel »Individualität und Welt«, insbesondere den Abschnitt »Mannigfaltigkeit der Situationen« in Clemens Menze, Wilhelm von Humboldts Lehre und Bild vom Menschen, Seite 133 f.
288 Vergleiche Werke, Band 1, Seite 135
289 Vergleiche Werke, Band 1, Seite 138
290 Vergleiche Werke, Band 1, Seite 137
291 Litt, Das Bildungsideal der deutschen Klassik und die moderne Arbeitswelt, Seite 58
292 Litt, Seite 60, 61
293 Litt, Seite 22 ff.
294 Litt, Seite 24
295 Litt, Seite 96
296 Litt, Seite 98
297 Litt, Seite 83 f.
298 Litt, Seite 24 ff., 27, 28
299 Litt, Seite 30 ff.
300 Litt, Seite 109
301 Litt, Seite 108
302 Litt, Seite 35 f.
303 Litt, Seite 28

304 Litt, Seite 81
305 Litt, Seite 37
306 Litt, Seite 38 f.
307 Litt, Seite 110 f.
308 Litt, Seite 112, 113
309 Litt, Seite 114
310 Vergleiche Menze, »Theodor Litts Kritik am Humanismus«, Seite 333
311 Menze, a.a.O., Seite 332, vergleiche auch Seite 330
312 Menze, Seite 330, 334 f., 336
313 Menze, Seite 333
314 Menze, Seite 333
315 Menze, Seite 329 f., 336 ff.
316 Litt, Das Bildungsideal der deutschen Klassik und die moderne Arbeitswelt, Seite 151 f.
317 Vergleiche Menze, »Theodor Litts Kritik am Humanismus«, Seite 336
318 Litt, Das Bildungsideal der deutschen Klassik und die moderne Arbeitswelt, Seite 98
319 Litt, Seite 99 f.
320 Litt, Seite 100 f.
321 Litt, Seite 100, 102
322 Litt, Seite 102 f.
323 Litt, Seite 104 ff.
324 Litt, Seite 106 ff.
325 Litt, Seite 115 ff.
326 Litt, Seite 119 ff.
327 Litt, Seite 125 f.
328 Litt, Seite 127
329 Litt, Seite 128 f.
330 Litt, Seite 129, 130 f.
331 Litt, Seite 134
332 Litt, Seite 139 ff., 142, 143
333 Litt, Seite 144 f.
334 Litt, Seite 145 f.
335 Litt, Seite 146 ff.
336 Litt, Seite 148 ff.
337 Litt, Seite 108
338 Litt, Seite 148
339 Litt, Seite 147
340 Litt, Seite 146
341 Vergleiche Menze, »Theodor Litts Kritik am Humanismus«, Seite 329 ff.
342 Menze, Seite 334 f.
343 Litt, Das Bildungsideal der deutschen Klassik und die moderne Arbeitswelt, Seite 151 f.
344 Vergleiche Peter Sloterdijk, Regeln für den Menschenpark. Ein Antwortschreiben zu Heideggers Brief über den Humanismus, Seite 31 f., 7 ff.

345 Sloterdijk, Seite 12 f.
346 Sloterdijk, Seite 13 f.
347 Sloterdijk, Seite 15
348 Vergleiche Menze, die Bildungsreform Wilhelm von Humboldts, Seite 460, 462
349 Sloterdijk, Regeln für den Menschpark, Seite 46
350 Sloterdijk, Seite 33
351 Sloterdijk, Seite 35
352 Sloterdijk, Seite 34
353 Sloterdijk, Seite 17 ff.
354 Sloterdijk, Seite 46 und ebd., Anmerkung 14
355 Sloterdijk, Seite 19
356 Einen guten Überblick über behavioristische Psychologie und Pädagogik gibt Hans-Walter Leonhard in seinem Buch »Behaviorismus und Pädagogik. Kritik behavioristischer Psychologie und ihrer Anwendung in der Pädagogik«.
357 Sloterdijk, Regeln für den Menschenpark, Seite 36 f.
358 Sloterdijk, Seite 37 ff., 39 f.
359 Sloterdijk, Seite 41
360 Sloterdijk, Seite 42 f., 41 f.
361 Sloterdijk, Seite 43
362 Sloterdijk, Seite 43 f.
363 Sloterdijk, Kritik der zynischen Vernunft, Erster Band, Seite 12 f.
364 Sloterdijk, Regeln für den Menschenpark, Seite 44 f.
365 Sloterdijk, Seite 46 f.
366 Sloterdijk, Seite 57 f., 59 f.
367 dpa-Bericht, Stuttgarter Zeitung vom 24. März 2000
368 Sloterdijk, Regeln für den Menschenpark, Seite 44 f.
369 Sloterdijk, Seite 47
370 Sloterdijk, Seite 59 f.
371 Sloterdijk, Seite 44, 47 f.
372 Sloterdijk, Seite 48 f.
373 Sloterdijk, Seite 50
374 Sloterdijk, Seite 50 ff.
375 Sloterdijk, Seite 54
376 Sloterdijk, Seite 54 f.
377 Sloterdijk, Seite 55 f.
378 Platon, Der Staatsmann, Sämtliche Werke, Band 2, Seite 749 f., 753, 755, 756, 758, 759, 768
379 Platon, Seite 767, 757
380 Platon, Seite 769 f.
381 Platon, Seite 770
382 Sloterdijk, Regeln für den Menschenpark, Seite 57; Platon, Der Staatsmann, Seite 770
383 Platon, Der Staatsmann, Seite 790 ff., vergleiche auch Seite 802 ff., 805
384 Platon, Seite 791 ff., Sloterdijk, Regeln für den Menschenpark, Seite 55
385 Platon, Der Staatsmann, Seite 789

386 Sloterdijk, Regeln für den Menschenpark, Seite 55
387 Platon, Der Staat, Sämtliche Werke, Band 2, Seite 252 f.
388 Platon, Der Staatsmann, Seite 791, 798 ff.
389 Platon, Seite 809
390 Platon, Seite 810, 812 f.
391 Platon, Seite 813 f., 815
392 Platon, Seite 815 f.
393 Sloterdijk, Regeln für den Menschenpark, Seite 47 f.
394 Sloterdijk, Seite 54
395 Platon, Der Staatsmann, Seite 816 f.
396 Sloterdijk, Regeln für den Menschenpark, Seite 47
397 Sloterdijk, Seite 45
398 Sloterdijk, Seite 16, 42 f.
399 Heidegger, Über den Humanismus, Vorbemerkung, Seite 4
400 Heidegger, Seite 7
401 Heidegger, Seite 10; vergleiche auch Seiten 19, 29, 31 ff.
402 Heidegger, Seite 10, 6 f.
403 Heidegger, Seite 7
404 Heidegger, Seite 17
405 Heidegger, Seite 22 f.
406 Heidegger, Seite 19 f.
407 Heidegger, Seite 11
408 Heidegger, Seite 19 f.
409 Heidegger, Seite 17, 26
410 Heidegger, Seite 20
411 Heidegger, Seite 21
412 Heidegger, Seite 22
413 Heidegger, Seite 13 f.
414 Heidegger, Seite 14 f.
415 Heidegger, Seite 14
416 Heidegger, Seite 12
417 Heidegger, Seite 15, 17; interessant ist, dass einige japanische Denker sich mit der Frage einer Beziehung zwischen der Philosophie Heideggers und dem Zen-Buddhismus befasst haben, vergleiche Winfried Franzen, Martin Heidegger, Stuttgart 1976, Seite 124 ff.
418 Heidegger, Über den Humanismus, Seite 17
419 Heidegger, Seite 29
420 Heidegger, Seite 23
421 Heidegger, Seite 9 f.
422 Heidegger, Seite 5
423 Heidegger, Seite 9
424 Heidegger, Seite 13
425 Heidegger, Seite 45; vergleiche auch Seite 16
426 Heidegger, Seite 26
427 Heidegger, Seite 34

428 Heidegger, Seite 5
429 Heidegger, Seite 42
430 Heidegger, Seite 6
431 Heidegger, Seite 42
432 Heidegger, Seite 46
433 Heidegger, Seite 44
434 Heidegger, Seite 30
435 Heidegger, Seite 8
436 Heidegger, Seite 34 f., 32
437 Wilhelm von Humboldt, Werke, Band 1, Seite 69
438 Heidegger, Über den Humanismus, Seite 35
439 Heidegger, Seite 33, 36
440 Heidegger, Seite 35
441 Heidegger, Seite 42
442 Heidegger, Seite 36 f.
443 Heidegger, Seite 37
444 Heidegger, Seite 41 f.
445 Heidegger, Seite 41
446 Heidegger, Seite 39
447 Heidegger, Seite 41
448 Heidegger, Seite 43
449 Heidegger, Seite 43 ff.
450 Heidegger, Seite 44
451 Heidegger, Seite 38
452 Heidegger, Seite 44 f.
453 Heidegger, Seite 10
454 Heidegger, Seite 42 f.
455 Heidegger, Seite 45
456 Heidegger, Seite 45 ff.
457 Heidegger, Seite 47
458 Vergleiche oben, Seite 146
459 Man vergleiche hierzu insbesondere das Kapitel »Das Erkennen der Welt« in Rudolf Steiners »Philosophie der Freiheit«. Die philosophische Begründung für ein solches Leben im Elemente des Denkens hat Rudolf Steiner in seinen Büchern »Wahrheit und Wissenschaft«, »Grundlinien einer Erkenntnistheorie der Goethe'schen Weltanschauung«, »Die Philosophie der Freiheit« und in den Kapiteln »Goethes Erkenntnistheorie« und »Wissen und Handeln im Lichte der Goethe'schen Denkweise« seines Buches »Goethes naturwissenschaftliche Schriften« gegeben. – Einen konkreten geistigen Schulungsweg, um zu einem Erfahren der geistigen Welt zu kommen, schildert Rudolf Steiner in den Büchern »Wie erlangt man Erkenntnisse der höheren Welten?« sowie in dem Kapitel »Die Erkenntnis der höheren Welten (Von der Einweihung oder Initiation)« seines Buches »Die Geheimwissenschaft im Umriss«.
460 Rudolf Steiner, »Die Philosophie der Freiheit«, Seite 164; vergleiche auch Seite 165, 166

461 Vergleiche oben, Seite 149

462 Vergleiche oben, Seite 152 sowie die Kapitel »Die Idee der Freiheit« und »Die moralische Phantasie« in: Rudolf Steiner, »Philosophie der Freiheit«

463 Vergleiche oben, Seite 154

464 Vergleiche Steiner, Die Geheimwissenschaft im Umriss, Seite 321, 316, 346

465 Vergleiche hierzu das Kapitel »Verstand und Vernunft« des Buches »Grundlinien einer Erkenntnistheorie der Goethe'schen Weltanschauung« von Rudolf Steiner

466 Man vergleiche hierzu die Kapitel »Über Erkenntnisgrenzen und Hypothesenbildung« in: Rudolf Steiner, »Einleitungen zu Goethes naturwissenschaftlichen Schriften«, GA 1, Dornach 1987[4], und »Gibt es Grenzen des Erkennens?« in: Rudolf Steiner, »Philosophie der Freiheit«; ferner Rudolf Steiner, »Wie erlangt man Erkenntnisse der höheren Welten?«, Seite 16

467 Steiner, Anthroposophische Gemeinschaftsbildung, GA 257, Dornach 1989[4] Seite 76

468 Steiner, Die Geheimwissenschaft im Umriss, Seite 340 ff.

469 Vergleiche oben, Seite 153f. bzw. Heidegger, Über den Humanismus, Seite 36f., 43 f.

470 Steiner, Das Christentum als mystische Tatsache, Seite 148 f., vergleiche auch Seite 150

471 Vergleiche oben, Seite 150 f., bzw. Heidegger, Seite 34

472 Vergleiche oben, Seite 150 f., bzw. Heidegger, Seite 9, 45

473 »Das Neue Testament« in der Übersetzung von Emil Bock, Stuttgart 1994, Seite 226 f.

474 Steiner, Von Jesus zu Christus, GA 131, Dornach 1988[7], Seite 135 ff.

475 Vergleiche oben, Seite 155 f., bzw. Heidegger, Über den Humanismus, Seite 43 f.

476 Steiner, Die Geheimwissenschaft im Umriss, Seite 245 ff., 248 f., 255 f.

477 Steiner, Seite 256, 269 f., 248 f., 255 f.

478 Vergleiche oben, Seite 156 f.

479 Vergleiche oben, Seite 101

480 Vergleiche das Kapitel »Vom dem ›wahren Ich‹ des Menschen« in: Rudolf Steiner, Die Schwelle der geistigen Welt, Dornach 1987[7], Seite 84 ff., 87 f.

481 Vergleiche das Kapitel »Von dem Ich-Gefühl und von der Liebefähigkeit der menschlichen Seele und deren Verhältnissen zur elementarischen Welt« in: Steiner, Die Schwelle der geistigen Welt, Seite 52 ff., 58 ff.

482 nach dem Etatsentwurf pro 1809/10 nach Abzug von 610 Rth. 66 gr. Schulgeld.

Literaturverzeichnis

I. Schriften von Wilhelm von Humboldt

Humboldt, Wilhelm von: Gesammelte Schriften, 17 Bände, Berlin 1903 bis 1936 (»Gesammelte Schriften«)

–: Werke in fünf Bänden, Stuttgart 1960–1981 (»Werke«)

–: Ideen zu einem Versuch, die Grenzen der Wirksamkeit des Staates zu bestimmen, mit einem Nachwort von Dietrich Spitta, Stuttgart 1962

–: Briefe an Karl Gustav von Brinkmann, herausgegeben von Albert Leitzmann, Leipzig 1939 (»an Brinkmann«)

Wilhelm und Caroline von Humboldt in ihren Briefen, herausgegeben von Anna von Sydow, 7 Bände, Berlin 1906 bis 1916; 2. Auflage, Osnabrück 1968 (»an Caroline«)

Goethes Briefwechsel mit Wilhelm und Alexander von Humboldt, herausgegeben von Ludwig Geiger, Berlin 1909 (»an Goethe«)

Briefe von Wilhelm von Humboldt an Georg Heinrich Ludwig Nicolovius, Berlin 1894 (»an Nicolovius«)

Neue Briefe Wilhelm von Humboldts an Schiller, herausgegeben von Friedrich Clemens Ebrard, Berlin 1911 (»an Schiller«)

Wilhelm von Humboldt: Briefe an Friedrich August Wolf, herausgegeben von Philip Mattson, Berlin, New York 1990 (»an Wolf«)

II. Biographien und andere Schriften

Altehage, Günter (Hrsg.): Im Vorfeld des Dialogs, Stuttgart 1992

Boos, Roman: Rudolf Steiner während des Weltkrieges, Dornach o.J. (1933)

Gebhardt, Bruno: Wilhelm von Humboldt als Staatsmann, 2 Bände, Stuttgart 1896 und 1899; 2. Auflage, Aalen 1965

Goethe, Johann Wolfgang von: Wilhelm Meisters Wanderjahre, Goethes Werke, Hamburger Ausgabe, Band 8, München 1981

Goethes Werke, Hamburger Ausgabe in 14 Bänden, herausgegeben von Erich Trunz, Band 1 und Band 2, 12. Auflage, München 1981

Harnack, Adolf: Geschichte der Königlich Preußischen Akademie der Wissenschaften zu Berlin, Band 1, 2. Hälfte, Berlin 1900

Heidegger, Martin: Über den Humanismus, Frankfurt a.M. 1949

Heyer, Karl: Sozialimpulse des deutschen Geistes im Goethe-Zeitalter, 2. Auflage, Stuttgart 1987

Huber, Ernst Rudolf: Dokumente zur deutschen Verfassungsgeschichte, Band 1, Stuttgart 1961, 3. Auflage, Stuttgart 1978

Kessel, Eberhard: Wilhelm von Humboldt. Idee und Wirklichkeit, Stuttgart 1967
Knoll, Joachim H./Siebert, Horst: Wilhelm von Humboldt. Politik und Bildung, Heidelberg 1969
Köpke, Rudolf: Die Gründung der Königlichen Friedrich-Wilhelms-Universität zu Berlin, Berlin 1860, 2. Auflage, Aalen 1981
Kranich, Ernst-Michael/Ravagli, Lorenzo: Waldorfpädagogik in der Diskussion. Eine Analyse erziehungswissenschaftlicher Kritik, Stuttgart 1990
Leber, Stefan (Hrsg.): Der Staat – Aufgaben und Grenzen, Sozialwissenschaftliches Forum, Band 4, Stuttgart 1992
–: Weltanschauung, Ideologie und Schulwesen. Ist die Waldorfschule eine Weltanschauungsschule?, Stuttgart 1989
Leitzmann, Albert: Georg und Therese Forster und die Brüder Humboldt, Bonn 1936
Leonhard, Hans-Walter: Behaviorismus und Pädagogik. Kritik behavioristischer Psychologie und ihrer Anwendung in der Pädagogik, Bad Heilbrunn 1978
Lindenberg, Christoph: Rudolf Steiner 1915 bis 1925. Eine Biographie, Band 2, Stuttgart 1997
Litt, Theodor: Das Bildungsideal der deutschen Klassik und die moderne Arbeitswelt, 5. Auflage, Bochum o.J. (1965)
Menze, Clemens: Wilhelm von Humboldts Lehre und Bild vom Menschen, Ratingen 1965
–: Die Bildungsreform Wilhelm von Humboldts, Hannover 1975
–: Theodor Litts Kritik am Humanismus, in: Sinn und Geschichtlichkeit. Werk und Wirkungen Theodor Litts, herausgegeben von Josef Derborav, Clemens Menze, Friedhold Nicolin, Stuttgart 1980
–: Zu Wilhelm von Humboldts römischer Zeit, Mitteilungen der Humboldt-Gesellschaft, Folge 28, September 1991, Seite 1014 ff.
Müsebeck, Ernst: Das preußische Kulturministerium vor 100 Jahren, Stuttgart und Berlin 1918
Platon: Sämtliche Werke in drei Bänden, Berliner Ausgabe, Band 2, Heidelberg o.J. (1982[8])
Schaffstein, Friedrich: Wilhelm von Humboldt. Ein Lebensbild, Frankfurt a.M. 1952
Schelsky, Helmut: Einsamkeit und Freiheit. Idee und Gestalt der deutschen Universität, Reinbek 1963; 2., um einen »Nachtrag 1970« erweiterte Auflage, Düsseldorf 1971
Scurla, Herbert: Wilhelm von Humboldt, Werden und Wirken, Berlin 1985[3]
Sloterdijk, Peter: Kritik der zynischen Vernunft, Erster Band, Frankfurt a.M. 1983
–: Regeln für den Menschenpark. Ein Antwortschreiben zu Heideggers Brief über den Humanismus, Frankfurt a.M., 1999
Spitta Dietrich: Wilhelm von Humboldts Ideen von den Grenzen der Wirksamkeit des Staates, Dissertation, Maschinenschrift, München 1962
–: Grundzüge einer mitteleuropäischen Staatsidee. Die Bedeutung Wilhelm von Humboldts und Rudolf Steiners für ein neues Staatsdenken, in »Sozialwissenschaftliches Forum«, Band 4: Der Staat – Aufgaben und Grenzen, Stuttgart 1992
–: Die Staatsidee Wilhelm von Humboldts, Berlin 2004

Spranger, Eduard: Wilhelm von Humboldt und die Reform des Bildungswesens, 3. Auflage, Tübingen 1965
Steiner, Rudolf: Grundlinien einer Erkenntnistheorie der Goethe'schen Weltanschauung, Rudolf-Steiner-Gesamtausgabe (GA) Band 2, Dornach 2002[8]
–: Wahrheit und Wissenschaft, GA 3, 5. Auflage, Dornach 1980
–: Philosophie der Freiheit, GA 4, 16. Auflage, Dornach 1995
–: Hochschule und öffentliches Leben, Aufsätze zu Fragen des Schul- und Hochschulwesens, Dornach 1970
–: Theosophie, GA 9, Einführung in übersinnliche Welterkenntnis und Menschenbestimmung, 32. Auflage, Dornach 2002
–: Die Kernpunkte der sozialen Frage, GA 23, 6. Auflage, Dornach 1976
–: Aufsätze über die Dreigliederung des sozialen Organismus und zur Zeitlage 1915 bis 1921, 2. Auflage, Dornach 1959
–: Neuorientierung des Erziehungswesens im Sinne eines freien Geisteslebens. Drei Vorträge über Volkspädagogik, 4. Auflage, Dornach 1980
–: Erziehungskunst. Methodisch-Didaktisches, GA 294, 6. Auflage, Dornach 1990
–: Soziale Frage und Anthroposophie, Themen aus dem Gesamtwerk Band 13, herausgegeben von Dietrich Spitta, Stuttgart 1986
Stolze, Wilhelm: Der junge Wilhelm von Humboldt und der preußische Staat, in: Forschungen zur brandenburgischen und preußischen Geschichte, 47. Band, Berlin-Dahlem 1935, Seite 161 ff.
Vossler, Otto: Humboldts Idee der Universität. In: Otto Vossler, Geist und Geschichte, München 1964
Weinstock, Heinrich: Die Tragödie des Humanismus, 5. Auflage, Heidelberg 1967
–: Realer Humanismus, 2. Auflage, Heidelberg 1958